劳动·创造·幸福

——创造性劳动项目设计与实践指南

张军瑾 著

文汇出版社

序一

创造性劳动，让学校不断成长

2020 年，对于中国的教育界而言，注定成为值得记载的一年。这一年里，国家出台了一系列关于教育发展方向与行动方略的政策文件，党的十九届五中全会更是明确了"建设高质量教育体系"的目标导向。我们正处于教育发展的一个新的节点上，面对新形势，应对新需求，需要通过更深的研究、更广的实践、更多的积累来作出更大的贡献。

劳动是人类社会发展进步的原动力，人类的幸福生活就建基于辛勤劳动之上。习近平总书记在全国教育大会上明确把"劳"列入新时代的教育方针之中，明确了新时代学校劳动教育的新定位。2020 年 3 月 26 日，《中共中央国务院关于全面加强新时代大中小学劳动教育的意见》发布，为切实保障劳动教育提出了具体意见和措施，在人才培养、"五育"并举中确立了劳动教育的地位。

今天的时代多元复杂、变化迅疾。现阶段和今后的社会经济发展需要更多的高素质的劳动者，学校理当担此重任。"劳动"虽不是新词，但对今天的孩子而言，对劳动的认识既近又远，既熟悉又陌生。新时代的劳动教育应该有怎样的新的样貌，如何开设好这堂人生成长的"必修课"，这些都是首先要弄清的问题。

年终岁末，我读到了一本有意思的书——上海市静安区和田路小学把他们在学校里开展创造性劳动教育项目的实践与思考结集出版，取名为《劳动·创造·幸福》。在书中我欣喜地看到一位敢于创新的校长与一群善于创造的教师，让劳动教育以一种创新的方式在学校落地生根。

我了解和田路小学已经很多年了，在上海这座大都市里，它只是一所小学校，但这所学校却始终有着面向未来的大格局。1980 年开始，和田路小学就开展了创造教育研究，一做就是三十余年；随后在 2015 年，聚焦落实学生发展核心素养，对学校项目化学习进行了系统设计与深度统整；到2019年，又以项目化学习方式，在全校开展了创造性劳动实践活动，将创造教育的思想与劳动教育的内容深度融合，基于项目化学习整体设计，让劳动教育更具创意和智慧。

研究新时代劳动教育，确实是一项有价值、有意义的创新性任务。

在这所学校里，劳动教育的主要形态是既有趣又能引发思考的一个个劳动项目，诸如家务劳动、生产劳动、公益劳动、社会实践；从生活自理到为社会服务，从班级校园到家庭社区；而设计的项目有：不同的工种会唱怎样的劳动号子？如何使空间有限的衣柜井井有条且便于取放？怎样才能把玻璃擦得又快又干净？教室里的劳动工具如何摆放更合理？快递是怎么到我们手里的？一个个融入真实世界的创造性劳动项目唤醒了学生的劳动意识，丰富了学生对于劳动的认识，扩展了他们看世界的视角，让孩子亲近劳动——原来劳动工具可以改造，劳动过程能够优化，劳动也不平凡……这引发了学生持续不断的学习需求，他们在一次次解决问题的劳动过程中获得了创造的体验与幸福的感受。

将创新和创造融入劳动学习活动中，劳动教育的内涵在这样的探索中有了新的发展。这里的劳动不仅有学生的劳动，也有教师们的智慧劳动，学生、教师、学校一起从中获得成长。

有些教育追求会随着时代变迁、人事更迭而慢慢褪色。但学校如果既能静心坚守、潜心研行，勇于突破、锐意创新，就会释放出巨大的精神力量。和田路小学就是这样的一所学校，它不大，但它蕴含的生命力十分强大，这是一所不折不扣、不断成长的学校。究其源，那就是因为学校有着一支优秀的队伍，更有着这支队伍的卓越带领者：有追求、重实践的校长。正因为有着这样一大批优秀的校长和教师，才建起了上海"一流城市，一流教育"的宏伟大厦。让我们衷心感谢他们。

原上海市教育委员会副主任

序二

劳动照亮幸福少年时

虽然许多动物们也表现出了"劳动"的某些特点，例如河狸会修建堤坝、蜜蜂能建造蜂窝、鸟类衔枝筑巢等，但人类的劳动与动物的活动存在着显著的差异，那就是我们人类的劳动是一类极富创造性、非重复性的、常表现为后天学习的活动。可以说，人类的发展史其实就是一部劳动史，是劳动成就了人类文明。

今天，随着不断涌现的新技术、新行业、新模式，社会需求产生了巨大的变化，这就要求劳动者由原先的重复性体力劳动逐步转向为脑力与体力结合的方式，不断适应新技术和新经济模式下的新职业特点，并努力成长为一名具备创新素养的新时代的劳动者。面对这样的新风向、新形势，基础教育的工作者们必然需要重新审视劳动对于学生的关键意义，真正让劳动的魅力和精髓为学生所领悟和掌握。

作为幸福必需品的劳动

回顾历史，我们会发现，人类从来没有像今天这般从容地对待过劳动。历史上的劳动教育不少带有功利性，时常以学习某种技能、获取某个领域的劳动经验为目标。而新时代的当下，为劳动而劳动的格局被悄然打破，人们逐渐赋予了可满足生存功能的劳动以新的内涵——追求内心丰盈，实现幸福人生。也因此，当我看到《劳动·创造·幸福》一书时，深有不谋而同之感，惊喜之余又多了一份感动。惊喜的是，和田路小学的师生们为我们奉献了这么一道风味纯正的精神食粮，书中呈现的丰富多彩的案例非常具有吸引力和借鉴性；感动的是，劳动教育是一个相对宏大而厚重的课题，想要凭借一校的力量做出新意，其中的难度和工作量着实令人震撼。

　　作者尝试从一个全新的视角来阐释劳动教育，让学生感受到的不再是枯燥的、过时的劳动，而是以学习者的创造性和幸福感为培育的重心，量身定做劳动教育的课程内容。这样彻底的目标定位的转向既是时代发展的需要，更为每个孩子幸福人生的内在要求。正如本书的书名《劳动·创造·幸福》所描述的那样，劳动本身是一门诠释幸福真谛的教育。孩子们的幸福归根结底是需要孩子们自己去缔造的。提升劳动的品质，让孩子们在对待劳动的态度、劳动过程的新颖性、遇到困难的毅力、劳动强度的判断、劳动周期的规划等方面取得突破。从中我们会发现劳动是一个既非常重要、又亲切日常的概念，每个人都可以从劳动中获得经验。我们在劳动的过程中能够感受到自身的价值，满足自我实现的需求。逐渐地，孩子们乐于承担志愿者的职责，社会的服务意识明显增强了，逐渐明白了"劳动的意义不是索取而是奉献"的道理。

劳动与创造的交织

　　爱劳动、能创造，看完本书后，这六个字深深地印在我的脑海里。诚然，学生的劳动素养的培养中，如何让学生热爱劳动是一门值得深思、历久弥新的课题。和田路小学的教师们通过实践发现，小学阶段是领悟"劳动是快乐的"想法的关键时期（正是"拔节孕穗期"）。和田路小学巧妙地引导学生自己找寻劳动的机遇，品尝劳动的成果滋味，这对习惯于知识传授的教师而言形成了职业生涯的新考验。学校教师们采用多种方法来培育学生的劳动意识，让他们喜爱劳动，享受"劳动即创造"的广阔舞台。同时，教师们将技能、方法、技术运用等问题解决能力逐步传授给学生，让他们在实践劳动过程中敢于想象、勇于创造，不知不觉中培养了学生的创新能力。在"坚持创新在我国现代化建设全局中的核心地位"的当下，和田路小学将学校的创造教育的特色巧妙地融入劳动教育中，是一个及时而又大胆的架构设计。

　　我们庆幸有这样一批教师成为劳动教育的先行者，他们在历史悠久的劳动领域里披荆斩棘、乘风破浪，发现了许多值得学生去劳动的朴素题材；他们将劳动教育与学校的创造教育融合了起来，为劳动教育注入了具有时代特色的新气质和要求，同时也让创造教育有了更为广阔的实践基地。这样的劳动教育怎么会不让人喜爱呢？

挖掘劳动中的学习基因

作为一门宏大的教育课题，劳动教育需要有理论、方法的指导。和田路小学尝试将劳动教育与学习活动融合起来，先是赋予劳动以新的底色——创造性劳动，并在组织活动的过程中采用了"在哪里用，就在哪里学"的项目化学习的方式，让整个劳动教育显得有章法、有策略、有成效。学校教师采用学习过程中"问题链"的形式，引导学生不断突破劳动的边界，打通知识与生活的壁垒，同时也增进了学生的学习能力。在碎片化学习盛行的当下，劳动体验成为学生不可多得的系统学习工程。除了标准化的组织管理模式，学校还摸索出了一系列非标准化的操作方式。学生因心中困惑而劳动，让劳动教育有了目标，自然成为学生乐于劳动、激发其劳动智慧的驱动力，并由此形成了"观察发现—聚焦问题—建立联系—探究解决—成果呈现—创意评价"创造性劳动项目的六环节。和田路小学的劳动教育采用这样的一种新形式，对教师的实践跟踪和评价、学生的劳动实践都起到了很好的穿针引线的功能。

作者尤为注重学生的学以致用的思想，呼吁学生在家庭生活、学校生活、社区生活等多个场景中亲身实践，获得真知灼见。劳动内容皆源自学生的实际生活，项目化学习的形式在培育学生实践技能、积攒劳动经验的同时，多了一份真实感、思考力。除了教师的全身心投入，家长同样也是劳动教育中关键的导师。我们常说父母是孩子的第一任老师，劳动教育的内涵和形式也表明，缺乏父母的参与、忽视社会资源的调用，这样的劳动教育的质量将会大打折扣，缺少生机和活力，难以持久。和田路小学的许多项目都是需要家长们、社会成员积极配合和响应的，例如寻找最美劳动者的手、快递员的工作、提高社区停车位的使用效率，等等。这些活动不仅成了家长与孩子们的亲子互动的良好契机，更是为"让劳动成为最时尚的活动"打下坚实的基础。

看见不可见的立身之本

人们常趣谈，说起教育，每一位社会人士都有自己的观点；但若说起劳动，想必更是一个更为宽泛的概念，也许就连小学生都可以高谈阔论自己的见地了。每个人自呱呱坠地起，就耳濡目染地产生了对劳动、对生活、对文化的认识和理解，也因此，劳动教育只有与学生所处的文化环境对接起来，才能对学生的深层次情感产生影响。中国自古推崇工匠精神，工匠精神的内涵在于敬业、精益、专注与创新。和田路小学积极引导学生在劳动中认识传统文化、继承传统技能、弘扬工匠精神，这与国家倡导的将"中国制造"变成"中国精造"，进而转变为"中国创造"是相吻合的。虽未直言，我们能深切地感受到作者希冀学生应将个人的发展和社会的进步融合起来，成为全面发展的人，真正实现自己的小幸福。

在五育并举的当下，如何培养学生的劳动素养成为一个非常重要而关键的课题。这块领域既是新领域，也是一块"富矿"的领域，我们感谢和田路小学的师生们用亲身实践为我们探索出了一些可资借鉴的规律。

上海纽约大学名誉校长、华东师范大学原校长

目 录

在创造性劳动中持续学习

这是来自上海静安区和田路小学一场生动的学生创造性劳动校园主题活动的现场报道。

寻找最美劳动者的手

"寻找最美劳动者的手"的创意,来自五(2)班"向日葵"课题小组。一次,孩子们学习课文,遇到了"龟裂"一词,网上一搜资料,发现用来解释"龟裂"的,竟然是农民伯伯手上的裂纹。于是,原本就在筹划"寻访最美劳动者"的几个孩子一合计,决定将视线聚焦在普通劳动者的手上。

课余时间,孩子们开始了他们的探访之旅,并用照片记录了眼中的"最美"。有的孩子觉得,最美的是外婆的手,"因为常年的家务劳动,摸上去皱巴巴的,让人感觉不用剪刀就能把绸缎布料剪开;外婆的这双手更像大树的年轮,上面记载了我成长的足迹"。有的孩子选择了图书馆刘毓真老师的手,因为全靠这双布满灰尘的手,把1万多册藏书一点点从旧图书馆搬到了新图书馆,上架、排列、编码,为他们创造了舒心的阅读环境。有的孩子跟着做茶叶生意的父母回老家,惊讶地发现,每一片茶叶都是炒茶工人冒着100多度的高温,直接用一双"铁砂掌"炒制出来的。

有的孩子看见,小区环卫工人"长满粗硬老茧的手感觉就像松树皮一样",指甲因为没时间修理而变得发黄,手掌也因长期打扫而开裂、发黑。但是叔叔回答,只要看到居民从漂亮整齐的小路上走过,自己也很开心。有的孩子从来没有留意,水果店里的师傅为何每天戴着厚厚的手套。一问才知他皮肤天生过敏。但是即便如此,脱下手套后,那双手也布满被菠萝等水果划伤的痕迹。但师傅笑着说,"不吃苦,哪有饭吃!"有的孩子看到,由于每天都接触化学制剂,小区洗鞋店工人的手红红的，到处都是裂口。但大叔却觉得，能尽自己最大的能力让家人过上好日子，这样的付出非常值得。

积极、乐观、奋进，一双双手传递着一股股精神力量。"起初，孩子们觉得劳动就是扫地、洗衣服、擦桌子，但通过和身边普通劳动者的接触，孩子们发现了，劳动的内涵是积极上进，承担一份社会责任。"孩子们的改变，让路赞颇有感触，"他们自发学起了做家务，有的还去找了和劳动有关的古诗词，在语文课上和大家分享中华民族勤劳朴实的优良传统。"

在劳动中发现创造之美

"我读二年级时，中午要跟着哥哥去学校旁边的食堂买午饭吃，晚上放学回家，要先生煤球炉、淘米、烧饭、洗菜，等爸妈回家再烧菜吃晚饭。大概因为这从小养成的习惯，我成年后、成家后都特别要干事，特别想干事，也特别能干事。"校长张军瑾和孩子们分享自己的童年生活，并坦言，如今，虽然依旧需要回家买菜烧饭，不过，自动煮菜的锅具、半成品、外卖、洗碗机等大大缩短了家务劳动时间。

"随着现代技术、条件、手段、工具的变化，劳动也发生了美丽的变化。"张军瑾说。因此，在策划活动时老师们决定，要提倡孩子们将创造融入劳动之中，鼓励孩子们发现生活的小问题，并通过劳动让生活变得更便捷可爱。

于是，孩子们的智慧被激发起来。毛巾该怎样快速干燥？怎么解决桌面杂乱的问题？叠衣服如何迅速整齐？怎么切菜不伤手？劳动中噪音大了怎么办？各种职业的帽子材质、样式、作用、种类各有什么不同？……围绕工艺设计、职业精神、方法创新、材料工具、安全保护等五大领域，孩子们自由组合，像模像样做起了课题。一年级的小萌娃看见爸爸妈妈为了洗碗吵架，干脆四人一组发起了研究："家里的碗究竟该谁洗？"结果，自己成了家里的劳动小楷模。"我就跑去洗碗了呀，爸爸妈妈就不吵架了。"男孩楷楷说。女孩妮妮则觉得，把脏兮兮的碗重新变得漂漂亮亮，很有趣！

全校老师和家长志愿者担任了孩子们的项目导师。"快递是如何到我们手中的?"四（3）班的劳雨伟老师和团队中的七名学生开始了研究。他们利用双休日走访快递公司，和快递小哥进行沟通，观察并记录购物网站上的物流跟踪信息。在深入调研后产生出了这个项目的问题链：什么是流水线分装？如何合理规划路线？人员和区域如何划分？定点投递的方法有哪些？团队中的伙伴们对他们所研究的小项目越来越感兴趣，最后以绘制快递流程图、研究小册子、TED演讲来进行项目汇报。三（2）班的一群孩子根据班级里以干垃圾居多的特点，重新设计了分类垃圾桶，底部设计了小凹槽可以嵌入簸箕，湿答答的抹布放在壁橱里总是臭烘烘的，垃圾桶上层的挂架，正好可以晾干它们。他们的金点子，还有可能向全校推广。

（摘自《新民晚报》2019年4月28日）

劳动一直贯穿我们人类的文明史，并起到了决定性的作用。系统性的劳动教育是16世纪后才逐步发展起来的。在中外教育史上，从国外的卢梭、裴斯泰洛齐、欧文、马克思、杜威、马卡连柯，到我国的墨子、陶行知、毛泽东等，对劳动教育都有系统的思考[①]。

2016年4月26日，习近平总书记提出"全面建成小康社会，进而实现中华民族伟大复兴的中国梦，必须依靠知识，必须依靠劳动，必须依靠广大青年"。2018年9月10日，习近平总书记在全国教育大会上号召："要在学生中弘扬劳动精神，教育引导学生崇尚劳动、尊重劳动，懂得劳动最光荣、劳动最崇高、劳动最伟大、劳动最美丽的道理，长大后能够辛勤劳动、诚实劳动、创造性劳动"，"培养德智体美劳全面发展的社会主义建设者和接班人"。

在2019年全国教育工作会议上，教育部部长陈宝生也特别指出，要狠抓劳动教育；要推进教育法修订，将"劳"纳入教育方针；将劳动教育融入学生日常学习和生活。可见，在义务教育阶段如何做好学生的劳动教育，成为摆在一线教师、

---

① 白雪苹. 对当代中小学劳动教育缺失的"冷"思考 [J]. 教学与管理，2014（5）：82-84.

学校管理者面前的重要课题。

一 劳动教育目标的新要求

我国对于劳动教育的定位在不断地发展变化，大致经历了以下四个发展阶段。

第一阶段：1949—1976 年，关注学生尤其是各学段毕业生的体力劳动。

第二阶段：1981—1998 年，劳动教育的目的是培养学生热爱劳动的思想和掌握基本的劳动技术。

第三阶段：1999—2015 年，要求学生获得良好技术素养，培养学生的综合素质。①

第四阶段：2015 年至今，随着《关于加强中小学劳动教育的意见》的发布，劳动教育已成为德智体美劳全面发展教育的重要组成部分。由此不难发现，我国对劳动教育的定位是与特定历史时期的社会经济发展、教育目标相契合的，现阶段的社会经济模式转型升级必然要求更高素质的劳动者。

我们从《中国学生发展核心素养》中也能清晰地看出有关劳动教育的时代特征："实践创新"这一素养中包含劳动意识、问题解决、技术运用这三个基本要点。关于劳动意识是这样描述的：尊重劳动，具有积极的劳动态度和良好的劳动习惯；具有动手操作能力，掌握一定的劳动技能；在主动参加的家务劳动、生产劳动、公益活动和社会实践中，具有改进和创新劳动方式、提高劳动效率的意识；具有通过诚实合法劳动创造成功生活的意识和行动等。

在劳动中创造，劳动就是创造，在传统意义上的劳动教育中，在该做的家务劳动、生产劳动、公益活动、社会实践中，更多地融入以下新要求。

其一，劳动价值观的培养。热爱劳动，尊重劳动，崇尚劳动，诚实劳动，尤其还需要培养学生的社会责任感。如果我们将学生不会劳动视作能力问题的话，那么学生不爱劳动、不尊重劳动就是一种价值观问题。马克思提倡教育与生产劳

---

① 参见陈静，黄忠敬. 从"体力教育"到"能力教育"——我国劳动教育政策的发展与变迁[J]. 中国德育，2015（16）：33-38.

动结合，把劳动看作教育方式。①潜藏在这种教育方式背后的、更为深层次的应当就是价值观的培养。对于价值观的培养，不仅是劳动教育的关键与核心，更是此阶段劳动教育的鲜明亮点。

其二，劳动意识的培养。劳动中的协作意识和责任意识的培养是新时代的要求。以线上购买外卖为例，一顿美味大餐的诞生，不仅需要主厨的精心制作，同样也需要快递公司的工作人员送货上门，以及网络平台背后的技术人员协调管理。一件传统意义上单个人完成的劳动，在今天已经转变成了需要汇聚多种类型人员的劳动。这不仅仅是一种劳动形式上的转变，更为重要的是对社会架构、经济发展模式、人的全面发展的重塑和再认识。"不谋全局者，不足谋一域"，我们要从新时代特质出发，才能更好地培养学生的现代劳动意识。

其三，劳动知识和能力的培养。加强改进和创新劳动，提高劳动效率，保证劳动成果质量的劳动知识和能力方面的教育。例如，在现在智能家居中，扫地机的工作原理和操作，煤电水费的自动扣款缴纳，果汁机的远程预约操作等都需要有创造性的劳动、智慧的劳动。

新时期，通过开展小学生的创造性劳动，进行劳动价值观的培养、劳动意识的培养、劳动知识和能力的培养，目标是为每个孩子将要面对的真实人生做准备，培养面向未来的新时代劳动者，培养社会主义的建设者和接班人。

我们可以想象，在不远的将来，现在的小学生成年后走入社会，只有最具创造力、最富激情的人才可能拥有成功的事业。这个孩子拥有他的优质的资源和团队的支持，他可以拥有更高的生产力，发明新产品，发现新手段，创造出惊艳的作品，以数不尽的方式为社会或他人做贡献，这就是新时代的劳动者。党的十九大报告清晰描绘了全面建成社会主义现代化强国的时间表、路线图。今天进入小学的孩子是 6 周岁，到 2035 年正好是 22 岁，正将踏上社会，成为社会主义的建设者和接班人，创造性劳动是新时代赋予他们的要求和神圣职责。新时期的劳动

---

① 杨晓峰. "身体"视域中的中小学劳动教育价值与策略 [J]. 湖南师范大学教育科学学报，2013,5,12（3）:49-52,59.

教育要进行的是创造性劳动的教育。

二　劳动教育推进的新变化

劳动造就"全面发展的人",人类劳动,是社会历史发展的决定性因素。德智体美劳统整,以加强劳动教育,一定不是一个新的教育拼盘,而应是融合现在的教育形态,通过发展性的目标和适合且有效的教育方式推进的。

日常的劳动教育落实于学生的实际生活中,进而有可能在日常的劳动中加入创造性的因素,从创造性劳动项目开始,从事劳动,学习劳动,研究劳动,并产生改变劳动、改变生活的创新实践的成果。在日常生活劳动、生产劳动、服务性劳动中,能让孩子为将要面对的真实人生做准备,除了能够生活自理,自己照顾好自己,当真正需要自己生活时,能够有计划、有目的地参与日常生活劳动;具有未来视野,传承和发扬劳动精神,成为一名合格的、德智体美劳全面发展的社会主义建设者和接班人。

创造性劳动的实施方式,要结合不同年龄学生的特点,以合适的方式激发学生的学习热情,在过程中积极参与,在多种活动中发挥能力,成为具有劳动素养的人。在校园中,实践新时代的劳动教育要求,并产生对社会有利有益的劳动价值,在创造性劳动过程中不断创新发展。校园主题活动、校园实践活动,在丰富的体验过程中,培养学生的创造性劳动素养。

劳动教育与创造教育的完美结合,将产生更成熟和更有效的教育成果。把学生放在教育的中间,关注其一言一行中的成长,让劳动教育在新的时代绽放新的光彩。

三　劳动教育引导的新学习

在创造性劳动中,学生们用创造的力量改变学习,持续性地学习。从创造性劳动到持续性学习,学生的学习正不同于以往,呈现出新的样貌。什么是真正的学习?只有将知识应用于情境或问题中,进行真正的研究,让学生展开真正的合作学习,使其融汇在长久持续的学习中。他们所进行的是自己的学习,是自己探求未来生活的学习。在切身的体验中，学生们逐渐成长。

1. 以好奇心开始，探寻价值和意义

在人们的人生经历中，话题、事件、人、物、地点……会让人产生相对持久的爱好、兴趣和激情，人们寻求的意义源泉是可以不断产生、再生并且经久不衰的。持久的好奇心，由人们在某项活动中发现的个人意义和个人价值来塑造。当学生们的学习在真实的校园场景中发生，他们有急切地帮助学校一起改变现状的热情和以自己的能力解决问题的信心，为探寻意义，让学习更有价值，从好奇心开始，好奇心始终贯穿学习过程。学生们的学习本身被赋予现实的意义，在过程中不断地深入，又获得持续学习的动力，在与他人分享的过程中，又被强化、被激励，高昂的学习好奇心引向了他们的兴趣和意义之旅。小学生也可以创造出价值和意义，他们不断在这个过程中发现自己的独特作用和位置。

2. 以问题驱动，持续建构和成长

以一个真实的校园问题——"半平方米的空间里怎么更合理地安放教室卫生器具？"——展开学习的过程，围绕这个核心问题，学生们通过相对复杂的综合性问题进一步提升学习解决问题的技巧与策略。问题驱动式学习所需要的高阶技能——提出问题、评估证据、辩证思考、收集反馈和资源等，在这个学习的过程中，不断被学生所经历、所发展。选择（话题或问题）、确定（提出问题或假设）、规划（解决方法或行动）、收集（证据）、分析（描述）、解答（问题解决）、分享（问题）、反馈（过程）等问题解决的流程和要素不断地发生和循环。从一个事实情境开始，学生们提出各种想法，再变成一个真实的学习问题，制订可行的行动计划，而后逐渐通过研究加以解决。这个以问题驱动的学习过程，无比精彩。

3. 以动手创造，循环满足和成功

创造能力不仅具有实际价值，还能够令人内心感到满足。"为了获得自己的劳动果实"的满足感，学生们的学习成为一个创造自主性的循环过程：学习（相关的知识方法）—克服（各种挑战）—解决（过程性成果性）—收获（自己的或团队的劳动成果）—分享（成果或过程）—制定（更高的目标）。在这个不断充裕地获得满足感的过程中，动手创造让学生在真实世界中学习知识和培养技能，借助

学习工具和充足的资源，自己或他人不断给予的反馈和借鉴的机会，为实现目标，不断获得成功，不断肯定自我以获得成长。

4. 以创新知识，过程适应和联系

学生要解决真实生活中的劳动问题，要依赖于相关的已有知识和生长的新知识，知识是流动的，知识是创新的，学生在学习中不断以有效的知识来解决重复性的问题，并形成为适应全新环境而创新知识的能力。尤其是学生在创造性地解决问题的过程中，需要融会贯通跨学科的知识和解决问题的方法，需要用普适性的、超越具体内容之上的思辨能力和问题解决技巧。

在创造性劳动的持续研究中，学生不再只是学习"应当知道的好知识"，而要学习更为超越的，实际场合所需要的使之生动有效、能够持续获得的知识。

在创造性劳动的持续研究中，学生得出对事物认识的规律和意义，并生成新的问题，学生从更有意义的问题出发，探求事物的意义，在复杂多变的世界中激发好奇心、启发智慧，培养自主性和责任感。

学习，对小学生来说是持续地认知自己、认知世界的过程，是一个不断创新发展的过程，是创造性劳动的过程，是成为更好的全面发展的人的过程。在创造性劳动中，学生持续性地学习，学习创新的意义和价值，同时也在用创造的力量改变学习。

第一章　迎接挑战，成为创新时代劳动者

教育引导学生崇尚劳动、尊重劳动，懂得劳动最光荣、劳动最崇高、劳动最伟大、劳动最美丽的道理，长大后能够辛勤劳动、诚实劳动、创造性劳动。

——习近平

导读：
» 认识新时代的劳动和劳动者
» 创造性劳动的目标怎么定？
» 创造性劳动的特点是什么？

　　创新时代的劳动者是社会经济和科学技术发展的产物，科技进步带来生活方式的改变和劳动力市场的变革，随之而来的是对劳动者逐步向脑力劳动和创造性劳动转变的要求，是对创新型人才培养的迫切需要。创新时代充满着机遇与挑战，新时代的劳动者更加需要弘扬新时代的劳动精神，以五一劳动奖章所代表的荣誉和劳动模范为榜样，将劳模精神贯穿于工作的点滴之中，让自己成为新一代年轻人的榜样，为培养社会主义建设者和接班人尽自己的力量。作为人类文明与智慧的瑰宝，创造性劳动更应该落实在劳动教育的过程中，落实在对未来的劳动者的培养过程中，这就要求我们的教育者勇于直面真实生活中的问题，将现实与创造相统一，打破模仿的惯性，建立起创造性解决问题的思维方式。

第一节　社会变革对劳动者的要求

随着社会经济和科学技术的不断发展，人民的生活水平不断提高，生活方式也发生了巨大的变革，在生产力增强和生产效率提高的同时，劳动力市场也发生了根本性的变革，这就要求劳动者从原先的重复性体力劳动逐步转向为脑力与体力相结合的方式，适应新技术和新经济模式下的新职业特点，成长为一名具备创新素养的新时代的劳动者。

一　劳动力市场的根本性变革

劳动力市场需求始终跟随社会需求而转变。不断涌现的新技术、新行业、新模式，使得社会需求产生了巨大的变化，劳动力市场也相应地发生了根本性变革，体现在逐渐细化的劳动分工代替曾经粗放的大包大揽，越来越多的体力劳动由机器完成，劳动者能够有更多的精力和机会来从事具有创造性的劳动，以及知识性产品与新型经济模式的引人注目，这无一不彰显着劳动力市场正在经历一场巨大的变革。

1. 逐渐细化的劳动分工

随着人类社会的发展，明确的劳动分工方式逐步形成，劳动专业化水平得到提高，劳动者能够更加娴熟、专业、精益求精地完成独立部分的工作。而创造性劳动的快速发展促使全新的生产领域大量形成，劳动分工越来越细致，劳动者逐渐从服从性分工中解脱出来，从事更加细分的劳动工作。这也使得越来越多的劳动者能够拥有从事脑力活动和社会活动的时间与机会。

2. 脑力劳动与体力劳动的对立逐渐消失

随着经济的发展，劳动力市场的另一项重要变革是脑力劳动与体力劳动的对立逐渐消失。脑力劳动属于创造性劳动，而体力劳动属于重复性劳动，二者的对立从根本上来说是创造性劳动和重复性劳动的对立。不断发展和完善的机器人技术、人工智能技术、智能制造技术等将劳动者从重复性劳动中解放出来，越来越多的重复性劳动由机器来完成，越来越多的劳动者便有了机会去从事创造性劳动。创造性劳动是推动社会进步的根本力量，也是人类自身发展的重要推动力，从事创造性劳动的劳动者增多，而从事重复性劳动的劳动者不断减少，这将逐渐消除脑力劳动与体力劳动的对立，使每一位劳动者都有思考和创造的权利与机会。

3. 知识性产品变得越来越重要

劳动市场的变革中，另一个显著特点是知识性产品越来越受重视，越来越多的劳动者和生产企业投入到知识性产品的研发中。知识性产品由创造性劳动所生产，包括新技术、新理论、新想法、新概念、新观点等无形产品。知识性产品的出现意味着无限的可能性，这些看不见摸不着的产品正是推动社会文明前进的重要动力。

4. 颠覆传统的新型经济模式

随着科技进步和生产力的发展，新型经济模式开始出现，并逐步实现与传统经济模式并驾齐驱甚至赶超的势头。尤其是移动互联网迅猛发展，可以说一根网线颠覆了传统的经济模式和生活方式，彻底推动了劳动力市场的变革，共享经济、移动支付、网络购物、直播模式、外卖送餐、隔日达物流，无一不彰显着中国劳动者在新型经济模式下的创造力、影响力和无限的潜力。

二 技术发展改变劳动者

技术发展对于劳动者本身也具有重大的影响，从不断增强的省力技术，到提高劳动效率的数字化生产方式，再到日新月异的多样化新兴职业，对于劳动者来说需要不断自我调整以适应这些巨大的变化，但是同时这一切也意味着更多的机遇与更大的挑战。

1. 多样化的新兴职业

对于每一位普通的劳动者来说，技术的发展和新型的经济模式也产生着巨大的影响，多样化的新兴职业便是其所带来的重大机会。过去十年间，新兴职业如雨后春笋般快速出现，其种类和产生速度超乎想象，以移动互联网、人工智能以及大数据为基础的新兴产业，带来了巨大的人才缺口和新兴就业岗位；同时，技

术发展带来的生活方式的变革催生出一系列新兴的服务性岗位，以满足人们对个
性化、定制化和精致化的生活需求。这一系列新需求、新技术、新产业的背后都
离不开大量劳动者的付出，每一个个性化需求得到满足、每一次算法技术迭代的
背后都有投入到新兴职业中的劳动者的身影。

三 大力培养创新型人才

创新型人才是我国经济发展和科技进步的主体与战略资源，大力培养创新型
人才是重要方向。他们是一群具有创新精神和创新能力的人才，拥有强烈的好奇
心和灵活开放的心态，能够坚持不懈地投入到工作和学习中去。建立良好的创新
型人才培养机制，营造一个宽容失败、鼓励创新、尊重人才的成长氛围，是激发
各类人才创新活力和动力的重要途径。同时，促使自己成长为一名具有创新精神
的劳动者，也是社会变革对每一位劳动者提出的要求。

1. 丰富的创新知识

创新知识是建立于已经知晓和掌握的知识的基础之上而发展和拓展来的。一
个优秀的创新者必须具有扎实深入的专业知识，同时又具有跨学科、跨领域的能
力和把握行业发展趋势的眼光，完备的知识结构和前沿的战略眼光构成创新者丰
富的创新知识储备，促使创新创造的发生。

2. 坚韧的创新意识

创新的过程是一个探索未知的旅程，独自一人面对着孤独、寂寞、挑战、困
难、风险、失败，需要坚韧而笃定的创新意识，需要有锲而不舍和不放弃的精神，
如此才能不断战胜阻碍，最终实现创新的目标。

3. 超前的创新思维

创新思维是创造性解决问题的基础，是看待问题的眼光，是分析问题与解决
问题时的独辟蹊径。具有超前的创新思维才能洞察到隐藏于现象中的本质，并能
选取恰当的方法抽丝剥茧，取得成果。

4. 扎实的创新实践

实践出真知，创新型活动也不例外，甚至更加注重实践的过程。创新的过程

具有想象力的浪漫，但绝对不是天马行空，而是科学的、实事求是的、严谨求实的，是必须符合事物发展的客观规律的。这就要求创新活动必须经受住实践的检验，也必须扎根于实践之中。

第二节　新时代的劳动者

新时代的劳动者应坚守工匠精神，用精品意识代替山寨思维，对自己的劳动成果负责，让每一分劳动、每一分付出都能发挥出更大的价值。同时，劳动模范应在日常工作中起到表率带头作用，发扬劳模精神，发挥榜样的力量，为每一位劳动者带来积极的影响，进一步推动新时代的劳动教育的发展，为培养一代又一代社会主义建设者和接班人做出自己的贡献。

一　弘扬新时代的工匠精神

弘扬新时代的工匠精神是我们从"中国制造"走向"中国创造"的重要途径，每一位劳动者都应在自己的职业领域充分发扬工匠精神，精益求精，打造品牌效应，在创造物质财富的同时也创造精神财富。党的十九大报告明确提出"弘扬劳模精神和工匠精神"，人类起源于劳动也发展于劳动，在新时代大力弘扬工匠精神，认同"劳动最光荣、劳动最崇高、劳动最伟大、劳动最美丽"的劳动价值，对推动经济高质量发展具有重要意义。

1. 工匠精神是一种精益求精的职业精神

工匠精神是劳动者对于劳动工作和专业职业的价值取向与行为表现，它是劳动者职业能力和职业道德品质的重要体现，是劳动者严谨求实、精益求精、勇于进取的职业精神的综合表现，是对一个劳动者的职业精神的赞许和肯定。

2. 工匠精神的基本内涵

工匠精神的基本内涵主要包括爱岗敬业、精益求精、专注笃定、创新创造四个方面。

- **爱岗敬业**。爱岗敬业是对一个劳动者的基本要求，要求劳动者能够尊重、敬畏所从事的职业，始终充满热情，能够全心投入到劳动工作中，尽职尽责地完成每一份劳动任务，这是中华民族"敬业乐群""忠于职守"的传统美德，也是社会主义核心价值观的基本要求之一。

- **精益求精**。精益求精是一种职业品质，是对劳动工作追求极致、做到最好的精神追求。这要求劳动者具有极高的职业素养和职业认同感，而对劳动成果的负责和精益求精的追求是工匠精神的外在表现之一。

- **专注笃定**。专注是指在劳动工作的过程中能够高度集中注意力，关注细节，耐心打磨的精神，而笃定是指不受外在干扰，数十年如一日地坚守内心的执着，所以专注而笃定是成为大国工匠所必须的精神品质。

- **创新创造**。工匠精神虽然强调精益求精和痴迷打磨，但这并不意味着工匠精神困于守旧之中，它同时也具有充满活力的创新与创造的内涵，而这种追求突破的创新精神是工匠精神的重要组成部分，也是科技进步的重要推动力量。

3. 工匠精神的价值与意义

- **工匠精神是经济社会发展和文明进步的重要标准**。工匠精神具有精神文明和物质文明两个侧面体现，在精神文明中它作为一种职业精神，是社会主义核心价值观——"敬业""诚信"的体现，激励着每一位劳动者不断自我成长、自我超越；同时它也具有物质文明的特征，因为工匠精神的存在，为我们物质文明的高质量发展和创新提供了重要的支持作用和精神动力，进一步推动经济社会发展和文明进步。

- **工匠精神是中国制造与企业发展的品牌资源**。"MADE IN CHINA"遍布世界，中国已经成为世界工厂，衣食住行方方面面都有着中国制造的身影，甚至许多制造产业的规模位居世界前列。然而制造不等于创造，我们急需高品质和创造性的产品来树立中国制造与企业发展的品牌形象，这就需要我们大力培养具备工匠精神的高技术人才。只有当工匠精神渗透到生产加工的每一个环节，才能实现突围，赢得未来。在《中国制造2025》中提出了实施制造强国战略的第一个十年行动纲领，要成功实现"2025战略目标"，就必须大力弘扬和发展以工匠精神为核心的职业精神，这也是每一个企业提升自己品牌形象、增强品牌价值的重要机会。

- **工匠精神更是劳动者个人成长与职业发展的精神引领。** 当劳动者具有职业荣誉感，认同并具备工匠精神后，工作将不仅是一个赚钱的工具，而且是一个自我实现的途径。每一位劳动者都树立起爱岗敬业、执着负责、精益求精的工匠精神，不仅能有效拓宽自己的职业发展途径，更重要的是能够不断助力于个人成长。

二 彰显全国五一劳动奖章与劳动模范的榜样精神

新时代的劳动者争当先进，荣获五一劳动奖章和劳动模范称号的劳动者，作为新时代劳动精神的典型象征，应当起到模范带头作用，树立榜样精神，是我们倡导劳动精神的鲜活的引领和宝贵的精神财富。

1. 全国五一劳动奖章荣誉的授予

全国五一劳动奖章和全国五一劳动奖状，是中华全国总工会授予在中国特色社会主义建设中做出突出贡献的劳动者和企事业单位、机关团体的光荣称号，是中国工人阶级最高奖项之一。在《全国五一劳动奖状、全国五一劳动奖章、全国工人先锋号评选管理工作暂行办法》中，全国五一劳动奖章授予在中华人民共和国境内（除香港、澳门、台湾）依法注册或登记的非跨地区的企业、事业、机关、社会组织及其他组织以及驻外机构中的中华人民共和国籍员工。

2. 劳动模范是劳动精神的鲜活表现

劳动模范即劳模，是一个荣誉称号，用来奖励在社会主义建设事业中做出重大贡献、取得卓越成就的劳动者。劳动模范身上所体现的爱岗敬业、甘于奉献的劳模精神，是我国工人阶级和广大劳动群众伟大品格的集中体现，是在平凡岗位上做出不平凡成绩的卓越贡献，是展现出坚定的信念和价值追求的精神引领。劳动模范身上所承载的"爱岗敬业、争创一流，艰苦奋斗、勇于创新，淡泊名利、甘于奉献"的劳模精神是我们宝贵的精神财富和力量，是我们每一个普通人学习的榜样。

3. 五一劳动奖章与劳模精神的价值与意义

榜样的力量是无穷的，榜样的精神是伟大的，树立时代先锋和民族楷模，五一劳动奖章和劳模精神当中所承载的是中华民族丰富的精神内涵和新时代劳动者的高度自信与坚定的信心。每一位先进人物都是劳动精神的外在表现，从他们身上我们能够感受到鲜活的劳动精神和崭新的劳动风尚，作为榜样，他们推动着全社会不断向着劳动最光荣、劳动最美丽的方向前行。

此外，五一劳动奖章与劳模精神对于青少年的劳动教育具有极其重大的积极意义。习近平总书记在全国教育大会上强调："要在学生中弘扬劳动精神，教育引导学生崇尚劳动、尊重劳动，懂得劳动最光荣、劳动最崇高、劳动最伟大、劳动最美丽的道理，长大后能够辛勤劳动、诚实劳动、创造性劳动。"这是新时代劳动教育的价值取向，承载了对广大青少年和未来劳动者的殷切期望和嘱托。每一位劳动模范和五一劳动奖章的获得者都是劳动精神的外在典型表现和寄托。青少年通过鲜活的劳模事迹，感受劳模精神和优秀品质，然后在实践中，践行习得的道理，磨炼意志，培养自己的劳动精神风貌和创造性劳动的积极意识。

三　培养社会主义接班人

"培养德智体美劳全面发展的社会主义建设者和接班人"是习近平总书记站在党和国家事业发展全局的战略高度，对教育工作做出的指示。明确了培养社会主义建设者和接班人六个方面的重点任务，是坚持立德树人的重要认识论和方法论，为加快推进教育现代化、建设教育强国提供了根本遵循。劳动教育是全力培养德智体美劳全面发展的社会主义建设者和接班人的一个重要途径和实践机会，使他们不仅能够掌握劳动技能、养成劳动习惯，还能够传承和发扬劳动精神。

1. 全力培养社会主义接班人和建设者

习近平总书记强调："我国是中国共产党领导的社会主义国家，这就决定了我们的教育必须把培养社会主义建设者和接班人作为根本任务，培养一代又一代拥护中国共产党领导和我国社会主义制度、立志为中国特色社会主义奋斗终身的有用人才。"在教育工作中，要牢记全员育人、全过程育人和全方位育人的机制，牢记教育初心，全力培养一代又一代的社会主义建设者和接班人。

2. 社会主义接班人的素质要求

作为社会主义接班人，需要时刻警醒自己是否达到要求，是否严于律己，是否时刻自省。社会主义接班人是认同并树立起共产主义远大理想和特色社会主义共同理想，具有强烈爱国情怀，具有中华民族的民族心和民族魂的人；社会主义接班人是以立德为先、修身为本的人，是具有国际视野和世界眼光的人，是具备积极乐观向上的人生态度和奋斗精神的人，是具有高远志向和丰厚学识的人。所以，培养社会主义建设者和接班人就要求教育工作者在教育中德智体美劳全方位落实，建立起全面发展的眼光，培养具有综合素质的优秀的社会主义接班人。

3. 在劳动教育中培养社会主义接班人

劳动教育是全力培养德智体美劳全面发展的社会主义建设者和接班人的一个重要途径和实践机会。在劳动教育中，青少年不仅能够掌握劳动技能、学习劳动知识、养成劳动习惯，还能够传承和发扬劳动精神。2018 年习近平总书记在全国教育大会上指出，要努力构建德智体美劳全面培养的教育体系，形成更高水平的人才培养体系。2020 年 3 月，中共中央、国务院印发了《关于全面加强新时代大中小学劳动教育的意见》，进一步强化了将劳动教育纳入必修课程，并针对不同学段提出了相应的课时要求和细致的劳动教育内容要求，并将学生的劳动素养评价结果作为高一级学校录取的重要参考或依据。自此，劳动教育成为全面发展教育体系中的重要组成部分，成为民族复兴的基石，成为培养社会主义建设者和接班人的重要途径和手段。

第三节　创造性劳动

《关于全面加强新时代大中小学劳动教育的意见》明确提出："强化诚实合法劳动意识，培养科学精神，提高创造性劳动能力。"快速发展的科学技术，不断增加的任务难度，这都要求劳动者要成为一个具备创新能力的新时代的劳动者。同时在劳动教育中，也应当扎实落实创造性劳动的实施与推广，让科技发展和产业变革融入劳动教育中，助力创新人才的培养和创造性劳动形态的多样化，提高青少年的创造性劳动能力。

一　推动人类文明发展的创造性劳动

人类的创造性有两种主要形式，一种是发明，发明创造出新的事物，现代社会的人造物大多都是一种发明的延续；第二种是发现，发现是发掘出本就存在却尚未知晓的现象和规律，例如发现万有引力定律等。二者都是人类创造性的体现，对人类文明的演变和社会的发展起到了至关重要的作用。而在人类劳动中，创造性劳动水平的显著提高和创造性劳动数量的快速增长恰恰是人类劳动向高级形态发展的最主要标志，是社会生产力进步的核心内容。所谓创造性劳动就是指运用创造性思维，突破固有劳动模式和劳动惯性，运用新思维、新技术、新方法进行的劳动过程。在创造性劳动实践的过程中，将会促使技术、知识、思维的革新，提高劳动效率，产出更有价值的劳动成果。

1. 创造性劳动的发生

• **原始工具的产生**。原始的人类祖先开始学习使用石块，在成千上万次的投掷过程中，分辨出不同形状的石块可以发挥不同的作用：锋利的石块能够劈砍树枝、切割毛皮，更加具有杀伤力，而圆润的石块适合完成敲、捣、捶等劳动，在此基础上，通过创造性思维和创造性劳动的加工，终于使原始石块被打磨成为最初的劳动工具，开启了人类文明的进程。

• **漫长的重复性劳动时期**。在人类文明初期，需要大量的重复性劳动来学习使用工具、来将制造工具和使用工具的技巧传承下去，而这样大量的重复性劳动挤压着创造性劳动的土壤。在漫长的石器时代，人类逐渐熟练制造和使用石器，但是在创造性劳动方面几乎没有进展。

• **创造性劳动的发生**。虽然创造性劳动的前进速度缓慢，但是人类从一开始改造石块成为石器时，就从未停下过探索创造性劳动的脚步，对更加高效、更加省力的追求也从未改变。劳动决定了人类与动物的根本区别，而创造性劳动正是人类脱离动物的根本力量，我们同动物一样都需要为生存而奋斗，但动物是一种本能驱使的活动，而人类的劳动则是有意识的具有创造性的活动，是能够主动规划发展前景的过程，而非一种被动适应的消极应对。正是创造性劳动的发生，使得人类得以发展至今，克服了漫长的重复性劳动时期，拥有了大量创造性劳动发生的基础，造就了如今璀璨的人类文明。

2. 创造性劳动的典型代表

人类文明进步的过程也是一部创造性劳动的发展史诗。从使用石块到改造石块，从利用自然到改造自然，从强化身体技术到用先进技术代替人类劳动，今天我们所拥有的一切都离不开创造性劳动的成果。其中最具代表性的就是中国古代的四大发明，此外，技术创新与思维革新所产生的创造性劳动也在推动着社会不断向前发展。

• **中国古代四大发明是创造性劳动的代表**。造纸术、指南针、火药和印刷术是中国古人智慧的结晶，也是人类创造性劳动的典型代表。四大发明不仅对中国古代政治、经济、文化的发展产生了巨大的推动作用，同时伴随着四大发明传至西方，对全世界的经济文化发展也产生了重大的影响。

• **技术的创新与思维革新**。创造性劳动的另一个典型代表就是新技术、新思维对劳动活动的回馈，形成劳动实践促进技术创新与思维革新的发展，技术创新与思维革新反馈优化劳动生产过程、促进创造性劳动的良性生态闭环。人类文明的历史和经济社会的发展也是一部技术史，讲述了新技术取代旧技术、新思维颠覆旧思维的不断创新、不断创造的文明史诗。刻在岩壁上的文字图形记录着祖先的故事、惜字如金撰写在竹简和羊皮卷上的历史事件、烟火狼烟传递着千里之外的战事、造纸术和印刷术的发明使书籍的普及成为可能、快马加鞭飞鸽传书变成了电报和电话，再到如今的移动互联网技术让我们相隔万里也能随时见面，因为创造性劳动，这一切才成为真实的存在。技术创新和思维革新将是促进科技进步和实力提升的重要利器，为社会经济发展打开新思路、开拓新模式。

二　让劳动的过程成为一次创造性劳动体验

我们要发展创造性劳动，不仅要提升自身的劳动能力、掌握更多的劳动技能、加强劳动精神的学习，还要时刻将创造性思维融入劳动过程中，使劳动的过程成为一次创造性劳动体验。每一次创造性劳动的实践经历都将成为我们面对的将要到来的真实人生时的宝贵经验，这就要求我们在创造性劳动过程中融合创造性与现实性，不能脱离现实也不能被现实所束缚，尽可能打破模仿的惯性，提升自我创造力。

1. 为将要面对的真实人生做准备

创造性劳动的首要目标是让孩子为将要面对的真实人生做准备，而直面真实生活也是创造性劳动的重要特点之一。其中最基础的人生准备就是生活自理，能够自己照顾好自己。小时候我们学习如何走路、如何说话、如何抓握，后来我们学习如何自己穿衣、穿鞋，长大点想要穿大人的鞋子，就要学习如何系鞋带，但是后来慢慢地不再刻意学习某一项生活技能了。能够自己穿衣、吃饭、理书包似乎就足够了，家里是如何变干净的、饭菜是如何煮熟的、衣服是如何洗干净的、全家一天三顿饭需要多少钱，这一切都有父母、老师、长辈来操心，但是当真正要自己生活时，发现曾经没在意的这些事变得好难。所以需要让学生有计划、有目的地参与日常生活劳动，有针对性地学习生活技能，从衣食住行出发，让学生动手实践，掌握基本的家务劳动技能，而不是纸上谈兵，走过场。

此外，为即将到来的真实人生做准备的另一层含义是具有未来视野，在学生的劳动实践中引入新技术、新思维、新方法，实践新形态，体验劳动工具、劳动场所和劳动技术的多种可能性，而非禁锢于重复性劳动和体力劳动中。多样化的劳动实践平台和组织方式所营造的创造性的劳动文化氛围，将会极大地激发青少年热爱劳动内在动力，使他们能够主动积极地参与到劳动中去，传承发扬劳动精神，成为一名合格的、德智体美劳全面发展的社会主义建设者和接班人。

2. 实现创造性与现实性的统一

新时代的创造性劳动教育需要兼顾创造性和现实性的统一和平衡，在劳动现实中发掘创造性想法，在创意发生时脚踏实地，贯彻实干精神，这也是创造性劳动的目标之一。在创造性劳动中不能一味地追求奇思妙想和天马行空，而是要扎扎实实地解决问题。运用创造性思维不代表放弃科学论证、抛弃探究方法，所以在劳动实践中，要善于引导学生发现问题、科学探究和解决问题，将单一的劳动活动转变为具有创造性思维质量的创造性劳动内容。例如在学习如何煮熟一碗米饭的劳动过程中，为了计算合理的水量，可以让同学们对比电饭煲上的刻度线与口口相传的用手测量的注水量这二者煮出的米饭的软硬度，再进一步加入不同种类的米作为新的变量，制作统计图表。总结出不同种类的米所适合的注水量，以及如何避免注水误差的解决策略。再如如何估算出一家人晚饭的用米量？同学们想到可以在电饭煲的刻度线上做文章，增加不同种类的米对应的刻度线，细化不同口感的米的刻度线；还有同学制作了《如何煮一碗香喷喷的米饭实用手册》，将知识转化为操作方法；更有同学制作了测量手套，帮助没有电饭煲的人准确估计注水量等。这些在创造性劳动中所产生的想法都具有坚实的现实基础和真实性。

3.打破模仿惯性，提升创造力

创造性劳动的第三个目标是打破模仿惯性，提升创造力。模仿是创造的基础，通过模仿，我们习得各种各样的劳动技能，但模仿有时也会形成思维的枷锁，阻碍我们发挥创造力。模仿是一种方法和手段，而绝不是劳动的目的，在创造性劳动教育中尤其要避免灌输式培养，而是应以创造性思维培养和创造性劳动能力为目标，改革劳动教育内容，打破对劳动和劳动教育的固有认知局限，丰富劳动教育的种类，促使青少年主动劳动、积极劳动，激发他们对于劳动的热情。在这样的氛围中才能逐步打破模仿的惯性，让孩子们勇于创新、敢于创新、乐于创新，不断提高青少年的创造力。

三 创造性劳动的成功实践要素

创造性劳动来源于真实生活，也必将应用于真实生活，所以成功实践创造性劳动教育的第一步就是要勇于直面真实的生活，立足真实问题，不回避，勇敢地接受真实生活中的挑战，只有如此，才能真正落实创造性劳动教育的目标。此外，

善用、活用、巧用创造力来解决问题也是创造性劳动的特点之一，包含着创造力
和解决问题两个要素，最后强调手脑并用地劳动，在思考和实践过程中才能捕捉
到劳动的新发现。

1. 直面真实生活

直面真实的生活是创造性劳动和创造性劳动教育的首要要求，是立足于真实
问题的，而不是虚构的、想象的和纸上谈兵的。真实生活中隐藏着真实的问题和
真实的需求，真实生活中还蕴含着丰富的劳动经验，这些是实践创造性劳动的宝
贵财富，也是创造性劳动真正创造的有意义、有价值的重要检验标准。反之，惧
怕真实生活、不敢面对真实的问题、回避真实存在的挑战，都将无法实现真正的
创造。

此外，创造性劳动教育也应该与真实生活紧密结合，将劳动教育融入日常的
学习生活当中，让学生参与到日常劳动中，真正动手实践，去使用劳动工具，去
发现劳动问题，去总结劳动规律，这样才能真正落实创造性劳动教育的目标。当
孩子衣来伸手饭来张口时，他不会知道一碗热腾腾的米饭是如何从生米煮熟的，
更不会知道每一颗米粒是如何脱壳抛光生产售卖的，如此，他不仅不能优化煮饭
的工序、解决煮饭过程中的劳动问题，甚至他无法自己煮熟一碗米饭。只有直面
真实生活，让孩子自己动手，逐步掌握基础的劳动技能，从照顾自己的衣食住行
开始，才有可能让孩子爱上劳动，尊重劳动，享受劳动，才能真正领悟劳动创造
美好生活的道理。

2. 善用创造力解决问题

创造性劳动的另一特点是善用创造力来解决问题，其中有两个核心，其一是
创造力，其二是解决问题，用一句话来概括就是：创造性地解决问题。养成创造
性思考的思维习惯，并在劳动过程中运用，往往能够取得意想不到的成果。生活
中不乏具有创造力的劳动者，小到洗衣晾晒的生活小窍门，大到新技术加持的劳
动工具创新，都是创造力的展现。例如在我们熟悉的快递物流劳动中，随着包裹
数量的激增和配送区域的增加，包裹的分拣难度和用户找到自己包裹的难度都变
得越来越大，建设并完善合理的快递系统成为急需解决的问题。一线快递员在配

送的过程中开始尝试各种不同的方式，通过对快递标签的二次标注，强调楼层、单元、姓氏、手机尾号等信息，帮助用户快速领取包裹；而物流公司尝试使用快递柜、快递驿站、预约配送等方式来降低快递员的配送难度，提高劳动效率。这一系列的尝试有优势也有争议，仍在不断改进、不断迭代、不断创造，这便是运用创造力解决劳动问题的典型代表之一。

3. 发掘劳动中的新颖性，提高自主性

劳动教育中也要重视创造性劳动的思考与实践，因为创造性劳动是一种手脑并用的活动，学生能够在劳动的过程中始终保持思维的活跃性，这样能够发掘出劳动过程中的新颖性，提高学生劳动的自主性，促使学生主动地劳动。只有如此，学生才会把劳动当作是一种内在需要，展现出无限的热情和挑战的积极性，从中收获自我成长，体验到劳动的快乐和满足。

第二章　价值提升，构建创造性劳动项目体系

　　劳动教育的目的，在谋手脑相长，以增进自立之能力，获得事物之真知，以及了解劳动者之甘苦。

　　教育不能创造什么，但它能启发儿童创造力以从事于创造工作。

——陶行知

导读：

　　» 用设计思维来从事创造性劳动

　　» 劳动和项目化融合后会变得怎样？

　　» 全面解码创造性劳动项目的目标

　　» 三个维度设计项目内容

第一节　创造性劳动项目的前瞻谋划

对于学校或者教育者来说，需要建立对创造性劳动项目的统一认识，需要遵循基本的原则，更需要有最重要的努力方向。这便需要明确创造性劳动项目的基本概念、创造性劳动项目体系建立的根本目的和在实施过程中遵循的基本方法，也即创造性劳动项目体系的核心理念。我们认为，创造性劳动项目体系的核心理念在于需要贯通大中小学各学段，融合德智体美等方面，在以育人导向、遵循教育规律、体现时代特征、强化综合实施、坚持因地制宜的基本原则下，在学生进行日常生活劳动、生产劳动和服务性劳动中，研究劳动，探索劳动，创造性地解决劳动中的问题，逐渐提升学生的劳动体验，形成劳动习惯，锻炼劳动技能，培养劳动价值观。

一　创造性劳动项目的时代要义

"什么是创造性劳动项目"这个问题，首先需要认识"劳动教育"和"创造性劳动教育"。

1. 从"劳动教育"说起

在我国，劳动教育是党和国家提出的。加强青少年的体力劳动，与学习的知识教育（脑力劳动）相结合，有助于促进青少年健康健全人格的培养和塑造，同时能够很好地打通学校和社会的分界线，是中华民族伟大复兴的时代新人的培养所需。劳动教育在培养青少年"勤于劳动、善于劳动、热爱劳动"的精神、意识和习惯，促进青少年德智体美劳全面发展起到了重要的作用，在中小学阶段尤其需要加强劳动教育。2020 年 3 月 20 日国务院发布的《关于全面加强新时代大中小学劳动教育的意见》（以下简称《意见》）中明确指出：劳动教育是中国特色社会主义教育制度的重要内容，直接决定社会主义建设者和接班人的劳动精神面貌、劳动价值取向和劳动技能水平。

2.定义创造性劳动项目

创造性劳动教育是一种新的劳动教育模式，其核心在于将劳动教育的内容作
为教育内容的基本素材，结合了创新的教育模式：基于劳动教育的基本目标，将
社会生活中的劳动教育作为场景素材，运用项目化的学习或活动模式，将创新创
造融入学习活动中，让学生在创新劳动项目主题下来学习劳动技能、提升劳动价
值观和匠心精神，在项目活动中做到以学生的学习成长为核心，引导学生形成主
动思考和运用创新思维解决问题的习惯，从而培养学生的批判性思维、创造性思
维、有效沟通以及有效协作等四项核心能力。

将项目化学习的学习方式融入创造性劳动教育，这是因为劳动教育的素材非
常适合用于项目化的学习模式。劳动教育是基于日常生活劳动、生产劳动以及社
会劳动等相关的题材，这些都是现实生活中的基本场景下产生的真实的教育内容。
而项目化学习正是需要基于真实场景、真实生活，发生真实问题，从而运用流程
化思维来解决真实问题的一种教学方法。基于劳动教育的真实场景，运用项目化
流程来解决真实问题，既可以解决劳动教育的需求，又可以提升学生的解决问题
的综合能力。

在新时期，重新定义创造性的劳动项目，将创造的元素融入劳动项目中，让
学生在统一综合的项目化学习活动来体验劳动的价值、创造的快乐，劳动教育在
创造性劳动项目的探索中呈现新方式。

二 追求创新创造的核心理念

创造性劳动教育项目的本质追求在于运用真实的生活素材、真实的生活情景
和真实问题，在以项目化为教学方式的学习过程中贯彻劳动教育，融入创新创造
的方式，促使青少年解放自然本性，提升精神世界的建设，培养劳动技能、劳动
习惯，具备劳动创新精神，树立正确的劳动价值观，积极传承中国的匠心精神，
形成劳动创造幸福的理念。

1.促使青少年解放自然本性，加强与大自然的联系

"我们的起源、来源不应处于自然之外，而始终置身于自然之中。而连接人与

自然重要的方式就是劳动。"这句话出自《马克思恩格斯全集》，是马克思对劳动和自然之间的关系的论述。人是源于自然的，劳动可以改变身外的自然，而自身也会随之改变。因此，加强青少年的劳动教育，能够让青少年置身于向自然的学习和经验中，这样的自然教育可以激发学生对生活的好奇、热爱、学习的精神和经验的积累，是有效促进学生成长的教育方式。

2.助力青少年的自我确证，促进学生精神世界的创建

"劳动是人的自我实现，是他的体力和智力的表现。在劳动这一真正的活动过程中，人使自己得到了发展，成为人自身；劳动不仅是达到目的即产品的手段，而且是目的本身，是人的本质能力的一种有意义的表现，因而劳动是一种享受。"这是马克思理论当中所论述的劳动的价值。而对于青少年来说，参与劳动不仅仅是服务他人，从而获得劳动果实的过程，还体现了个人存在的价值和意义，通过劳动创造价值，这种将交换劳动作为媒介而获得他人的存在和价值体现的过程，可以促进和加强人与客观世界的沟通。

3.让青少年在集体活动中社会化，形成优良劳动品质

当前有不少青少年都存在沉迷网络、不善交际、蔑视规则、缺乏团队合作精神等方面的问题，甚至有些学生好逸恶劳，期待不劳而获的可能性，这些都反映出当代部分学生存在着缺乏良好的劳动品质和劳动精神的问题。在这种情况下，要求青少年通过劳动教育，与家庭、同学、老师等群体沟通、互动，理解彼此，相互包容，从而完成初步的社会化；同时在劳动教育过程中，学生可以体会纯善的劳动价值取向，从而树立正确的劳动价值观。

4.培养青少年民族认同，积极传承传统文化及工匠精神

中国自古推崇工匠精神，工匠精神的内涵在于敬业、精益、专注与创新。"中国制造"就是世界给予中国的最好礼物。从整个社会来看，"中国制造"要求中国在发展过程中，提升人们（劳动力）的匠心精神和创造性精神，才能顺应社会的发展需求。举例来说，华为是世界五百强的中国本土企业，凭借着严密的质量监管体系和品质把控手段，它多次荣获"中国品质奖"，在产品上专注于对手机摄影功能的不断迭代和打磨，在品牌上不断提升其品牌的调性，并且运用人工智能的

创新科技，从而成为中国消费者值得信赖的十大企业之一。华为的员工更被称为
"零缺陷"员工，是因为其"零缺陷"的工作法以及工匠精神。华为通过汲取不同
国家的工匠精神来进行自我创新和发展，汇总出了华为独有的"工匠精神"，培养
了一批善于思考和学习，崇尚科学和创新，乐于动手和实践的"华为工匠"。他们
永远遵循品质第一、专注聚焦、极致细节、屡败屡战、胜而不骄的品质。

中国的发展需要青少年学生积极传承中国的传统文化、匠心精神。在劳动中
认识传统文化、继承传统技能、弘扬大国工匠精神，将"中国制造"变成"中国
精造"，进而转变为"中国创造"。

5. 树立"劳动树德、劳动增智、劳动强体、劳动育美"的核心理念

劳动树德：劳动教育在促进学生全面发展过程中具有不可替代的作用，尤其
是立德树人方面，劳动教育可以促进学生建立"勤俭节约、脚踏实地、坚定不拔、
合作团结"的优秀品德，从而培养青少年学生的爱德情怀。而这种品德修养需要
学生在日常生活和社会实践过程中不断磨炼，需要学生通过劳动教育形成社会主
义核心价值观，传承中国传统文化，从而促进中华民族的伟大复兴。

劳动增智：通过劳动可以提升学生的基本生活能力和劳动生产技能，让学生
对职业有初步认知，进而提升学生的动手实践能力以及创新创造的能力。对于青
少年来说，需要通过劳动来增长知识，丰富阅历，求真务实，明事理。

劳动强体：学生可以通过劳动来强健身体，享受乐趣，形成健全的人格，磨
炼个人意志。

劳动育美：核心在于用劳动来改进学校的美育，提升学生的劳动价值观，培
养学生从劳动创造中发现美、辨别美、创造美的意识，从而形成劳动审美观，提
升人文素养。

在创造性劳动中，可以有效地让青少年学生从劳动教育活动中培养劳动习惯，
建立劳动情感，树立劳动精神以及正确的劳动价值观，同时，还可以让学生从劳
动活动中获得生活劳动的基本技能以及生产劳动的专业知识。因此，劳动教育是
可以联动生活、职业、创新以及教育之间的重要环节，也是素质教育培养目标下
的重要内容之一。我们可以通过劳动教育来促进学生的德智体美劳全面发展，通

过劳动教育来提升学生的社会实践经验，从而将学习的理论知识与实践相结合，从劳动创造过程中追求更高的幸福感。

三　以学习者为中心的核心特征

以学习者为中心的教学应该符合学习者的特征，指向学习者的需求。针对劳动教育，依据国务院发布的《关于全面加强新时代大中小学劳动教育的意见》，要求在中小学阶段设立劳动教育课程，且劳动教育课平均每周不少于 1 小时，学校需要根据课外劳动教育做出相应的时间规定。也就是说，小学阶段的劳动教育课，每学期必须达到 16 课时，并且要求学校根据需要编写劳动实践指导手册，包括明确的教学目标、活动设计、工具使用、考核评价、安全保护等相关内容。同时，《意见》明确指出，小学低年级劳动教育的基本目标是：注重围绕劳动意识的启蒙，让学生学习日常生活自理，感知劳动乐趣，知道人人都要劳动。小学中高年级的基本目标是：注重围绕卫生、劳动习惯养成，让学生做好个人清洁卫生，主动分担家务，适当参加校内外公益劳动，学会与他人合作劳动，体会到劳动光荣。

因此，针对创造性劳动项目，学校需要根据学生的真实需求，及小学阶段不同年级学生的劳动教育基本目标，遵循相应的教育规律，开展相应教学，以提升学生的劳动习惯、劳动技能、劳动精神，积极传承中国的匠心精神，推广劳动创造幸福的核心理念。

1. 显性和隐性教育功能相结合

小学阶段便开始劳动教育，而劳动教育的基本途径就是：①开展劳动教育课程，进行知识性劳动教育的学习；②学校组织活动性质的劳动教育课程；③学科教师在不同的学科中进行劳动教育知识内容的渗透。这些显性的劳动教育内容有可能导致学生的逆反心理，相对而言，隐性、间接地传达劳动教育的知识，有利于学生在潜移默化中接受正向的价值体系。

劳动教育如果只重视显性教育功能，就无法给学生足够的活动内容，因此需要"隐性教育"的弥补，才能补足"显性教育"。比如，学校的"显性课程"只能有涵盖 1 学期 16 课时的劳动教育，并且需要在此过程中达到劳动教育的基本目标——学习项目化的基本流程，提升学生的劳动技能、综合能力和劳动价值观等，其课时数和在校的课程形式不能完全满足学生的需求。因此需要结合"隐性教育"来补足。隐性教育具有以下特征：①非预期性，也就是说它可能存在一些不可预见的影响，并且这种影响可能是积极的，也可能是消极的。比如，正在进行的劳动教育活动中，有可能会对学生带来积极的影响，也可能会因为某些人、事、物，对学生带来某些方面的消极影响。②潜在性，学生在学习从事生活劳动、生产劳动、服务性劳动等社会实践活动的过程中，可能会因为一些行为或事件隐含着某些可能产生的影响。③复杂性，社会、经济、文化、精神等方面的因素都会影响着个体、家庭、学校、社会的劳动教育活动，因此呈现复杂性。④隐蔽性，主要是指学生会在生活化、场景化的劳动教育活动内容中，体验到对其情感以及内心的刺激和影响，在不知不觉中被创造性劳动项目所感染，从而渗透到自己的内心。

创造性劳动教育模式的创新，必然是显性教育与隐形教育的有机统一，需要贯穿显性教育和隐性教育功能给学生不同的学习方式。通过具有科学性的教学，帮助学生来掌握创造性劳动的知识和技能、过程与方法，也可以通过日常环境的潜移默化来提升学生逐步成为有创造力的社会主义劳动者。

2. 指向学生的个性化发展

为了培养适应未来发展的人，我们的学校需要正视和改变的是过度的知识学习以及标准化的培养目标。教师在上课的时候，仅仅站在自己的角度教学，教学模式千篇一律，教学内容几十年不变，这些都会让学生失去个性化和个体与个体之间的差异，变成学习的机器。同时，站在教师的立场，会让教师变成教学的机器，教学内容缺乏趣味性，教学不适用于当代学生而不自知。于是，学生的个性化发展被提上诉求。

什么是学生的个性化发展呢？主要是指尊重个体，突出学生个体在教育过程中的主体地位，体现学生个人发展的自主性。这需要更多地站在学生的角度思考问题，考虑到学生的个人心理、生理、年龄等特征，学生的特长、兴趣与发展，以及未来的职业规划与社会共享等内容，培养学生的自主意识和个人能力。

多样化的学习可以促使学生获得个性化的发展。创造性劳动项目不仅仅需要针对一些共性的问题，进行解决问题的演练，还需要充分考虑学生在个性化发展的需求中可能产生的个性问题。需要包含共性的学习目标和学习内容，同时包含个性化空间。学校也需要充分调动和发挥教学研发的作用，根据学生的需求建立开放型、学生主导型的学习内容，引发学生的学习兴趣和学习动力。能做到寓教于乐，满足学生的好奇心，调动学生劳动教育学习的主动性，从而让学生在日常生活劳动、生产劳动以及服务性劳动的学习中能够深度参与。在学校，劳动教育的内容可以决定"为谁培养什么样的人才"的问题。

作为劳动教育的实现形式，在教育过程中需要为学习者提供个性化的技能知识传授，而非流水线的标准化教学方式，需要在创造性劳动项目中将学生的兴趣爱好以及学生的生活阅历纳入教学当中，提前对学生的个人生活状态及周边环境进行调研，为每个学生定制符合其自身发展特点的个性学习计划，由此更为尊重学生，体现创造性劳动本身的个性化特征。

3. 遵循先后顺序的原则

创造性劳动教育项目的整体设置，需要考虑到学生的年龄、特征、认知水平、学科知识等因素，并根据国家的目标规划进行体系的设置，并遵循先易后难的设置原则，对学生的学习内容进行选择，对于其实施效果将会起到非常重要的作用。同时，教师在教学过程中额外补充的劳动教育知识也须符合先易后难的基本原则。

创造性劳动教育项目体系可以符合低年段、高年段的基本目标，同时又能符合该年段学生的基本学习诉求。遵循先易后难的课程设置原则，将劳动教育目标拆解到不同阶段来学习，从而形成劳动教育的体系化教学内容。

4. 标准化和非标准化的内容与流程

劳动教育应该是需要一定的标准化目标的，其核心目标是根据国家的相关文件和教育部所设定的学习目标。学校自主研发的课程，其基本目标和课程内容都是围绕着新时代劳动教育精神以及人才培养方案来设置的，标准化有助于学生在学习过程中能不偏不倚地学到最重要的核心知识、技能，获得日常生活劳动、生产劳动和服务性劳动的体验，从而体会到劳动教育的重要性、劳动教育目标和内容的一致性。创造性劳动项目需要具有标准化的目标和内容，例如项目名称、教学目标、教学重难点、教学方法、教学条件、教学内容、教学环节和教学评价等，这些需要涵盖的框架内容是基本不变的、标准化的。

创造性劳动项目，还需要一套标准化与非标准化结合的建设方法。在组织管理机制、实施过程以及学习评估方面需要标准化，在学校内由不同的学科老师、管理层筛选部分合适的成员成立创造性劳动教育项目小组，建立分级管理模式，实施相对的标准化操作，以保证创造性劳动项目的落实。

但在实施过程中，对于教学状况、教学需求、学生的学习需要、发展的可能性等，需要充分考虑，征集各个学科或非学科老师的意见和建议，制定非统一、非标准化的内容，根据学生的生活实际和教师的教学实际，适度作一些调整。这些就可以建立非标准化的操作方式。

第二节 劳动融入项目化学习

自 20 世纪 80 年代开始，和田路小学就注重学生的创造教育，推出了"发展学生的个性，构筑创造的乐园"的教育理念。基于当下劳动教育的现状，我们提炼了学校的劳动教育的使命和愿景，即创新小学阶段创造性劳动项目化体系的使命。创造运用于中国小学阶段的劳动教育方式，积极传承中国的匠心精神，推广劳动创造幸福的理念的愿景。这一使命和愿景旨在突破传统的劳动教育模式，在家务劳动、生产劳动、公益活动、社会实践等各类劳动中融入新的要求。将创造的种子融入劳动教育，运用项目化学习的方式，在创造性劳动项目中培养学生的劳动意识、劳动能力，并通过智慧创造改进和创新劳动方式，提高劳动效率，最终使学生具备创造幸福生活的能力。

一 在创造性劳动中学习

长久以来，学校深信教师是最有效的传授给学生知识的信息渠道，并且必须要通过单科分立的形式来进行教学。从某方面来说，这样的方式是有必要的，但同时也让学生的学习环境过于刻意，他们和现实社会当中的现象相隔离，学习的方法不断地被割裂，学习内容也忽视了跨学科性。老师和家长都以分数为重点，忽视了跨学科链接的重要性。多少年来，教师一直都是平行教学的，他们各司其职，数学只与数学讨论，语文只关注语文组的教学。其实很多老师都明白教学时需要相互讨论各自的题材的，只有这样才能对学生的学习以及老师的教学产生事半功倍的效果。正因为存在教师之间的默认机制，多数任课老师仍无法打破这样的局面，需要有一些课程内容进行推动，让老师能够沟通，从而打破单科分离的状况，从而降低资源浪费、内容重复等现状。因为平时接触综合学科和应用性的学习太少了，学生需要自己去连结学科与学科之间的学习内容，但这又是学习的最大重点和难点，因而造成了所谓"举一反三"的能力全然仰仗学生自身的现象。

1. 项目化学习 + 劳动教育 + 创造 = 创造性劳动项目

项目化学习是通过情景导入，用流程化进行步骤设定，从而让学生在学习项目的过程中，以某一个内容为主题展开情景引入，在情境中设定某个问题并展开讨论以明确问题根本，通过创造性思维来让学生发散思考如何解决所假设的（或真实存在的）问题，并动手实践来尝试提出解决的方案及设计落地，从而锻炼学生发现问题、解决问题能力的一种教学方式。这种方式很好地补充了当前单科分立的状况，既可以通过项目化的方式来让不同科目产生联系，又可以在这样的方式下提升学生的发现问题和创造性地解决问题的能力。

项目化学习不仅仅有如上的必要性，还有很多优点：

1. 提供了一种新的教学方式，能提升学生的学习效果；

2. 能帮助学生更加综合和多元地去理解问题、思考问题；

3. 帮助学生提升其批判性思考、判断与决策的形成，同时还有助于学生的积极正向的价值观的形成；

4. 帮助学生通过跨学科学习，提升其分辨、分析、整合知识的能力，重视学科与学科之间的关系，提升其对知识的理解，并刺激学生萌生创新的种子；

5. 让学生能学以致用，融入生活场景并有效解决问题；

6. 让学生能相互合作，互帮互助；

7. 在学习过程中有自己与他人之间的配合，有效激发学生自省，从而增强学习动力。

"劳动教育"的主要目的是以提升学生劳动素养的方式促进学生全面发展的教育活动。而当今这个时代，那种有意无意将劳动教育等同于 20 世纪五六十年代"学工、学农"等劳动教育旧形态的思维，已经无法适应 21 世纪中国全面改革开放的社会实际。项目化学习则是在进一步深化课程改革的今天，将"知识为本"转变为"核心素养为本"，改变了传统劳动教育的方式，符合现代德育活动的特点。因此，我们将项目化学习引入到劳动教育，创造了基于项目化学习方式的创造性劳动项目。

2. 项目主题的多样演绎

项目化学习结合了横向思维的宽度、纵向思维的深度以及系统思维的链接度，这三种思维模式能够将学生所学的知识很好地进行融合，全面地介绍核心内容，同时还可以诠释与反思相关知识内容。项目化的创造性劳动教育需要更加重视站在学生的角度思考。认清学生，了解学生需求，不光是了解学生的年龄、年级，还需要了解学生的以往学习经验以及学习能力、学习习惯等。

与项目化学习相结合的创造性劳动教育教学的内容，更多地以学生的生活经验相关。基于教师与学生的共同演绎，我们确立了五大项目主题：劳动规则书、小鬼当家、劳动模范、比心服务和资格实习生。这五大内容与学生目前所生活的时代息息相关。

项目化的创造性劳动教育运用是多元化的、弹性的、留白的。很多老师都会在课程中遇到这样的问题：需要完成学习进度，还需要让学生进行互动，而且需要有一定的留白让学生能有回想和思考的机会，这太难了。是的，虽然大部分老师都因不希望在下节课继续重复该主题内容，会想要尽量在课堂中完成教学进度，所以会尽量多地将教学内容压缩后给学生学习。但是我们需要考虑到学生的吸收，这就需要有多元的、弹性的、留白的课堂教学，比如可以用学习单元引导学生提前阅读劳动教育相关的内容素材，观看影片《大国工匠》等；也可以提供一些留白给学生思考的小活动，让学生动脑动手，发挥想象力和创造力。

3. 基本流程的六环节

- **观察发现：** 以真实所处的环境作为情景创设的场景引入，身临其境地体验他人的情感认知，换位思考，发现真实存在并需要研究解决的问题，达到共情共学。

- **聚焦问题：** 一个真实存在的开放式问题，引导学生主动进入思考研究。

- **建立联系：** 根据驱动问题梳理相关学科支持知识体系，以及研究过程中学习的工具使用和技能掌握。

- **探究解决：** 问题解决过程中采取的不同研究策略，清晰呈现整个研究过程。

- **成果呈现：** 在研究过程中个体和团队在不同阶段展现的研究结果形式。

- **创意评价：** 在不同研究阶段对探究方式、学习技能、创新表现、思维模式、项目展示等掌握或运用情况的过程性评估和综合能力评估。

二　多模块学习的组织形式

创造性劳动项目的特点在于"在劳动中创造，在创造中劳动"。怎样的学时安排才能准确击中教育目标，并产生类似多米诺效应的链式积极反应呢？那就是教学内容形式与教学组织形式的变革。创造性劳动项目以某一主题为主轴，整合若干相关联的学科，指向创造性和批判性思维，激发学生学习的主动性和持久性。它是需要团队合作的，是为了解决真实情境中的问题的，是让学生创造与劳动兼备的。如何在学校现有的课程或活动中渗透创造性劳动教育的理念，优势结合，是我们一直以来探索的课题。

鉴于对劳动教育的核心理念和基本要求的梳理，单纯从学校课程中所安排的16课时来完成是远远不够的。教学模式是培养人才的主要环节，而教学模式和方法很大程度上影响着学生的自主学习能力和创新能力。

基于学习的目标、学习内容和学习理念的对接，我们设置了一种新的多模块学习方式，其核心分类按照不同的场景分为个人、家庭、学校、社区和社会五个场景（角度），采用混合式的教学模式来加强和提升劳动教育，并且充分利用学生、家庭、学校、周边社区和社会的学习资源，组织高效的学习活动，进行多维度的学习评价，来丰富课程的形式，提升教学的效果。根据上述的状况，我们制定了自主学习模块（个人）、家庭生活模块（家庭）、在校工作模块（学校）、社区实践模块（社区）以及社会责任模块（社会）这五大模块进行教学。

考虑到项目化学习的特征，结合实践，我们尝试将创造性劳动项目安排在学校拓展型课程中实施，在学时安排上以专题教育或班团队活动＋兴趣活动、社区服务或社会实践周的模块组合形式进行。这样可以在不增加课时也不占用其他课时的基础上满足劳动教育的实施。同时，这个结合点有助于创造性劳动项目既符合显性教育功能和隐性教育相结合的原则，也能够让劳动教育真正以学生为本，为学生提供经历并获得劳动技能，增加劳动体验和劳动实践，拓宽学习渠道，培养创造性劳动素养。

三 多元评价方式

新时期小学劳动教育评价要把劳动教育作为一种价值召唤，强化激励性与基础性，突出主体性与责任性，把握特点，构建评价序列。我们要求教师从学生终身发展的角度进行评价。评价不仅会从项目本身（包括研究过程、资料的搜集、成果展示）来展开，同时也会从劳动素养（包括劳动观、劳动技能、劳动习惯、劳动创新和工匠精神）来考查，但学校并不追求完美的评价体系，只是希望引导师生共同评价以促发展。

1. 评价体系设计原则

在设计创造性劳动项目评价体系时，我们注重以下原则：

• **主动性**：以少年儿童的兴趣和需要出发，调动积极性，使所有人都可以参与；

• **非竞争性**：提倡自己和自己竞争，不断地为自己设定新的目标，不断取得新的进步；

• **注重过程**：通过障碍设置与训练，在过程中不断地挑战自我，战胜自我，不断感受成功的喜悦。

2. 评价序列

- **三类劳动内容**：日常生活劳动、生产劳动、服务性劳动

依据马克思主义劳动观，将劳动分为生产劳动和非生产劳动，相应地将劳动教育分为生产劳动教育和非生产劳动教育。非生产劳动教育又可以分为日常生活劳动教育和服务性劳动教育，前者注重在学生个人生活自理中强化劳动自立意识，体验持家之道，这也是学生健康发展、适应社会生活的重要基础；后者具有较强的时代特点，注重利用知识、技能、工具、设备等为他人和社会提供服务，特别是在公益活动、志愿服务中强化社会责任，培养良好的社会公德。

- **五方面评价维度**：劳动观、劳动技能、劳动习惯、劳动创新和工匠精神

小学劳动教育实践活动，目的是培育中小学生良好的劳动素养。要构建小学劳动教育评价序列，首先要理清中小学生劳动素养的内涵。

北京师范大学檀传宝教授将"劳动素养"诠释为："经过生活和教育活动形成的与劳动有关的人的素养，包括劳动的价值观（态度）、劳动的知识与能力等维度。"中国学生发展核心素养中的"实践创新"板块，提出了"劳动意识"这一基本要点。2019 年 2 月，中共中央、国务院印发的《中国教育现代化 2035》提出："全面强化学校体育工作，全面加强和改进学校美育，弘扬劳动精神，强化实践动手能力、合作能力、创新能力的培养"，确立了"劳动精神"这一要点，把劳动当作一种享受，促进劳动创造幸福的韧性追求。

小学生的劳动素养，涵盖劳动观念、劳动兴趣、劳动意识、劳动认知、劳动价值、劳动态度、劳动习惯、劳动技能、劳动韧性、劳动精神和劳动创造等多个方面。综合多方认识，对小学生劳动素养的理解，结合我们的创造性劳动项目目标，从劳动观、劳动技能、劳动习惯、劳动创新和工匠精神五个方面进行评估，建立我们的劳动素养评价。

评价序列中，将劳动观进一步细分为劳动观念、劳动兴趣和劳动态度，将劳动技能细分为劳动知识和劳动技能，劳动习惯细分为劳动意识和劳动行为，工匠精神细分为劳动韧性和劳动价值，再加上劳动创新共有十个二级评价指标，组成了我们创造性劳动项目的评价体系。

一级指标	二级指标	三级指标（具体要求）
劳动观	劳动观念	1. 认识劳动光荣与劳动幸福，崇尚劳动、尊重劳动。 2. 认识劳动是积极的生存方式，是提升公民意识、品格素养和社会责任感的重要途径。
	劳动兴趣	1. 积极参与生产劳动、家务劳动、公益活动、义务劳动、生存性劳动、主题劳动、动手实践等，并对其中某一或某些方面劳动学习、劳动体验产生浓厚兴趣。 2. 在感兴趣的劳动领域产生持续劳动的热情，并勇于去学习、探究，促进积极的劳动成果产生。
	劳动态度	1. 增强劳动感受，体会劳动艰辛，分享劳动喜悦。 2. 认识到好逸恶劳、不劳而获是可耻的。
劳动技能	劳动知识	1. 积极参加劳动课程学习、劳动实践体验并获取丰富的劳动知识。 2. 懂得劳动最光荣、劳动最崇高、劳动最伟大、劳动最美丽的道理。
	劳动技能	1. 将劳动技能养成与未来职业生涯的可持续发展联系起来，持续提升劳动、生活与职业技能。 2. 在劳动中展现动手能力与发现问题、解决问题的能力。
劳动习惯	劳动意识	1. 让劳动意识成为核心素养的重要组成部分，认识劳动的生活性、享用性、体验性、人文性。 2. 认识劳动联通生活世界和职业世界，将劳动与生涯发展、未来幸福生活联系起来。
	劳动行为	1. 认真、主动地完成分配的劳动任务，养成良好的劳动行为习惯。 2. 在学校劳动、家务劳动、校外劳动学习中展现良好的劳动合作、探究行为。
劳动创新	劳动创造	1. 劳动创意或创造在服务他人、服务社会中有积极的贡献，获得认可。 2. 展现通过辛勤劳动、诚实劳动创造出的成果。
工匠精神	劳动韧性	1. 敢于磨砺劳动意志与劳动品质。 2. 注重劳动过程中的个人体悟与集体意识，将劳动集体关怀与劳动集体文化创生结合起来。
	劳动价值	1. 内化"幸福是靠奋斗得来"的价值观念与精神内涵。 2. 在正确的劳动价值引领下，勇于合作、敢于奉献与牺牲。

3. 评价形式设计

根据项目主题与学习模块、任务的不同，将学校劳动教育引领与推动社会劳动、家务劳动结合起来，为了见证学生的劳动过程与劳动成功，我们设立劳动勋章奖励、角色互评、成果展示、荣誉制度、推荐信五种形式的评价。

这样的评价体系让学生获得了公平发展的机会，让每个学生都把自己的热情、智慧投入到项目中，他们成了教师眼中的劳动者和开创者。学生通过劳动教育项目的分享，公开劳动成果，获得了大量的学习机会。由此，学生的劳动激情得到了激励，劳动素养也得到明显提高。

第三节 "劳动创造幸福"的目标体系

习近平总书记在 2018 年全国教育大会上明确提出，要以凝聚人心、完善人格、开发人力、培育人才、造福人民为工作目标；要努力构建德智体美劳全面培养的教育体系，形成更高水平的人才培养体系；要在学生中弘扬劳动精神，教育引导学生崇尚劳动、尊重劳动；将劳动教育纳入新时代"培养什么人"这一教育首要问题的总体要求之中。把劳动教育的地位和意义提到了前所未有的高度。

2020 年 3 月 20 日国务院发布的《关于全面加强新时代大中小学劳动教育的意见》（以下简称《意见》）明确指出，劳动教育的基本目标是：通过劳动教育，使学生能够理解和形成马克思主义劳动观，牢固树立劳动最光荣、劳动最崇高、劳动最伟大、劳动最美丽的观念；体会劳动创造美好生活，体认劳动不分贵贱，热爱劳动，尊重普通劳动者，培养勤俭、奋斗、创新、奉献的劳动精神；具备满足生存发展需要的基本劳动能力，形成良好劳动习惯。

一 "劳动创造幸福"整体目标的延伸和丰富

创造性劳动项目目标的确立基于劳动教育的目标，并在劳动教育目标的基础上进行了创造性的延伸和丰富。我们认为，创造性劳动项目的目标在于通过创造性劳动教育，将社会生活中的劳动教育作为场景素材，运用项目化学习或活动模式，促使青少年解放自然本性，提升精神世界的建设，培养劳动技能、劳动习惯，具备劳动创新精神，树立正确的劳动价值观，积极传承中国的匠心精神，形成劳动创造幸福的理念，从而锻炼学生的批判性思维、创造性思维、有效沟通以及有效协作四项核心能力。

1. 树立正确的劳动观

劳动观指的是人们在劳动过程中所形成的对劳动的看法和观点。劳动观也反映了劳动者对劳动的态度，这决定了劳动者在劳动过程中发生的行为。

通过劳动教育让学生明白：一个人把自己的智慧、才能、技艺和汗水变为劳动的物质成果，他会享受到光荣感、自尊感，会更加深刻地体会到劳动最光荣、劳动最崇高、劳动最伟大、劳动最美丽的道理。通过劳动教育帮助广大青少年树立正确的劳动价值观，让其明白在我们这样一个社会主义国家，各个劳动岗位之间只有分工不同，不存在高低贵贱之分，劳动是财富和幸福的源泉。同时也让其明白，无论是体力劳动还是脑力劳动，都值得尊重和鼓励；一切创造，无论是个人创造还是集体创造，也都值得尊重和鼓励。此外，就隐性教育功能来说，通过劳动教育培养青少年良好的劳动态度，帮助其在未来的生活与学习中学会与人为善，爱岗敬业，诚实守信，勤勉踏实。帮助学生认知"辛勤劳动最光荣"的意识，也帮助学生深刻领悟劳动和财富（物质财富和精神财富）之间的关系。

2. 掌握生活和劳动技能，在劳动创造中追求价值感

劳动技能指的是人的劳动能力，其中包括体力劳动、智力劳动和心理劳动。

据媒体调查显示，我国现今能够做到自我服务型的中小学生不足半数，部分家长担心孩子吃苦，在家里大事小事统统包办，家务劳动、体力劳动等从来不让孩子参与。学生接触到劳动的机会少，因此自理能力差已是普遍现象，缺乏劳动技能，不善劳动已是不争的事实。

通过劳动教育，为学生提供丰富的直接感知、实践操作和亲身体验的学习机会。同时在不同年龄段设计适应该年龄段学生特点的劳动任务，培养学生学会劳动知识与技能，学会劳动工具的使用，提高设计、制作的劳动能力。

3. 养成良好的劳动习惯

劳动教育至关重要，而劳动意识和劳动习惯更是需要学生在幼儿阶段就懂得并养成。这当中需要父母、师长的教导，并使用有效的方法进行劳动习惯的培养。小学低年级阶段尤其需要注重培养以学生的生活和兴趣为基础的劳动习惯。

在培养学生劳动习惯的时候，需要尊重孩子，给予孩子更多选择劳动内容的机会和权利，让孩子能主动选择，并不强求孩子在某段时间一定要完成某项劳动。同时，劳动习惯是需要让孩子坚持才能养成的，要不断给予孩子反馈，增强孩子的责任感、荣誉感以及成就感，激励孩子养成良好的劳动习惯。

4. 培养劳动创新的意识

通过创造性劳动教育培养学生的劳动价值观和劳动精神，改善基础教育生态，提升孩子的创造性思维和健全人格。首先，加强儿童创新思维的培养和健全人格的发展。在劳动过程中，如果能够为学生营造一种自由、有趣味但又具有一定挑战的劳动空间，使学生在保持专注、自由以及辛劳的过程中，萌生新的创意想法，积极动手动脑，勇于实践，则学生不仅能够收获劳动的幸福，还可以不断提升智慧，逐步提升观察能力以及创新思维能力。其次，使学生对劳动教育保持一种积极的状态，从而形成积极向上的劳动价值观。引导孩子进行创造性的劳动教育，培养孩子积极的劳动价值观，例如热爱劳动、尊重劳动、劳动平等、劳动光荣、劳动幸福等观点，进而促进学生的多元发展。最后，通过劳动教育培养学生创新思维和能力，培养学生内在性劳动创新的文化生态认同感，激发学生的劳动创新成长动力，提升小学生"以劳创新"的引导机制，这既是劳动教育课程建构的价值取向，也是教师的天职所在。

5. 积极传承中国传统文化，弘扬工匠精神

工匠精神表现为精于工、匠于心、品于行。工匠精神不仅指具有高超的技艺和精湛的技能，而且还要有严谨、细致、专注、负责的工作态度以及对职业的认同感、责任感、荣誉感和使命感。质量之魂，存于匠心。

通过创造性劳动项目，引导学生积极投身于各类劳动实践，从小培养精益求精、踏实肯干的劳动态度和勇于创新、刻苦钻研、一丝不苟的劳动精神，从现在

开始培育和传承"工匠精神"。通过基于生活日常、劳动技能、劳动体验等内容的劳动教育，帮助学生树立正确的积极向上的劳动价值观，引导学生形成良好的劳动习惯。在培养劳动素养的同时，将工匠精神融入其中，体现劳动的价值取向，倡导劳动创造价值和追求劳动技能提升。

二　适应现实的分年段目标

2020 年 7 月 7 日，教育部印发了《大中小学劳动教育指导纲要（试行）》（以下简称《纲要》)。《纲要》中对不同学段的劳动教育目标做了明确要求，将小学分为低年级和中高年级两个阶段，并分别对应不同的指导要求。依据《纲要》的指导要求，我们分别从树立劳动观，培养劳动技能、劳动习惯，培养创新劳动的意识，传承工匠精神五个方面，细化了创造性劳动项目的分年段目标。

1. 小学阶段创造性劳动项目的目标体系

意识与思想教育是长期的过程。小学阶段要注重围绕劳动意识的启蒙和培养，劳动价值观的培养，工匠精神的传承，这些意识与思想的养成是小学所有年龄段的整体任务。基于整体目标，我们设计了符合不同年龄段学生心理和生理特征的分年段学习目标。其主要内容见下表。

2. 对目标体系的说明

树立正确的劳动价值观，培养劳动创新的意识，积极传承中国传统文化、弘扬工匠精神三个方面是小学阶段全学段劳动教育的总体任务和目标。

（1）对培养劳动创新意识的说明

需要说明的是，培养劳动创新意识主要是指关注学生在劳动过程中的体验和感悟，引导学生感受劳动的艰辛和收获的快乐，增强获得感、成就感、荣誉感。正确理解劳动教育的新意蕴，在不同形态的劳动实践中培养创新精神，实现创造性劳动及劳动成果的创造性表达。其中，又包括劳动工具、劳动方法、劳动材料、劳动保护和劳动成果展示的创新。

- **劳动工具的创新**：对身边的劳动工具进行改造和创新设计；
- **劳动方法的创新**：对劳动的一些方法进行创造性的改变，合理的再设计；

体系目标	创造性劳动				
适合年级	树立劳动观	劳动技能	劳动习惯	劳动创新	工匠精神
小学低年级 （一、二年级）	1. 确立正确的劳动观点，知道劳动不分高低贵贱，劳动创造财富。 2. 树立正向的劳动价值观，养成勤俭节约、珍惜劳动果实的品德。 3. 养成积极的劳动态度，知道"一份耕耘，一份收获"。 4. 形成尊重、热爱劳动过程和热爱劳动人民的优秀品质。 5. 进行创造性劳动，立志成为新时代所需要的有头脑、有智慧的劳动者。	1. 自我服务劳动。 1）个人管理 2）衣物清洁 3）学习物品整理 2. 家务劳动： 1）清扫卫生 2）家居整理 3）厨艺帮手 3. 岗位劳动： 1）环境保洁 2）学习助手 3）服务协调	1. 在劳动中认知事物的习惯。 2. 在劳动中了解事物的方法、规律的习惯。 3. 在劳动中探索科学的习惯。 4. 在劳动中坚持不懈的习惯。 5. 在劳动中保护自己的习惯。 6. 在劳动中与人合作的习惯。	1. 劳动工具的创新。 2. 劳动方法的创新。 3. 劳动材料的创新。 4. 劳动保护的创新。 5. 劳动成果的创新展示。	1. 了解劳动的精神追求，劳动榜样人物事迹，学习其身上的工匠精神。 2. 树立劳动模范的典型，不仅要有大国工匠、卓越楷模，还要有身边表现优异的普通劳动者和同学。 3. 领悟劳动品质，激发劳动热情；坚持不懈，努力改进；感受并领悟勤勉敬业的劳动精神，争做新时代的奋斗者。 4. 在实践中向模范看齐，在日常劳动中努力成为精益求精的劳动者。
小学中高年级 （三、四、五年级）		1. 自我服务劳动： 1）个人管理 2）衣物清洁 3）学习物品整理 2. 家务劳动： 1）清扫卫生 2）家居整理 3）厨艺帮手 4）安全卫士 3. 岗位劳动： 1）环境美化 2）服务他人 3）社区宣传	1. 在劳动中感恩珍惜的习惯。 2. 在劳动中相信科学的习惯。 3. 在劳动中增强自理的习惯。 4. 在劳动中不断反思的习惯。 5. 在劳动中合作探究的习惯。 6. 在劳动中诚实守信的习惯。		

- **劳动材料的创新**：对劳动中的工具、材料进行创新设计和运用；

- **劳动保护的创新**：合理规避劳动中的一些危险，用巧妙的设计和完善的方法，创造性地保护劳动者；

- **劳动成果的创新展示**：对于劳动产生的成果能创新性地宣传和推广，以达到更好的效果。

针对不同年龄段，我们又细分了符合低年段和中高年段学生心理和生理特征的生活和劳动技能培养目标，以及劳动习惯培养目标。其中，生活和劳动技能方面，我们依据多模块的原则，划分了自我服务劳动、家务劳动、岗位劳动（社区实践和社会公益）三个方面的能力目标。

（2）对掌握生活和劳动技能，在劳动创造中追求价值感的说明

在小学低年段主要安排一些力所能及的自我服务的劳动内容。通过自我劳动服务和其他的劳动项目来进行训练和实践，从而让学生认识到劳动最光荣，从而初步培养学生的劳动观，争做一个爱劳动的好孩子。例如自我服务劳动模块中，个人管理包括学会洗手、洗脸、刷牙、剪指甲等，能自己独立穿衣脱衣、系鞋带；衣物清洁包括会洗手帕、红领巾等小物件；学习物品整理包括会削铅笔、订课本、包书皮，并且能对自己的学习用品进行分类整理和保管。在家务劳动模块，小学低年段的学生需要学会清扫卫生：学会铺床、叠被子、刷碗洗碗、洗茶杯，对垃圾进行分类并倒入指定垃圾桶；家居整理：能够整理自己的书柜和房间；厨艺帮手：能够拣菜、打蛋、摆碗筷，拌色拉；在岗位劳动模块，要掌握环境保洁：帮助老师擦黑板、扫地拖地、擦桌子、开窗关门；在老师的指导下学习做值日生，并做好班级的清洁卫生；学习助手：帮助老师收发簿本，整理教具，安排小组活动；服务协调：做好各种活动的小志愿者，帮助更多的同学。

小学高年段学生除了自我服务劳动外，还需要安排一些力所能及的公益活动、生产劳动以及职业体验等内容。通过实践，学生可以进一步认识到劳动最光荣的理念，培养学生关心集体、爱护公共物品，做到自己的事情自己做，在家主动帮助父母分担家务，在集体中积极做事，帮助大家，发挥主人翁意识。自我服务劳动模块的内容也较低年段目标有一定的复杂性。例如个人管理：自己洗头、洗澡、

梳头、吹头等；衣物清洁：学会使用针线，学会钉纽扣，会洗自己和家人的衣服；学习物品整理：会对各种学习资料和补充材料进行分类、整理和保管。家务劳动需要做到清扫卫生：学会晒被子和叠放衣服；擦玻璃窗、帮助父母给地板打蜡、清理厨房和浴室；家居整理：能自觉注意自己的学习用品、生活用品以及房间的整洁和美观；厨艺帮手：在父母指导下，学会安全使用煤气灶和电饭锅，学会炒几道菜，并能热饭热菜；能分辨食物是否变质；安全卫士：有安全用电的常识，并且能知道多数常用电器的使用方法；会安全正确地收取快递。在岗位劳动模块，更注重服务意识的培养，例如环境美化：帮助老师布置墙报壁报，学会简单美化学校的技能，种花，浇水，优化校园生态环境；服务他人：成为执勤中队服务标兵，主动为低年级同学提供各种指导、帮助；社区宣传：帮助敬老院的老人打扫卫生，继续参加各类公益活动，做社会文明的小小宣传兵。

（3）对形成良好的劳动习惯的说明

针对形成良好的劳动习惯这一目标，低年段和中高年段也有差异。

低年段注重培养劳动意识和劳动安全意识，使学生懂得人人都要劳动，感知劳动乐趣，爱惜劳动成果，养成热爱劳动、尊重爱戴劳动人民的好习惯。其具体内容包括：

- **在劳动中认知事物的习惯**：主动认识和了解劳动过程中的知识；

- **在劳动中了解事物的方法、规律的习惯**：知道不同的劳动用不同的工具；

- **在劳动中探索科学的习惯**：主动提问、主动照顾身边的动植物，关爱生命，热爱自然；

- **在劳动中坚持不懈的习惯**："拳不离手、曲不离口"，加强练习，不断训练；遇到困难不退缩，坚持到底；

- **在劳动中保护自己的习惯**：在日常生活中主动完成力所能及的事情，并学会自我保护；

- **在劳动中与人合作的习惯**：学会合作劳动，知道很多劳动是群体完成的智慧结晶。

中高年段学生则主要能够自觉自愿、认真负责、安全规范、坚持不懈地参与劳动；形成诚实守信、吃苦耐劳的品质；珍惜劳动成果，养成良好的消费习惯，杜绝浪费。其具体内容为：

- **在劳动中感恩珍惜的习惯**：知道劳动成果来之不易，珍惜粮食，热爱生活；

- **在劳动中相信科学的习惯**：知道不同的劳动用不同的方法，了解各种劳动工具、劳动材料、劳动工艺；

- **在劳动中增强自理的习惯**：主动承担劳动中的辛劳，动手实践、吃苦耐劳，磨炼意志；

- **在劳动中不断反思的习惯**：在日常生活中主动完成力所能及的事情，并自主总结经验；

- **在劳动中合作探究的习惯**：主动与同伴结对完成劳动任务，分享交流劳动体验，合作探究解决问题；

- **在劳动中诚实守信的习惯**：有责任有担当，尊重劳动结果，哪怕是不成功的；增强契约精神，团队合作中对劳动产生的成果分配公平、公正。

创造性劳动项目的目标设计遵循学生心理与生理发展规律，知识性目标清晰，能力性目标层层递进，在充分考虑学生学习基础的情况下，又有一定的复杂性和困难度。将"劳动"与"创造"这两大元素融入培养目标，是我们对国家劳动教育目标的再创造，也是创造性劳动教育目标的细化与升华。

第四节　多维度的内容设计

　　创造性劳动项目不是上课，也不是单纯的"劳动"，它运用项目化学习的方式开展劳动教育，能充分激发学生的活力，让学生在活动开展过程中自主体验、自我教育。每个学生的研究内容，以问题为驱动，让学生将外面世界中的真实问题，带到我们活动中、教育中来，使得学生在问题驱动下有探究欲望，在活动中自主发现、自主探究。

　　我们的创造性劳动项目在内容设计上共涉及三个设计维度。第一个维度是"学习主题"，第二个维度是"学习时空"，第三个维度是"学习方式"。

一　学习主题维度的内容设计

　　我们尝试将劳动教育的内容用五个主题来诠释：劳动·材料·工具，劳动·精神·职业，劳动·方法·创新，劳动·工艺·设计，劳动·安全·保护。这五个主题紧紧围绕学生的发展需求进行设计，每个主题都有内涵的界定，涵盖该主题下的核心素养和能力。每个主题在不同的年级都有相应的具体主题，每个年级每个维度的特定主题下又有多个项目。

1. 指向发展与创造的五大主题

　　（1）材料与工具

　　通过学习劳动所需要的物质和器具，让学生与生活细节、高科技同行，让劳动教育成为生活，体验合适的工具和正确操作在加工中的重要性，旨在提高学生学习劳动技术的兴趣，培养学生就地取材、使用工具的能力。

　　（2）精神与职业

　　精神主要是指从事劳动的精神、能力和自觉的态度。在劳动教育中渗透培养学生勤劳节俭、艰苦奋斗的品质。在劳动中渗透职业生涯观，启发学生深度思考，建立初步的职业观，培养学生乐于劳动的品格，在面对困难和辛苦时具备一定的心理弹性。

（3）方法与创新

方法与创新是指创新劳动所采取的手段和行为方式，因其具有迁移性，能够为学生在未来解决新问题提供策略，旨在培养学生沟通交流与知识迁移的能力。

（4）工艺与设计

工艺与设计是指用设计去实现劳动产品的方法和过程，有助于培养学生由需求出发的设计思维，旨在培养学生优化过程步骤，创新设计能力。

（5）安全与保护

这一主题是使学生学会从劳动中获得人身安全的保障，主题下的内容设计要符合小学劳动教育的特点和学生的身心要求，旨在培养学生安全防护，应变危机的能力。

2. 以项目化学习为教学方式

围绕五个劳动教育主题，老师们倾听孩子们的想法，将孩子们的问题转化成研究项目，开展每个人都能参与的"在劳动中研究劳动"的行动。由此，项目化学习与创造性劳动教育结合在一起，形成了我们以项目化学习为教学方式的创造性劳动项目。

二年级的小朋友，从问题"为什么不同的职业会有不同的帽子"出发，开展了"帽子的秘密"的研究。孩子们在研究的过程中，从各种职业帽子的材质、样式、作用、种类等方面做比较，找到职业帽子中的联系点，发现职业帽子与职业的安全和责任大有关联，帽子的设计也与职业的行为和要求有关系，而后又进行了充满想象力的再创新。

劳动·精神·职业项目学习
——"为什么不同职业的帽子都不一样"
第一篇：观察发现

周六，和田路小学三（4）班的汪同学刚做完作业，终于可以看电视休息一会儿啰！只见电视里传来这样的台词：

"我们是勇敢的消防员，

这是我们的工作装备，

哪里要救火，

哪里就有我们。

我们是工程队的勤劳工人，

出入工地，

一定要记得戴好安全帽噢！"

……

咦，电视里在放什么呢？好有趣。汪同学一边仔细地看着电视屏幕里的演员表演，一边脑海里想着这样一个问题：在电视上和生活中看到有些叔叔阿姨在工作中都需要戴帽子，而他们的职业帽都不一样。这是为什么呢？

周日，他约了同学浩浩一起踢球，看到浩浩戴着棒球帽，汪同学突然想起了昨天电视里看到的内容。

汪同学："浩浩，告诉你呀，我昨天看到电视里在播放一个有趣的节目，是介绍不同职业的，这些职业都要戴相应的帽子哎，好神奇！"

浩浩："噢，这个节目我昨天也看了，还想跟你一起讨论呢！你说为什么有这么多职业要戴帽子呀？而且这些职业帽都不一样，真神秘！"

汪同学："那我们明天去问问徐老师吧！正好她就是我们项目化学习的导师嘛。"

浩浩："嗯，好咧！"

第二篇：建立联系

第二天，汪同学跑到他最喜欢的美术老师徐老师面前，兴奋地说道："徐老师，我想这个学期请您来辅导我们参加一个有意思的项目化学习活动，主题就是我周末想到的'为什么不同职业的帽子都不一样'。"徐老师微笑着说："好啊，小汪同学真是个善于观察、勤于思考的好孩子，能从生活中挖掘不一样的研究主题和素材，这才是真正的和田路小学的小创！"

要想做一个深入的项目化研究，就要先寻找问题的缘起和背景。之后，徐老师和汪同学一起上网搜索了职业帽的定义，得出了以下几个有关联的问题："我们的父母是做什么工作的？——他们有职业帽吗？——哪些职业需要戴帽子工作呢？——职业帽有什么不同的功能呢？"而这些职业帽的共同特点，其实就是它们都是职业身份的象征啊！不同的地方就在于不同的职业帽功能不同、材质不同、外形特点不同。

哇，一个从生活中发现的小小问题，竟然可以引出一连串小问题，这个职业帽秘密的小项目，要想研究好、研究透，还真是不容易，但一定会很有意义。汪同学想，看起来只有一个人进行研究，能力是远远不够的。于是他找来了班上的五位小伙伴：琳琳、浩浩、岩岩、小懿和小博，组成了项目化研究团队，在导师徐老师的带领下，开启了关于职业帽的研究之路。

第三篇：聚焦问题

团队的小伙伴密切合作，和徐老师一起上网搜索了很多关于职业与职业帽的资料，并聚焦了项目的核心问题："为什么不同职业的帽子都不一样？"

在查找资料和调查问卷的过程中，团队成员还发现，有些职业如教师、律师、银行职员、设计师等，就没有代表性的职业装和职业帽。而警察、护士、消防员、厨师、炼钢工人、宇航员这些人的职业帽子就非常具有标志性。

"这些职业帽分别有什么用？不同职业的帽子有何不同？他们为什么要戴职业帽？"一连串问题链成了项目团队进一步需要去了解并解决问题的研究方向。

这个关于职业帽的项目化研究真是越来越有意思，越来越令人着迷。

第四篇：探究解决

在接下来的一周时间，徐老师带领项目团队首先制订了项目计划，并锁定了研究方法和内容：职业帽科学画报。

这便是大家分别聚焦去研究一种工种的职业帽，然后在家长的协助下进行职业帽科学画报的制作。汪同学作为项目组的学生组长，当然是冲在前头的，第一个选择了勇敢的消防员职业帽作为科学画报制作的主题内容。他制定了科学画报的版面、设计画报中的关键内容并进行美化。汪同学将消防员职业帽的科学画报设计完成后和组内小伙伴们一起分享，在徐老师的指导微调下，成为一套优秀的设计模板，最终团队成员都运用这份模板成功完成了各自的职业帽基本功能研究主题的科学画报。

成功完成职业帽科学画报后，项目团队继续前行在探究之路上。此时此刻，小小设计师环节来了，项目组的几个组员化身为服装设计师，着手进行创造性实践：手绘完成对职业帽功能创意的改造设计、动手改造并制作适合小小研究院的职业套装。之前是善于观察、资料收集的活动，之后则是烧脑、动手的环节活动。难度一点点增加，但组员们的研究兴趣则逐步高涨，越发来劲了……

第五篇：成果呈现

"妈妈，你觉得消防员的服装和帽子该用什么材质制作既轻便又有降温防火功能呢？"

"奶奶，能帮我把我小时候穿的这件T恤衫改造成工人的工作服吗？"

"爸爸，能借你的厨师帽给我戴一戴吗？"

"爷爷，能帮助我把这个电瓶车头盔改造成宇航员帽子吗？"

"老师，能教我用卡纸做一顶护士帽吗？"

……

没错，你没听错，每天放学之后，做完功课，便是组员们独立手工制作时间。他们想方设法，想通过自己的设计改造制作出一套特色与功能性合一的创意职业套装。家长的参与也是重要的支持，汪同学的妈妈每天晚上都教汪同学一针一线来制作消防员服装和消防员帽子。反光材质没有，用荧光笔画出反光条，贴在服装上；旧物改造一下，T恤秒变工人服装；电瓶车头盔贴上一个护目镜加超轻彩泥制作的天线，瞬间高大上起来，成为一顶宇航员的帽子。

就这样，短短一周的时间，项目团队这六个小伙伴，都成功地设计改造出了独创性的职业套装和个性化十足的职业帽。他们的动手能力、设计能力、思考能力也在这段时间飞速进步。

帽子的科学画报有了，设计画稿搞定了，职业套装也成功做出来了，接下来便到了"帽子的秘密创意舞台剧"登场的时间了……

跟汪同学一样，在一次次的项目活动中，孩子们的劳动热情被点燃。在垃圾分类的研究中，学生们逐渐认识了垃圾分类的知识、现状，知道怎么进行垃圾分类，并开展了各种研究活动。在最后的研究项目成果展示中，孩子们开展了向同学、家人、社会宣传垃圾分类的活动，用垃圾分类的科幻宣传画展示自己的想法，还参与全校开展的和田分类垃圾桶的定制计划。更有一个小组的同学，在教师的指导下，设计制作了"有储藏收纳功能的分类垃圾桶"。这些作品，已经在校园里变成了现实。孩子们体验到自己的劳动是有价值的，就是一项创造性的劳动。通过这项研究，学生们的社会责任感也油然而生。还有的学生关注"劳动·方法·创新"，提出了怎么解决桌面杂乱的问题；有的学生关注"劳动·安全·保护"，提出了劳动中噪音大了怎么办的问题……

将创造性劳动与项目化学习方式结合在一起，让劳动教育的实施可见、可做、可实施、可推动。五个主题模块的活动组织形式、学习空间、活动指导者都是灵活变通、可随机整合的。两者的结合也能充分激发学生的活力，让学生在活动开展过程中自主体验、自我教育。每个学生的研究内容，以问题为驱动，让学生将外面世界中的真实问题，带到活动中、教育中来，使得学生在问题驱动下有探究欲望，在活动中自主发现、自主探究。

二 学习时空维度的内容设计

在创造性劳动项目中，教师的教学活动类似于一种监督，它为学生设定了一定的学习任务并要求学生在一定时间和空间内完成这些任务。学习时空的组合、安排与学习主题直接相关。从空间上来说，处处都可以学习，处处是劳动教育的场所。创造性劳动项目的学习是全时空的、泛在的，是学校、家庭、社会完全融合的一种教育新生态。从时间上来说，时时都可以进行劳动教育，不限课内与课外时间，没有上课和下课的概念。

1. 学习空间的创设、选择与组合

劳动教育空间具有客观性，是不依赖于人的意识而客观存在的。但是劳动教育空间又具有主观性，劳动教育主体能够根据劳动教育的目标和学生特点等对学习空间进行创设、选择与组合。

在空间创设上，学校会根据劳动目标的不同进行劳动教育空间的创设。例如，针对"对于劳动产生的成果能创新性地宣传和推广，以达到更好的效果"这一教

育目标，学校会创设宣传空间、网络空间或实体空间等让学生进行创造。

在空间选择上，学校根据学生的特点和需求，选择使用适合的劳动教育空间进行教育。如在岗位劳动和家务劳动中，岗位劳动选择模拟场地、实习实践基地等空间更能切合教育目标，而家务劳动的学习则主要安排在家庭中进行。

在空间组合上，我们会选取多个空间，根据劳动教育目标和学生的实际情况进行排列组合。同样的空间，组合方式不同，会产生不同的教育效果。往往选用的学习空间越多，教学方法就越灵活，效果就越好。

总之，创造性劳动项目学习空间的客观性和主观性为学校和教师的发挥提供根本的保障，以保证劳动教育活动的顺利开展。

2.学习时间的弹性和生成性

多样化的弹性时间：创造性劳动项目追求多元化与个性化，我们在设计项目时首先就是真正把学生作为一个活生生的、有着正当需求以及独特个性的人，那么学生劳动素养和能力发展的时间特点和对时间的个性要求就成为我们的重要设计原则。我们最大程度地将劳动教育的时间带拓宽，根据学生和项目主题、内容的需要设置多样的学习时间。例如：班团队中的劳动教育项目在校内原本的班团队活动时间进行。家务活动的时间带则大多放置于课后，学生在家与家长一起学习。另外还有课前十分钟时间带，大课间时间带。这些时间带改变了传统劳动教育时间的刚性切割，实现了"模块化时间分割"，体现了学习时间设置的灵活性和弹性。

生成性的自由时间：创造性是需要生成的，素养和能力也是需要时间来培育的。我们在创造性劳动项目的学习时间设置上，遵循学习时间不应只是促进学生发展，更应该指向未来的原则，也即预置时间和计划时间的设置。我们相信，创造性劳动教育的时间应该是自由时间，而非活动组织和安排的定向手段，少一些按部就班，多一些随机性和创生性，能够让劳动意识、劳动价值观真正地生成于学生思想中。

三　学习方式维度的内容设计

项目化学习方式是多种多样的。目前，我们的创造性劳动项目主要包括学生自主探究、小组合作探究、教师指导帮助、家长示范支持和社会公益活动五种不同的形式。这五种形式也与多模块组合的活动方式相匹配，能够最大程度地培养学生树立正确的劳动价值观，形成良好的劳动习惯和劳动意识，获得一定的劳动技能。

1. 学生自主探究

从发现问题出发，学生从对真实世界的观察中发现问题，提出问题，针对核心问题，学生找寻到合适的获取信息的方法，并与前序知识建立联系，是一种个体的探索和思考历程。学生的自主探究几乎能够在所有项目中用到，在运用这种学习方式时，我们会鼓励学生将自己看作文学家、科学家、艺术家、工程师或遇到难题积极解决问题的人，运用一系列的方法和流程来澄清、解决问题。

2. 小组合作探究

学校和教师在创造性劳动项目实施过程中营造浓厚的合作学习氛围，学生在共同任务的驱动下进行小组合作探究，收集信息，围绕任务充分实践。通过与同伴交流彼此的想法，学会辩证地、理性地构筑自己的想法。

3. 教师指导帮助

教师作为引导者和项目管理者，要为学生创造学习的氛围和机会。在学生自主探究或小组合作探究的过程中，为学生提供一定的工具，适当地给予指导，鼓励学生创新。在小学阶段，教师要在仔细规划、促进探究过程、评估学习和后勤管理上发挥至关重要的作用。

4. 家长示范支持

充分发掘学生家长优势，家长做教师，在学生学习探究中启发引导学生。在适合的时候进行开放的、过程性的示范展示，给予学生最直观的支持和帮助。父母课堂是我们创造性劳动项目的重要组成部分，学生家长带头参与项目设计与实施，给学生示范，潜移默化地影响学生，达到家校共育效果的最大化。

5. 社会公益活动

学生参与社会公益活动或社区服务项目，获得真实的体验和实践，通过为他人服务，与他人建立彼此相互理解和共同解决问题的社会性联系。在项目进行过程中设身处地地理解他人，做到尊重自己和他人，通过自己的知识和技能积极回应他人和社会的需要。

第三章 探寻想法，融入真实世界的创造性劳动项目

未来将属于两种人：思想的人和劳动的人。实际上这两种人是一种人，因为思想也是劳动。

——雨果

导读：

» 劳动问题在哪里？

» 劳动问题如何变成劳动项目？

» 提升劳动项目的质量

第一节　随处可见的劳动问题

一　随时随地的日常生活劳动

1. 在生活场景中

日常生活是人们每天所做、所想、所感觉的事物，是人们每天所身处的场景。在日常生活中普遍会进行的活动被称为日常生活活动，包含表现自我照顾（例如自己进食、沐浴、更衣、整理仪容）、工作、家庭杂务及休闲娱乐的任何日常活动，日常生活劳动便是其中之一，即发生在日常生活场景中的一系列劳动活动。

在国务院印发的《关于全面加强新时代大中小学劳动教育的意见》中指出，让学生学习日常生活自理，感知劳动乐趣，知道人人都要劳动；围绕卫生、劳动习惯养成，让学生做好个人清洁卫生，主动分担家务；加强家政学习。注重抓住衣食住行等日常生活中的劳动实践机会，鼓励孩子自觉参与、自己动手，随时随地、坚持不懈进行劳动，掌握洗衣做饭等必要的家务劳动技能。

2. 在时时刻刻中

日常生活劳动中的问题来源于我们每天都会进行的日常生活活动，蕴藏在每一天、每一分、每一秒之中。按照日常生活的目的分类，日常生活劳动中的问题来源主要可分为两类：其一是在基本日常生活活动中所产生的问题，即在自我照顾任务中所遇到的劳动问题，如个人卫生、穿脱衣物、进食饮水、行站坐立等；其二是在工具性日常生活活动中所产生的问题，如家务劳动中的工具使用问题、照顾他人的不便、准备餐点的困难、简单地维修物品，甚至包含旧物改造、生活小妙招等。此外，日常生活劳动问题还包括由于懒惰、怕麻烦等心理状态所导致的问题。

3. 隐蔽、重复、琐碎和无意识

日常生活劳动中的问题具有隐蔽、重复、琐碎和无意识的特征。

相信每一个人都有这样的经历，小时候够不到洗脸池时，总会搬一个小板凳，摇摇晃晃总感觉要摔下来，但很少有家庭会在装修时考虑，孩子总会长大的，就

这样凑合几年就好了。这就是日常生活劳动中一个简单的隐蔽性问题，藏在生活的缝隙里，不被察觉。而这个够不到洗脸池的问题将会在孩子的日常生活中每天至少两次地重复出现，直到够得到洗脸池的那一天为止。诸如此类的问题存在于日常生活劳动的各个角落中，存在于各项日常生活劳动中。无意识是因为我们的习惯，比如每天用不对的方法晾晒衣服，很快衣服就会变形，我们会苦恼、抱怨，但很少会意识到是由于自己晾衣服的方法错误所导致的，从根本上来说，这个问题是衣架的设计者考虑不足造成的。

4. 简单却值得被解决

我们以最常见的劳动行为——扫地作为案例，来区分日常生活劳动、生产劳动和服务性劳动。在日常生活劳动中就是最简单的"扫地"的本意，一般我们开始学做的第一件家务就是如何扫地，扫帚一直就是这样的，也没什么大的变化。但扫地时也会碰到烦恼：头发粘在扫帚上、灰尘扫不干净、角落扫不到、会把灰扬起来，等等，这些显而易见的问题，我们有时会用小妙招来解决，比如在扫帚上套一个丝袜，还可以用新技术来解决，比如使用吸尘器和扫地机器人。简单的扫地也有很多问题，在日常生活劳动中这样的问题随处可见，简单却值得被解决。

二　艰苦奋斗的生产劳动

1. 在各行各业中

按照劳动的自然形态区分，所谓生产劳动指的是创造物质财富的劳动，如工业、农业、交通运输业、建筑业等中的劳动。在《关于全面加强新时代大中小学劳动教育的意见》中指出，适当参加生产劳动，使学生初步养成认真负责、吃苦耐劳的品质和职业意识；丰富职业体验，熟练掌握一定劳动技能，理解劳动创造价值；重视新知识、新技术、新工艺、新方法应用，创造性地解决实际问题，使学生增强诚实劳动意识，积累职业经验，提升就业创业能力，树立正确择业观，具有到艰苦地区和行业工作的奋斗精神。

2. 在生产劳动要素中

生产劳动中的劳动问题主要来源有三个：地点、人物、工具。

　　地点就是生产劳动活动所发生的场所，比如生产加工的工厂、环卫工作的街道、农业劳动的田地、公共运输的车厢、房屋建造的工地、制作餐食的厨房等，这些劳动场所中存在着安全问题、效率问题和舒适问题。

　　人物则是生产劳动中的劳动者，他们在生产劳动中面对炎热或寒冷的天气、饮食不规律、安全防护问题、疲劳问题，等等。

　　工具即生产劳动中的劳动工具，可以是简单的一把扫帚、扳手、毛刷，也可以是电脑、鼠标、键盘、显示屏，也可以是像安全帽、安全绳、防割手套、护目镜等劳动保护工具。

3. 综合生产劳动问题

　　生产劳动中的问题是较明显的，因为生产劳动中的问题不像日常生活劳动中的问题一样容易被忽略，而是相对容易被察觉到。这些问题往往会影响生产效率，严重的问题会造成生产事故，所以生产劳动中的问题较容易通过采访真实的劳动者发现，尤其是劳动者能够感受到的炎热、疲劳和劳动工具不好用的问题。如果我们留心观察生活，会发现很多劳动者会自己改造劳动工具，创造劳动工具，来让劳动工作更加便利高效。其二，生产劳动中的问题是一个综合性的系统问题，很多问题无法通过单独限定在劳动场所、劳动者和劳动工具中来解决，而是需要系统地解决，这也在一定程度上增加了解决的困难。

4. 待优化的生产劳动问题

　　我们还是以最常见的劳动行为——扫地作为案例，来区分日常生活劳动、生产劳动和服务性劳动。在生产劳动中，其中相关的一项便是生产扫地工具，或者是制作扫地工具。我们家用的扫地工具，无论是扫帚还是吸尘器或扫地机器人，一般是通过工厂流水线所生产制造的，流水线上的工作经过不断优化，实现了高效率。另一种是环卫工作者清扫街道的大扫帚，这种扫帚往往是劳动者自己制作的，制作流程是怎样的呢？会遇到什么问题？为什么不太会量产呢？这种扫帚比家用的好在哪里呢？怎样帮助环卫工作者更快地制作扫帚呢？这种扫帚还能进一步优化吗？

三　形成良好风尚的服务性劳动

1. 在社会公益中

服务性劳动是服务于公益事业、不取报酬的劳动，学校劳动技术教育和学生社会实践内容。目的在于培养学生为人民服务、为公众谋利益的良好思想品德；推动学生接触社会，深入生活，参加各种社会实践，形成良好社会风尚。内容包括工农业生产劳动和各种服务性劳动，如参加秋收，植树造林，打扫卫生，帮助烈军属和残疾人等。进行服务性劳动以不影响教学为前提，从实际情况出发，为学生力所能及，并向学生讲清意义，积极引导，以学校、班级、小组或团队为单位进行，亦可个人单独进行。培养学生的劳动自立意识和主动服务他人、服务社会的情怀。

2. 在过程解决中

服务性劳动中的问题来源主要有两个，其一是在进行服务性劳动的过程中所反映出的问题；其二是被服务对象本身所遇到的问题、困难和不便。从分类上来看，服务性劳动问题综合了日常生活劳动和生产劳动中的问题来源，同样也可以按照地点、人物和工具来分类，主要是集中在进行服务性劳动的过程中遇到的问题。此外被服务对象也会遇到一定程度的困难，而解决这些困难也应该是服务性劳动的目的之一，例如在帮助环卫工作者清扫街道的时候，除了会遇到前文提到的各种生产劳动中的问题外，还会遇到类似于盲道被占用、地面的小广告、随意丢弃的烟头和垃圾等。从根本上着手解决这些现象，也是服务性劳动的目的之一。

3. 满足精神需求

服务性劳动的问题除了具有基本的物质性特征外，还具有心理需求和精神需求的特点。服务性劳动的重要目的之一是让青少年牢固树立劳动最光荣、劳动最崇高、劳动最伟大、劳动最美丽的观念；体会劳动创造美好生活，体认劳动不分贵贱，热爱劳动，尊重普通劳动者，培养勤俭、奋斗、创新、奉献的劳动精神；具有劳动自立意识和主动服务他人、服务社会的情怀；培育公共服务意识，使学生具有面对重大疫情、灾害等危机主动作为的奉献精神。

此外服务性劳动往往是服务他人、帮助他人、与其他劳动者共同劳动的过程，所以服务性劳动的问题也具有一定的互动性和陌生性。

4. 感同身受的创新

我们还是以最常见的劳动行为——扫地作为案例，来区分日常生活劳动、生产劳动和服务性劳动。帮助环卫工作者打扫街道就是一个典型的服务性劳动的案例。深入体验，和环卫工作者一起劳动、一起生活、交谈，便能发现各种各样的问题，从"晴天一身汗，雨天一身泥"，到疲劳时只能在路边休息给环卫工作者带来的心理上的不被尊重的感受，围绕服务性劳动，会发现一系列与劳动者相关的问题，同时在体验中也会感受到劳动工具的沉重和身体的疲劳，进一步激活青少年对于勤奋奉献的普通劳动者的尊重之情，愿意去做一个尊重劳动、服务社会、主动奉献的实践者。

第二节　走出去，融入真实的世界

走出去，融入真实的世界。任何一个项目都需要立足于真实世界，建立于真实的生活经验，而不是纸上谈兵。尤其是劳动项目，更需要积极参与到真实的劳动中，出真汗、干真活，真实的体验才是支撑着一个个伟大项目背后的支柱，也是赋予探究项目目标和意义的基础。我们将真实的世界分为真实的生活、真实的情境和真实的问题三个方面进行展开，这也是创造性劳动项目真正的起点。

一　真实的生活

按照范围由小到大，真实的生活包括身边的生活、社区 / 社会的生活和全球的生活，这三者都是真实的生活，虽然距离我们的生活有近有远，却一样重要。

1. 身边的生活

将创造性劳动项目聚焦于身边的生活，使得项目化学习内容与生活直接关联，是将探究项目真实化的最简单、最易操作的方式。以最简单的衣食住行中的"行"

为例，抽象的表达是已知从 A 点到 B 点的距离和速度求解所需时间，而在真实的
生活中，在我们每天的出行过程中，是没有这样的理想过程的，而是有可能经过
了步行、换乘公交、红绿灯、堵车等不确定因素的过程。当我们的视线聚焦在真
实的行程安排上，就使项目具备了真实性和不确定性。

同时，当学生围绕真实的身边生活进行学习与问题解决时，将会不仅仅利用
到"路程 = 速度 × 时间"这个公式，而是拥有了更大的空间来发现其中的问题、
考虑方案的合理性等，这就是身边的生活所带来的价值。

2. 社区 / 社会的生活

比身边的生活范围更大一点的是社区 / 社会的生活。我们学校附近的街道、
学生所居住的社区，甚至是一个指定的社区，都是特别有价值的创造性劳动项目
的发生场所。每一个社区都是一个小系统，学生都能在其中寻找到不同类型的急
需解决的问题，也能够得到一定程度上的帮助。

当我们在某一个社区进行创造性劳动项目，不仅能够给学生的项目化探究增
加深度，提高学生的积极性和社会责任感，而且高质量的 PBL（Problem-Based
Learning，基于问题的学习）项目将会为所选定的社区带来一定程度的积极影响，
可能是环境的改善、服务的提高、设施的健全，也可能是社区住户幸福感的提升。
此外，通过 PBL 项目将课堂与社区相连接，给学生与社会搭建一个接触、沟通的
桥梁，能够有效地促进该项目的良性循环和迭代。以社区为基地，在真实的生活
中学习，将会直接影响学生的思维表现和实践水平。

3. 全球的生活

在全球化的今天，地球上的每一个人都彼此关联，气候问题、人口问题、粮
食问题、贫穷问题、冲突问题、资源匮乏伴随着资源浪费，同时全球贸易、国际
教育交流、国际通航等共同构成了当今的全球化生活。我们无法在课堂上解决巨
大的全球问题，但是这些问题是客观存在的，需要被解决。当我们不再惧怕问题
的复杂庞大，而是直面、讨论、思考，将会意外地发现少年也有不逊于大人的智
慧，同时具有更加纯粹的热情。将创造性劳动项目聚焦于一个特定的全球性问题
或现象，具体化目标，让学生大胆去挑战，提出自己的见解，他们将会带着全球

化的视角投入到以后的学习生活中去。

二　真实的情境

　　真实的生活是我们在真实的世界的所见所闻，而落实于项目化学习中，往往需要教师从真实生活的无数现象中发现一个特定的情境，构建一个有目标的探究项目，而同时将情境引入学习中去。

　　在一般的教学活动中，善用情境教学法也能激发学生的热情和积极体验。情境教学法即在教学过程中，有目的地引入或创设具有一定情绪色彩的、以形象为主体的生动具体的场景，以引起学生一定的态度体验，从而帮助学生理解教材，并使学生的心理机能得到发展的教学方法。

　　将创造性劳动的项目化学习置于一个具体的真实的情境中去，在哪里用，就在哪里学，让知识不再停留在课本上，以此能够强化学生直观发现的能力并打通知识与生活的壁垒，实现真正的学以致用。

1. 在哪里用，就在哪里学

　　在哪里用，就在哪里学，避免纸上谈兵。当我们设置了一个农业劳动的项目化学习后，就要想办法让学生真正地走进田野，在土地上劳作、挥洒汗水，如果没有条件走上田间地头，也可以在校园内创造一片试验田，甚至是几盆绿植，也远远好过面对图片和文字讨论培育小番茄的影响因素。很多时候我们没有条件去真正的工厂、车间、田野去劳动，这时就需要教师平衡真实情境和项目化学习目标间的关系，既满足学生真实的情境体验，又能够保证达到项目的预设目标。

2. 强化直观的发现能力

　　直观可以使抽象的知识具体化、形象化，有助于学生感性知识的形成。情境教学法使学生身临其境或如临其境，就是通过给学生展示鲜明具体的形象（包括直接形象和间接形象），一则使学生从形象的感知达到抽象的理性的顿悟，二则激发学生的学习情绪和学习兴趣，使学习活动成为学生主动的、自觉的活动。感受时，掌管形象思维的大脑右半球兴奋；表达时，掌管抽象思维的大脑左半球兴奋。这样，大脑两半球交替兴奋、抑制或同时兴奋，协同工作，大大挖掘了大脑的潜在能量，学生可以在轻松愉快的气氛中学习，更有利于产生创造性的学习成果。

3.打通知识与生活的壁垒

将项目化学习置于真实的情境中，打通知识与生活的壁垒，实现知识与行动的统一。一个高质量的项目化学习的问题是具有真实性的、面向实践的、有探索深度的，在这样调查研究、深入问题、综合各方意见的过程中，所学到的知识和了解到的信息不断被融合和筛选，最终才能推敲出合理的解决策略。在这个反复推敲、循环的过程中，学生找到了知识真实的应用场景，并转化为自身能力。

三　真实的问题

遇到真实的问题，然后想办法解决它，这是人类生存至今的本能，也是最自然、最直接的学习方式。将真实的问题带入课堂、融入日常学习中，不仅能够激发学生探究的兴趣，也能够避免陷入"假大空"，尤其是项目化学习更是如此。真实的问题可以按照问题来源、发生的场所和所涉及的人群进行分类探索。

1.问题来源

• **新闻**：新闻一般指的是新闻机构所发布的关于最近事件的报道，所以我们可以从新闻报道中提取适合作为项目化学习的真实问题。例如，2020 年 7 月 23 日 12 时 41 分，"天问一号"点火升空，开启我国火星探索新征程；黄河出现 2020 年第 5 号洪水；上海多家星级酒店推出"半份菜"，光盘免服务费。

• **传言**：传言就是口口相传，通过多人而了解到的不一定真实的消息。如何分辨传言的真伪是项目化学习的好题目。例如，有传言称吃大蒜能够预防新型冠状病毒、喝消毒液可以治疗疾病等。

• **事实**：事实就是事情的真实形态。探究事实背后的道理也可以作为项目化学习的真实问题来源。例如，为什么红灯停绿灯行？

......

2.问题发生场所

• **家庭**：家庭是青少年生活的地方，也是他们最熟悉的地方，在家庭这个空间中所发生的问题也可以作为真实问题的来源。例如洗完澡时镜子上布满雾气，家中死角很难打扫，家庭收纳问题，还有诸如家具和家用电器的问题，如吸尘器的清洁等，都可以作为 PBL 的起点。

• **学校**：学校是家庭之外青少年待的时间最长的地方，甚至之于家庭。学校是青少年活动更多的场所，这里也可以作为问题来源，如课桌椅的高度、书包重量、制服、教具收纳、卫生清洁、校园绿化，甚至是一场活动、一次广播操都可以作为真实的问题来探究。

• **社区**：社区是聚集在某一领域形成的一个生活相互关联的集体。对于青少年来说学校和家庭周围的街道就是很好的研究实践基地。其中的问题也更为复杂，例如，停车难、噪音大、健身设施少、宠物伤人、厨余垃圾、采光问题、邻里纠纷等，在小系统中发生的真实问题具有被解决的价值。

• **全球**：全球问题是关系到人类生存发展的严峻问题。大到如战争与和平、南北关系、生态失衡、环境污染、人口爆炸、资源短缺、国际恐怖主义、跨国犯罪和信仰危机等宏观问题，小到一场山火、外来物种爆发、气温突破历史最高、南极冰川融化等，都可以从全球的视角来审视。

3. 问题涉及人群

• **年龄**：不同年龄面对同一事物时，可能会碰到不同的问题。例如老年人上下楼不方便，起身困难，孩子容易被尖锐桌角撞伤，等等。

• **性别**：性别会形成不同的生理特点，同时也会造成心理的不同。最明显的性别问题发生在洗手间，从洗手间的标识、厕位的数量、排队的时间、镜子的角度、温度气味等都涉及性别的差异。

• **人种**：不同的人种也会产生差异问题，例如语言、文化习俗、饮食习惯、地理特点等。

四 用真实的问题投石问路

真实的问题只是打开项目化学习大门的一块石头，找到恰当的真实问题虽然不能保证一个项目化学习任务的顺利完成，但它却是最重要的一环。用真实问题投石问路，在与学生反复互动的时候，往往能够发现学生所带来的新的角度和令人惊喜的思考，这些是很难在一开始就预料到的。

第三节 从问题到项目

在确定了项目化探究的问题之后，就需要将其转化为一个完整的、可实施的、有发展性的项目化研究项目。在转化成项目之前，首先需要对该问题进行充分的剖析和表述，而后才能成功转化为 PBL 项目，进行目标与实施框架的制定。在本节我们将以"如何成为一名消防员"这个成功的创造性劳动项目进行展开。

一 表达劳动问题

成功表述一个劳动问题，需要充分了解、掌握这个问题或现象的背景信息，包括科学与人文知识、时间长度的发展变化以及当下时事热点的探讨等。基于这些资料进行劳动问题的提炼，同一段材料从不同角度切入将会得到不同的劳动问题，最后结合课程目标，将其以引发学生兴趣的方式表述出来。

1. 问题背景

• **科学与人文：**消防员，指列入消防行业特有职业（工种）范围的从业人员。具体可细分为消防官兵、建（构）筑物消防员、灭火救援员、灭火员、防火员、火灾瞭望观察员，等等。从科学的角度，消防员需要熟悉物质燃烧知识、化学危险品性质，懂得消防给水和消防器材装备、灭火剂的性能与用途等。从人文的角度，在灭火及灾害救助中，消防人员将承受空前沉重的心理负荷，因此必须具备勇敢、大胆、坚定、顽强、沉着、果敢机智、坚韧不拔等心理素质，在经过长时间的体力和心理负荷以及精神上的震动而不丧失争取胜利的意志能力等。同时还有肩负的社会责任、社会认同以及消防员的象征意义等。

• **过去、现在和未来：**从时间线的角度来看，"消防"一词最早于西晋传入日本，于近代传回中国。1724 年日本武州新仓郡的《王人帐前书》有"发生火灾时，村中的'消防'就赶到"的记载。到 19 世纪 70 年代后，"消防"一词开始普及。

· 时事热点：消防员参与抗洪抢险救灾；澳洲山火，消防员给考拉喂水，及其后续的影响；AR 体验消防逃生技巧；牢筑夏季消防安全墙；旧楼消防整改；社区消防大演练……

2. 提炼问题

针对所搜集到的素材，从不同角度出发能够提炼出不同的劳动问题。比如火情本身，我们可以从语文的角度发问：发生了火情，为什么现在我们叫失火，而古代叫走水呢？为什么从事灭火工作的人叫消防员呢？从科学的角度发问：为什么发生火情后，要蹲下逃生呢？从历史的角度发问：人是从什么时候开始能够控制火的呢？火对人类进化有什么作用？从数学的角度发问：房间着火后需要多少体积的水才能扑灭呢？从艺术的角度发问：消防栓为什么是红色的呢？从跨文化的角度发问：世界各地的火警电话都是 119 吗？从道德与法治（以下简称道法）的角度发问：为什么说消防员是逆行的战士？从哲学的角度发问：火到底是人类的朋友还是敌人？这些问题都是基于火情这一背景情境本身，从不同角度所提炼出的问题。

3. 表述问题

在充分了解了与消防员相关的背景资料并选定问题视角之后，就需要进行问题的表述。问题表述可以拓展学科交叉的可能性、问题的延展性和趣味性等。

以"了解消防员的职业特点和职责，学习消防员的奉献精神"为目标主题，将其转化为"如何成为一名消防员"，并将职业体验与消防精神融入其中，以打破问题的确定性，将这个问题转化为一个可探究、没有标准答案的问题，同时能够加强学生思维的发散性，激发其探究兴趣。如果我们将这个问题输入搜索软件，将会得到这样的答案："①义务消防员，找到每个城市的义务消防队即可报名，使用这种方法较为轻松，工资较高，是正规工作，不属于武警，不算士兵。②正规消防员，需要征兵入伍，属于武警，属于现役兵。"这仅是各种搜索结果中的一种，相较于最初的消防员的职责与精神，进一步拓展出了入选标准。在搜索中也包含"成为一名消防员值得吗？""在德国如何成为一名消防员？""国家首次面向社会招 1.8 万名消防员，考试时需同时测验体能与心理""从灭火一线到抗疫一线，消防员的特殊假期"等结果，而我们以"消防员的职责和精神"进行关键词检索，将会得到职责与精神的标准答案。

故恰当地表述一个劳动问题，将会给创造性劳动项目带来更多的可能性，而不仅仅局限于答案本身，还可以拓展出这个问题背后的文化现象、制度标准、科学原理、人文精神、时事热点、跨文化等多维度要素。

（1）用流程图表达问题的发生和发展

流程图是表示算法、工作流或流程的一种框图表示，它以不同类型的框代表不同种类的步骤，每两个步骤之间则以箭头连接。这种表示方法便于说明解决已知问题的方法。以"如何成为一名合格的消防员"为主题，用流程图清晰梳理出这个劳动问题的发生与发展，其中所拓展出的科学人文背景、时间线变化和时事热点等信息，这些过程性思考和资料收集，将成为后面项目化学习实施的宝贵资料。

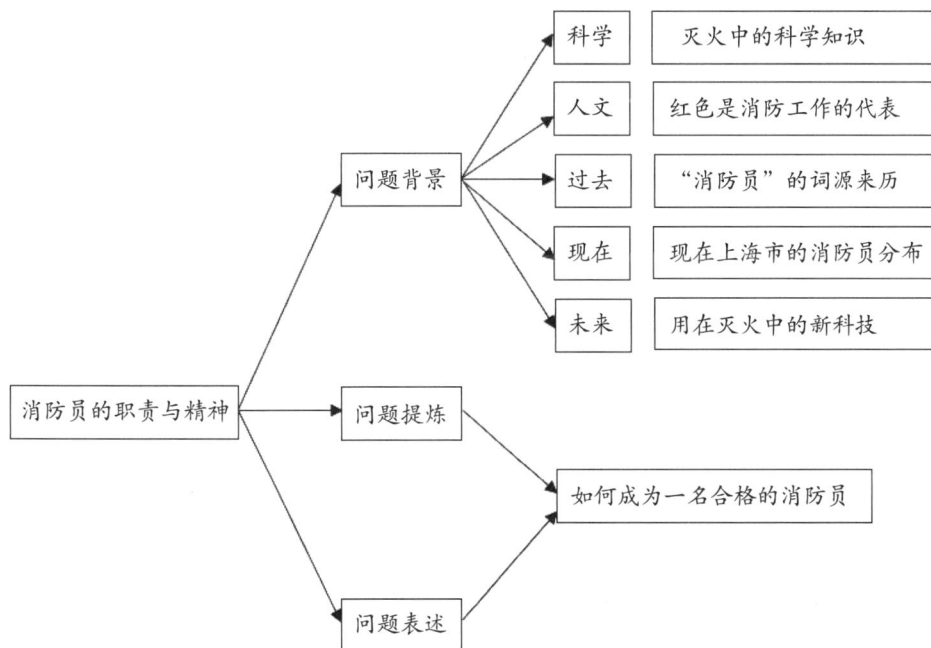

（2）问题要素分析

一个良好的劳动问题需要具备以下四种要素：强烈的动机，清晰的定义，多个知识点，可延展、没有标准答案。

• **强烈的动机**

学习动机是指引发与维持学生的学习行为，并使之指向一定学业目标的一种动力倾向。一个好的劳动问题将能够激发起学生认识问题和现象的兴趣和强烈的求知欲，为激发起学生的学习动机起到重要作用。这也是创造性劳动项目的问题需要来自真实情境中的原因之一，真实情境和真实生活中的问题，能够给学生带来直观的体验，这种体验将会激发学生的热系统反应，同时能够激活学生内心帮助他人解决困难的责任感。如果一个劳动问题能够给学生带来如上的一系列感受和体验，将让学生具备强烈的参与和解决它的动机。

• **清晰的定义**

清晰的定义是指能够用具体的语言将劳动问题描述清楚，即创造性劳动问题的设计者需要有针对性地对该问题进行限定、缩小范围、聚焦重点，而不是一味地求全求大，泛泛而论。例如我们可以将"如何成为一名合格的消防员"进一步进行限定为"在德国如何成为一名消防员""制定一份消防员入职测验试题""如何组织一场消防员的选拔面试？""制作一份简历证明你能胜任消防员的工作"，这样用地域、人员、表现形式等对一个问题进行进一步限定，能够实现更具体的目标实现。

• **多个知识点**

知识点是知识、理论、道理、思想等的相对独立的最小单元，也是我们在教学和学习过程中最熟悉的元素。一个创造性劳动问题要能够引发多学科的参与，融入多个知识点，实现问题解决的跨学科维度。同时，我们使用知识点而不是知识领域或知识单元这样的概念，具体的知识点能够使我们的创造性劳动项目更加贴合学科大纲，能够帮助学生寻找到解决问题的正确途径，也能降低其他辅助者参与的门槛。所以多个知识点是我们在筛选劳动问题的一个重要的标准。

• **可延展、没有标准答案**

最后，一个好的创造性劳动问题需要具备可延展性，同时也不应该有标准答案。所谓可延展性是指劳动问题可以一直被深入地挖掘下去、也可以从不同的视角进行探究。而没有标准答案的含义则比较显而易见，可能我们已经习惯了给问题设定一个标准答案，这种方式是课堂教学所必须的一部分内容，但绝不是全部。尤其是在强调创造性和项目化的劳动问题中，这种非此即彼的设定不仅无法发挥其本身的作用，反而会造成学生的思维僵化，甚至无从着手的问题。

（3）目标设定

SMART 目标管理原则，由 "Specific（具体的）、Measurable（可衡量的）、Attainable（可实现的）、Relevant（相关的）、Time-based（有时间限制的）这五个维度构成。这是一种设定目标的有效方法，在创造性劳动项目的设置中，我们可以按照这五个方面来衡量劳动问题的质量与学习目标相统一。

• Specific（具体的）：用具体的语言清楚地说明要达到的行为标准。好的目标计划，首先必须具体，自己明确到底应该做什么，能够制订出清晰的行动计划。该创造性劳动问题需具备一个具体的目标，能够让参与者明白自己需要做什么，需要完成什么任务，达到什么目标，而不是模棱两可地以"扫地"为主题，参与者将无法达成统一的行动方向。

• Measurable（可衡量的）：需能够被数量化或者行为化的，成果的数据或者信息是可以获得的，如果制定的目标没有办法衡量，就无法判断这个目标是否实现。目标的制定者必须定义，在什么情况下意味着目标的完成。即目标是可观测的，客观的，而不是主观臆测的。

• Attainable（可实现的）：目标是要能够被执行人所接受的，有实现可能的，避免设定过低或过高的目标，甚至是完全超出常理的目标。在创造性劳动项目中，也需要在全面考虑学段、学生的认知水平、知识储备的情况下制定一个可实现的劳动问题的目标，同时又需要具备一定的挑战性。

• Relevant（相关的）：即实现此目标与其他目标的关联情况，如果实现了这个目标，但对其他的目标完全不相关，或者相关度很低，那这个目标即使被达到了，意义也不是很大。这个目标实现以后是否真的会给自己带来有意义的收获，在创造性劳动项目中，则指向跨学科与综合能力培养，一个好的劳动问题将能够串联起多个学科，在一个项目中锻炼学生的综合能力素质。

- **Time-based（有时间限制的）**：即每一个项目都需要有时间限制，能够保证任务的顺利进行，同时能够提高效率。在创造性劳动项目中，设置合理的项目时限，并依据任务的进行，适当将时限拆解为不同阶段的子时限，将能够有效帮助项目的高质量完成。

二　从问题转化为项目

当我们设定好一个劳动问题后，就需要以该问题为核心进行展开，结合教学目标，设计出一个项目计划。我们以"如何成为一名合格的消防员"为题，将它转化为一个创造性劳动的项目。

案例：如何成为一名合格的消防员

第一步：选择一个合适的劳动问题

·通过问题背景、问题提炼、问题表述等前期调研，设定以"制作一份'如何成为一名合格的消防员'的行动指南"作为创造性劳动项目化的核心问题。

第二步：设定项目目标

·能够列举出消防员的工作内容和具体职责

·能够清晰说明成为消防员的具体流程和环节

·能够认识到消防员的奉献精神

·能够生动形象地完成行动指南的制定

第三步：建构项目的知识图谱

- **语文——成语：星星之火可以燎原、水火无情；中心思想**

通过这个项目化的项目，能够理解"星星之火可以燎原"和"水火无情"两个成语的基本含义与背后的引申义。

通过项目化学习，能够运用语文的知识从繁杂的资料中提炼出中心思想。

- **科学——灭火的原理；山火**

灭火定义：根据燃烧的条件（即火三角：可燃物、燃点、助燃物），通过阻止火三角的完备，阻止燃烧的发生或燃烧继续进行的方法。

灭火方法：阻止火三角的完备，保持有可燃物环境阴凉、通风（特殊的物质隔绝空气）；对于已经发生的明火使用消防砂、消防用水、专用灭火器等工具达到灭火的目的。

灭火形式：覆盖：通过消防砂、沾水的棉被等工具隔绝可燃物与空气的接触面灭火的方法；

隔离：对于已经控制不了的火势，可采取隔离附近的可燃物使火势得以控制；常见于森林灭火；

降温：常见的方法用水浇灭火，消防队经常使用高压水枪喷浇火焰以控制火势；也可用灭火器如泡沫灭火器等工具灭火。

山火，是一种发生在林野难以控制的火情。要特别注意风向对山火的影响。

- 道法——不畏牺牲的奉献精神

不怕牺牲、敢于胜利的革命英雄主义精神，万众一心、众志成城的精神，军民并肩携手、勇猛奋进的团结奋斗精神。不怕牺牲，视国家荣誉为最高荣誉，敢于奉献生命，为了国家利益牺牲小我的精神。

- 艺术——色彩的性质

显眼的红色，能够使道路上的驾驶员远远地看到并提前让路；在可见光中，红色光的光波最长，而偏转角最小，容易穿过水层、雨点、灰尘和迷雾等，所以即使是在大雾弥漫、尘土飞扬、狂风暴雨的环境中，人们也能很快辨认出消防车。红色与火联系在一起，能代表火警，同时红色也是危险的象征，能引起人们的警觉。相比其他颜色，红色更能激发人的斗志，让人振奋。此外，有研究表明，相比红色，人类视觉系统对波长在 510nm 和 570nm 之间的绿黄色更为敏感，如果是夜间或大雾天气，人们更可能会注意到一个黄绿色的消防车。所以有些国家开始部分使用黄绿色的消防车。

第四步：创设（融入）一个真实的情境

2019 年 3 月 30 日 18 时许，木里县雅砻江镇立尔村一处海拔 3800 米的山坡发生森林火灾；随后，县、州两级政府启动应急预案，并投入了 689 名消防员前去灭火。4月1日下午，由于风向突变，山火发生爆燃，其中30名灭火人员失联。截至4月1日18时30分，30名扑火失联队员的遗体已全部找到，其中包括27名森林消防指战员和3名地方扑火人员。据幸存的一名西昌消防队指挥员表示，当时一众消防员已经压制住了火势，只剩下了两个小的起火点，但是地下仍然在冒烟，而且烟雾还"噼里啪啦作响"，于是他们便开始分两路撤离。过了不到1分钟，森林突然发生爆燃，蹿起了"几十米高的火焰"，没来得及逃生的消防员被火焰吞没，不幸殉职。在牺牲消防员遗体运回西昌的当天，大批当地市民自发在街头送行，向牺牲的英雄致敬。

年轻的面孔在大火面前毫不退缩，用自己的身躯守护住了人民的生命财产安全。无数的凉山青少年的梦想变成了"将来，我也要成为一名消防员，从英雄手里接过守护祖国的重任"。那么，要如何成为一名合格的消防员呢？

第五步：构建初步项目计划框架

·项目周期：15课时

·参与学生：三四年级学生30人

·第一阶段：回答消防员需要具备哪些职业要求和心理要求呢？

首先通过头脑风暴和网络调研的方式列出同学们已知的消防员的职业要求和心理要求，并以问卷的方式收集大众对这个问题的看法。

·第二阶段：描述成为消防员的几种途径

通过网络调研和采访的方式完成，梳理出成为消防员的几种途径，以及每一种途径下，需要经过哪些标准的筛选才能通过，最终成为消防员的标识是什么？

·第三阶段：将研究结果按照步骤汇总成为行动指南

假如小明即将升入初中，以后的梦想是成为一名消防员，你的行动指南需要能真正地帮助到他。

·第四阶段：用TED演讲的方式向大家展示

用TED演讲的方式将成为一名合格的消防员的研究成果介绍给大家。

第六步：设定评价标准

在完成项目的框架规划之后，最后一步就是设定评价标准，恰当的评价标准能够促进项目的高质量完成。分阶段制定过程性评价标准，结合最终研究产出的成绩评价，综合设定项目的评价体系。同时每一级按照完成程度进行进一步细化。

三 提升项目质量的设计环节

项目设计六环节作为提升项目质量的重要手段，分别从观察发现、聚焦问题、建立联系、探究解决、成果呈现和创意评价六个方面为 PBL 项目设计者提供了一个可操作、可实施的指导方针。我们可以在明确核心问题并列出初步的项目计划框架后，使用这个方法来进一步细化项目设计方案，提升项目质量。

1. 观察发现

• 目的

观察法是指研究者根据一定的研究目的、研究提纲或观察表，用自己的感官和辅助工具去直接观察被研究对象，从而获得资料的一种方法。一般分为自然观察法和设计观察法，前者是作为观察员融入生活场景和自然环境中，直接去观察发现问题；后者是以专门设计的场景作为观察的场所，在教学环境中，较难亲临现场观察时往往会由教师设计出实验情境，供学生观察。此外，观察的另一重要目的在于从观察中发现问题。

• 应用阶段

观察发现一般应用于项目的初始阶段，用于熟悉现象与问题发现，通过观察，让学生建立对项目的基本认知，同时引发学生的兴趣。作为项目的引子而存在的"观察发现"阶段，是整个项目成败的核心，所以这一阶段可以反复应用于发现问题的过程中，可以是初始的大问题，也可以是中期的小问题，当然也可以应用于后期的方案验证阶段。

• 可使用的方法

同理倾听：即带着同理心进行倾听，在这个过程中发现问题。同理心指的是一种将自己置于他人的位置、并能够理解或感受他人在其框架内所经历的事物的能力，具体来说，是在既定的事件上让自己进入他人角色，体会他人因环境背景、自身生理与心理状态以更接近"他人"在本位上的感受与逻辑。进而因为自己体会了"同样"的经验，也就更容易理解当事人所处当下状态的反应。

情境引入：教学情境是指借助直观手段创设与教学内容相应的，有利于丰富学生感知、启迪学生探究、引导学生联想和想象，为教学目标服务的具体的、生动形象的教学环境和氛围。在项目化学习中，情境引入是一个极为重要的方法，能够将真实的情境搬进课堂中，同时去除自然环境中的许多干扰因素，能够促使学生更加聚焦本质问题和课程核心。

- **优势与难点**

优势：科学的观察具有目的性和计划性、系统性和可重复性。观察法所获得的资料真实度较高，同时能够捕捉到很多细微而生动的材料。此外观察法还具有及时性的优点，因为发生与观察同时进行，能够捕捉到正在发生的现象和问题，甚至能够察觉到微表情和当时的氛围感受等心理因素。

难点：观察法的难点在于对某一时刻问题的复刻与捕捉，与优点相对，问题稍纵即逝，如果没有观察到，则很难通过回忆发现。另一个难点在于观察法较容易受到主观思想的影响，而有时会在观察结果中带有想当然的观点性结果。

- **注意事项**

最重要的是坚持实事求是的原则，尽可能地降低主观臆断的比例。

应尽量以多方面、多角度、不同层次进行观察，搜集资料。

密切注意各种细节，详细做好观察记录。

确定范围，不遗漏偶然事件。

积极开动脑筋，加强与理论的联系。

必须遵守法律法规和道德伦理原则。

2. 聚焦问题

- **目的**

聚焦问题是以学生为主体、以专业领域内的各种问题为学习起点，以问题为核心规划学习内容，让学生围绕问题寻求解决方案的一种学习方法。教师在此过程中的角色是问题的提出者、课程的设计者以及结果的评估者。目的在于一方面提高学生学习的主动性，提高学生在教学过程中的参与程度，容易激起学生的求知欲，活跃其思维。另一方面，通过用问题链将整个项目化学习过程串联起来，使学生能够更加深入地围绕核心进行研究。

• 应用阶段

聚焦问题贯穿于项目化学习的全流程，始终围绕核心问题开展项目化的任务挑战，每一阶段的产出都应为回答核心问题提供支撑。在项目初期，应仔细考量设定一个核心问题，并将其拆解为数个子问题组成的问题链，问题链的设置使核心问题能够被回答。在项目末期或每一阶段的节点处，也会有"聚焦问题"这一环节的参与，而其作用为验证这一阶段或这一项目的研究结果是否紧密围绕问题以及是否有效回答问题。

• 可使用的方法

核心问题：核心问题也可以称为驱动性问题或基本问题，是整个项目化学习过程中的核心，是学习目标与学习过程间的纽带。从真实生活世界发现现象，结合学科知识提炼核心问题，并根据学习目标和学生认知水平调整核心问题的切入点，最终形成能够引领整个项目化学习流程、激发学生兴趣的有价值、有意义、有发展的核心问题。

问题链：问题链是源于核心问题的一系列的子问题，通过一条问题链能够将一个核心问题进一步拆解为具体的任务，同时问题链能够帮助学生厘清研究思路，为他们提供一个可实施的研究路径。此外，一条有质量的问题链能够帮助教师做出一个循序渐进、步步深入的项目流程规划方案。

• 优势与难点

优势：聚焦问题的过程是项目化学习的核心，其优势为一个好的核心问题保证了项目化学习内容的价值，而一套完整、恰当的问题链使得学生能够像闯关一样，一步一步地接近核心结果。高质量的问题是项目化学习深入化的助推器，同时全流程聚焦问题，始终将核心问题放在心上，能够使教师与学生都做到不偏离。

难点：聚焦问题是项目化学习最重要的一环，当然也是最大的难点。其难点有三：其一，什么是一个有质量的核心问题？其二，如何提出一个有质量的核心问题？其三，如何根据不同学习目标设置恰当的问题链？

- 注意事项

注重问题的开放性，尽量不要提出有标准答案的问题。

避免提出答案为"是与否"的问题，否则学生也无处着手探究。

聚焦一个具体的问题，避免提出一个宏观、庞大、面面俱到的问题。

虚拟的问题也应当有真实的依托。

注重多元性和包容性，不要拒绝批判的视角。

避免关门造车，适当地听取学生的意见很重要。

问题不是一成不变的，可以依据情况进行适当的修改。

3. 建立联系

- 目的

建立联系是建立起学科知识点间的联系、构建起生活经验与理论知识间的联系、形成学术思维模式与研究性思维习惯，最终落实在项目化学习的核心问题与研究过程和研究结果之间的联系。同时还应包括人与人之间的联系、人与自然之间的联系以及人与社会之间的联系。只有充分认识到每一个问题、每一个知识点、每一种观点都不是孤立存在的，而是具有多方联系的，才能够实现项目化学习的综合性思考的转变。此外，由于关系的建立，使得研究触点增加，促使学生能够自主地进行深度学习，而非流于表面，进一步增加了该项目的研究深度。

- 应用阶段

建立联系应用于项目化的问题解决阶段。在问题解决的初期，学生往往会从单一学科或惯性的思考方式出发，提出观点和假设，所以应在单一观点之后帮助学生建立多学科的视角和问题与知识点间的联系。在问题解决的中后期，运用已经建立起的知识点网络来系统地解决问题。

- 可使用的方法

核心知识：即在项目中融入学科知识点，并将各学科知识点建立联系，进而融合成为跨学科项目问题。

深度学习：项目化学习能够促进深度学习的发生，学生不是简单的完成任务，而是在行动中展开深度学习，在探究中建立学术思维模式，包括问题解决思维模式、有效选择思维方法、领导能力、生活技巧等。

- **优势与难点**

优势：建立联系的优势是显而易见的，建立生活经验与学科知识间的联系，能够帮助学生将抽象的知识学以致用；建立知识点与知识点间的联系，能够帮助学生建立跨学科视角，培养起系统的学术思维模式；建立问题与过程间的联系，能够促进项目化学习的深度学习的发生。

难点：建立联系的难点在于如何将不同学科的知识点巧妙、不着痕迹地融入真实问题情景中，如何将一系列关系的发生点埋藏在项目化学习的全流程中，这需要多学科老师共同完成。

- **注意事项**

在一个项目化学习的设计实施过程中，避免单一知识点的同时也要避免单一学科。

同时，也要注意不能融入过多的学科和知识点。

有主有次地设计联系点，以一个学科为主，其他学科为辅，层次分明地设计项目探究过程。

适当融入超纲知识，能够增加项目的挑战性。

不要害怕不确定的过程，也许学生没有按照既定的路线进行探究，这不仅不是危机，反而是转机，是一个教学相长的过程，是学生真正参与的体现。

4. 探究解决

- **目的**

探究解决顾名思义就是运用多种探究方法来解决问题，这是付诸实践的环节。可以将其细分为探究性实践、社会性实践和技术性实践三个方面。以校园里的音量符号项目为例，探究性实践可以提出学校不同场景不同地点存在噪音问题并解决，通过使用工具了解什么是噪音，通过实验了解等距不等距时，噪音是随着环境或主观发生改变；社会性实践可以进行分组调查、合作研究、制定遵守规则；技术性实践可以使用分贝仪和统计图表。通过三维度的实践过程，完成问题的探究与解决。

- 应用阶段

探究解决应用于项目化学习的问题解决阶段，即项目的中后期。根据每一个项目的核心问题与问题链的不同，选用不同的探究方法和问题解决途径，逐步给出核心问题的解决策略。在这个过程中，反复、迭代、错误都是一个正常的现象，只有通过不断假设、实施、验证、再假设的循环，才能够得到真正有理有据的回答。

- 可使用的方法

协同合作：协同合作是探究解决的一个重要的方法。可以用圆桌会议、联合教研、工作坊等方式促进各学科老师和专家的协同合作，以得到与项目紧密相关的知识点和技术方法的引导；通过采访或直接参与的方式，吸引其他合作者加入项目中来，能够为问题解决提供更多的有效途径；更重要的是通过小组合作的方式让学生进行协同合作，在解决问题的同时提高团队意识和合作能力。

问题解决：问题解决是一种思维过程和思维方式，通过认知活动、技能方法、尝试修正等思维流程，实现问题解决的目标。一般分为四个阶段：发现问题—分析问题—提出假设—验证假设。

- 优势与难点

优势：探究解决的过程有方法可依，理论与实践结合，过程与结果统一。在项目化学习中练习探究解决的过程，学会问题解决的思维方式，不仅能够顺利推进项目的进行，而且能够在其他学科的学习中运用。

难点：难点在于克服思维定式和主观情绪对于探究解决过程的影响。思维定式对于解决同一类型的问题有利，能够提高解决问题的效率，但是对于不同类型的问题，思维定式容易造成障碍，限制思维的发散性和灵活性。

- 注意事项

探究解决的过程不是线性的，发现问题—分析问题—提出假设—验证假设，往往是共存的。

问题解决的深度应与认知水平相适应。

注重过程，探究解决本就是对一个过程的命名，过程的完整、求证的科学、思辨的全面是与结果同等重要的。

　　避免纸上谈兵，在探究解决过程中，一定注意实践的重要性，无论推演的策略多么精妙，也需要在实践中进行检验。

5. 成果呈现

• 目的

　　成果呈现是为了促使项目圆满结束，达到预期目标的重要手段，也是赋予学生探究的动力和信心的重要途径。如果没有成果呈现的环节，那所探究的项目很有可能变成虎头蛇尾，甚至因为没有成果呈现而草草了事。所以成果呈现还有一个重要作用就是帮助学生回顾总结整个研究过程，并建立起良好的学习习惯，树立有始有终的学习态度。此外，成果呈现还能够为项目与项目团队起到宣传作用，让更多的人了解、参与到下一期的课程中，在展示的过程中，能够吸取其他人的意见和建议，这是一笔宝贵的财富。

• 应用阶段

　　成果呈现是项目后期的重要内容，一般包括研究结果的提纲性呈现，如演讲汇报、戏剧表演、成果展览等，展示出整个研究过程的起点、方法、经过、成果等。而成果呈现的具体要求需要在项目初期或项目中期就向学生公布，以便给他们提供足够的准备时间，并以此督促团队按时完成。

• 可使用的方法

　　原型设计：原型设计侧重于解决方案功能性的表达，可以是一个完整的产品、结构、原理的模拟实现，也可以是一个系统方案中的重要节点的功能性表达。原型设计是对解决方案的支撑，而完成原型设计需要前期更多的投入，也是理论与实践结合的成果。

　　成果表达：成果表达包含两部分的内容：过程性成果表达与结果性成果表达。过程性成果包括从问题到方法再到解决的思维过程，清晰形象地呈现思维过程，是快速判断结果可行性的方法之一；结果性成果表达则是最终研究成果的表达，强调可读性和形象性。

- **优势与难点**

优势：成果呈现的优势是能够将数周、数月甚至一年的项目研究过程在几分钟或几块展板中呈现出来。形象性和可读性的成果呈现能够让观看者对这个研究项目的价值、过程、优缺点一目了然。此外，对于项目团队来说，成果呈现是一种梳理繁杂研究资料、清晰思路的手段。

难点：成果呈现的难点在于能否找到一个恰当的方式作为项目的成果呈现形式。路演、短剧、学术汇报、视频记录、开放日、海报、投票等，成果呈现的方式有许许多多，哪一种才是最适合的需要设计者来考虑。同时另一个难点则是如何让成果呈现成为自然而然的事，而不是为了一次精美的呈现而忽略了探究项目本身的重要性。

- **注意事项**

避免一次项目用过多的成果呈现方式，只需选择最恰当的一种即可。

当心顾此失彼，过于沉浸于成果呈现的装饰、排练过程，而忽略了内容本身的质量。

成果呈现应该是正式的，而不是草率的，应该作为项目化学习的一部分而存在。

成果呈现应该让全体成员都参与其中，分享成就感。

成果呈现应注意日期安排，跟随校历，避开考试的日期，可以选择开放日等活动期间，增加学生的投入度。

6.创意评价

- **目的**

创意评价一方面是对每位学生在整个项目中的表现做出一个判断和量化的评判，另一方面是通过评价结果对项目本身进行迭代优化。一般分为阶段评价和总结评价两种。以校园里的音量符号项目为例，总结评价包括创新表现、项目展示、探究过程和创造习惯，阶段评价则包括第一阶段的数据图表统计分析，第二阶段的科学对比实验，第三阶段的创意设计、研究报告和 TED 演讲。良好的创意评价标准和实施能够有效促进项目化学习系统的良性循环。同时创意评价具有激励性，

能够鼓励学生形成积极进取、勇于创新的良好学习氛围，能够促进学生形成深入
思考、反思交流的学习习惯。

- 应用阶段

创意评价同样贯穿于项目研究的全过程中，尤其是阶段性评价更是融合在项
目的过程中，甚至可以细化到每一课时，关注到每一位学生的反馈和进步。总结
评价则是应用于项目的最后阶段，作为项目整体的一个综合性评价。

- 可使用的方法

验证反馈：不只是给学生一个等级，而是要让学生更多地参与到互动当中，
有更及时的反馈，最重要的是需要在你的教室中创造出一种我们在不断地修改、
进步的文化氛围。如果大家都能够很轻松地面对自己的错误和不足，就可以很客
观地来评判自己、团队和项目，以便不断改进。评估，是为了让学习更好地持续
下去。

学习评价：学习评价可以分为自评、互评和他评三种。自评是学生自己对自
己的评价，可以包含自己学到了、懂得了什么，也可以包含自己希望多了解什么；
互评对于项目化学习也十分重要，在互评的过程中，交换意见，并对此进行思考
和改进；他评与传统的评价相似，可以由老师或专家对成果给出一个参考性的
评价。

- 优势与难点

优势：项目化学习中的创意评价，避免了传统评价中简单的分级式打分，而
是一种多元化的评价体系，这样可以避免学生由于担心分数高低而不敢创造、不
敢提出想法的问题。同时项目化学习中创意评价是过程与结果并重的评价方式，
聚焦每一位学生的特色与进步，能够有效达到激励的效果。

难点：项目化学习中的创意评价的难点一方面在于创意评价较难被量化，尤
其是当避免简单分级时，量化的标准较难；另一方面，创意评价是面向个人和团
队的定制化的评估方式，对于教师而言操作难度和工作量较大。

- 注意事项

不以结果论英雄，给每个阶段赋予不同的权重。

团队评分与个人评分相结合。

成长性评分而非对错式评分，将个体在项目周期内的成长程度纳入评价。

及时反馈对于项目化学习十分重要，虽然不能用测验的方式来反馈，但在学习过程中与学生的探讨，也是一种不能忽略的反馈与评估的方式。

运用创造性语言，评价时的态度和语言会极大影响学生的创造力的发展，积极性的语言能够促进创造力的发展，反之则会抑制。

第四章 躬行实践，收获真实世界的创造性劳动经验

我们世界上最美好的东西，都是由劳动、由人的聪明的手创造出来的。

——高尔基

导读：

» 劳动项目的实践关键点

» 学几招有效的创意表达

» 创造性劳动项目的三个实例

第一节　要素突破的项目实践

一　劳动知识融入实践

1. 一个劳动项目中的知识图谱

知识图谱（Knowledge Graph）来源于图书领域，本意是将知识领域可视化，显示知识发展过程和知识与知识间联系的图形化表达。翔实的知识图谱能够为科学研究提供有价值的参考和研究路径的指引。

知识图谱是跨学科的集中体现，将其应用于项目化学习过程中，围绕一个劳动项目中的核心问题，结合不同学段的认知水平的差异要求来构建，形成该劳动项目的研究路径的视觉化呈现。一方面能够帮助教师和合作者快速准确地找到自己的切入点，另一方面能够为学生提供一张研究地图，帮助他们得到探究的钥匙。此外，为劳动项目制设计恰当的知识图谱，能够增加该项目的可持续性，便于迭代发展。除了学科知识点之外，还应在知识图谱中加入劳动知识、劳动技能、劳动精神的内容作为补充。

知识图谱在创造性劳动项目中起到摘要集的作用，可以按照项目进行的阶段来设定，在学习过程中，学生个体初级知识图谱的建构及其批判反思的过程、汇聚生成群体知识图谱的过程，能够增强学生自主学习的积极性，促进不同学生之间进行有意义的深度交互；而群体知识图谱拓宽和收敛的过程、群体协作经验智慧集结的过程，能够促进学生个体高级知识图谱的发展和深化，并促进学生对知识的深入思考和内化，生成个体和群体的创造性知识、经验、智慧，支持高阶学习目标的实现。

2. 劳动知识的融会贯通

劳动知识的融会贯通是我们开展创造性劳动项目化学习的目的之一。在劳动教育中既要促进学科教学和劳育的有机融合，也要把劳动教育与体育课、学科学习分开来，打通劳动与学科间的壁垒，真正做到融会贯通。围绕学生综合素养培养实施系列举措，以项目为纽带，在推进综合素养培养的过程中实施劳动教育。如全面推进学校课程体系构建项目，一方面实现劳动教育与思想政治理论课程、德育课程、综合实践课程等国家课程相结合，倡导回归德育课程的本质和要求，增强实践性，实现社会实践与劳动教育的融合。

（1）在跨学科中的劳动知识

跨学科是一种打破学科壁垒的途径和方法，劳动知识领域作为跨学科中的一个领域，以此融入学科学习中，促进理论与实践的结合。这是一门以学科之间有关的共同问题为研究对象，运用多学科的理论和方法，探讨解决学科之间关系问题的学科。因此，它既可以当作是一门新兴的学科，又是一种独特的研究方法。

例如在"如何成为一名合格的消防员"项目中，老师设计了一次消防演习活动。首先学生们角色扮演成为消防员，学习如何使用灭火器灭火，然后探索不同角度使用灭火器灭火的有效程度，用灭火的时间来衡量，接着探索了正确角度使用灭火器时，有效距离的最大值是多少，最后用数学统计的知识制作统计表并绘制统计图。

在这个项目中将使用灭火器的劳动知识融入科学与数学的跨学科学习中，在反复的实验过程中，掌握了灭火器的使用方法，了解到灭火器的安全距离、有效距离和角度。学生在一次科学实验里掌握了劳动知识，也增强了防火意识。另一方面，在灭火演习的劳动过程中，融合学科知识点，理论结合实践，运用了风向、角度、距离、统计等学科知识点，来提高劳动的效率。

（2）在项目实施中的劳动知识

劳动知识应该融入项目的实施过程中，不能停留在背景材料和想象中。在劳动情境中融合劳动任务体验，从而了解和掌握劳动知识，同时能够发现劳动问题，建立起劳动知识与学科知识间的联系；在探究解决阶段，在劳动实践活动中迭代解决方案，能够有效提高解决策略的有效性；在验证评估阶段，用真实的劳动实践评估方案和策略的合理性，能够得到更为真实的结果。与此同时，在项目的实施中，随着问题解决的流程，不断熟悉劳动知识，认识劳动的本质，甚至通过学科知识对劳动知识产生新的理解、对劳动工具进行改造。如此将劳动知识融入在劳动实践和学科学习实践的过程中，帮助学生掌握劳动技能和劳动知识；同时，在劳动过程中，融入学科知识点，运用跨学科的方法来共同解决项目的核心问题，真正实现创造性劳动的综合性推进。

二　进阶延展的劳动项目

　　将劳动知识融入实践当中是实施创造性劳动项目的第一步，但这只是项目的基础，当我们想要进一步提升延展创造性劳动项目时，则需要全面考虑一个项目在不同年段的进行时，以及如何实现一个项目的不断跨越和迭代。

1. 一个项目在不同年段的进行时

　　不同学段学生的认知水平的差异和对知识掌握要求的差异，使得我们不能将一个项目应用于所有学生，而是需要根据学生认知水平的不同、项目的要求不同、年段的不同进行调整。以"校园里的音量符号"这个创造性劳动项目为例，高年级的学生可以深入研究降低噪音的原理，而低年级的学生更多的是观察声音不同的现象。这就要求项目的设计者，针对不同年段的学生从问题深度、知识和解决方法的侧重点、成果表达的标准三方面进行相应的优化，这也对应了第二章中项目六环节的操作流程。

2. 问题深度区分

环节 1 观察发现：

　　"下课了，教室里活跃起来，你走出教室，想找个地方休息一下。来到走廊，同学们正在高声谈笑；来到操场，高年级的同学正在进行篮球比赛；图书馆中，同学们三五成群围坐，或窃窃私语，或安静阅读……你会选择哪个地方呢？为什么？"这是面向低年段学生所设置的真实问题情境。当面向高年段的学生，这就是一个比较容易回答的问题，所以我们可以在情境中加入多种变量，改变问题为："你想要找个地方学习英语，你会选择哪个地方呢？"学习英语与休息不同的是增加了一个练习口语的变量，不仅需要安静的环境，还有可能需要发声，这就增加了学生的思考深度而较难做出决定。

环节 2 聚焦问题：

面向低年段的核心问题是"怎样用合适的音量说话"，问题链是"校园中的哪些地点最嘈杂？—不同的音量会影响我们的生活和学习吗？—不同场合，怎样用合适的音量说话呢"。面向中高年段时，核心问题是"怎样用合适的音量说话"，问题链是"什么是合适的音量呢？—校园中不同地点的音量有什么不同呢？—控制音量的方式有哪些呢？—不同场合，怎样用合适的音量说话呢"。高年段的学生可以进一步聚焦问题的本质，增加问题链的深度，也会得到不一样的研究结果。

环节 3、4：知识和解决方法的侧重点不同：

在知识点方面，面向低年段，融入数学知识点：数据记录、简单统计表、认识并绘制条形统计图、整数大小比较、小数的初步认识、一位小数的大小比较、用计算器计算平均数并比较大小；科学知识点：设计调查问题、分贝仪的运用、什么是噪音、音量测试实验。面向中高年段，可以增加听觉的原理、鼓膜的工作、声音是怎么产生的等知识点。

在解决方法方面，面向低年段，探究性实践：提出学校不同场景不同地点存在噪音问题并解决；通过使用工具了解什么是噪音；通过实验了解等距不等距时，噪音是随着环境或主观发生改变。社会性实践：分组调查、合作研究、制定遵守规则。技术性实践：使用分贝仪和统计图表。面向中高年段，探究性实践侧重于不同地点的音量采集，以及人在不同情境下的音量采集，不同音量对人心理的影响；技术性实践侧重于分贝仪的使用、降低噪音的方法以及控制（改变）音量的技术手段。

环节 5、6 成果表达的标准：

成果表达的标准不同年段也应有细微的差别。面向低年段的学生，个人成果：记录调查数据、分贝测试数据的任务单、绘制的条形统计图；团队成果：投票沙盘、实地检测音量的视频、记录分贝数据的图标板、合适声音规则的研究报告。最终产品：为校园音量分级的个性图标、学生 TED、项目研究报告展示、用分贝仪制作简易的校园音量探测仪。面向高年段的学生，侧重于团队成果的表达，校园分贝地图、实地测量的视频与过程记录、校园合适音量数据研究报告。最终产品也是团队成果：在不同场合用合适音量的设计解决方案、TED 路演、项目研究报告展示。

在创意评价方面，低年级与高年级都应遵循总结评价与阶段评价相结合的评价体系，从创新表现、项目展示、探究过程和创新习惯等方面做出综合的评估，同时融入自评、互评和他评的方式。

三　不断跨越迭代的项目

1. 项目任务的迭代

项目化任务需要被不断跨越、迭代和延展，这样才能建立起一个紧跟时代步伐和学生知识水平发展的项目化任务。所谓迭代，简单来说是一种重复的活动，每一次迭代的结果会作为下一次迭代的初始值。在创造性劳动项目化任务中，不断迭代项目，不仅可以让项目适应不同年段的要求，而且每一次实施的过程中所暴露出的问题，可以在下一次实施的过程中进行完善。所以不断迭代对于项目化任务来说是一个非常重要的手段。

案例：快递是如何到我们手中的？

四年级三班的 7 位同学在导师的带领下围绕"快递是如何到我们手中的"创造性劳动项目展开了研究。研究以这个现象开始：每天，我们都会看到路上的快递小哥们运送着大大小小的各种包裹，也会看到爸爸妈妈拿回家或者直接寄到家里的一件件快递。那么这些快递包裹到底是怎样一步步，从商家出发，最后到达我们手里的呢？

首先，孩子们提出了一系列的疑问："快递是怎样打包的？""驿站里面如何对快递进行分类处理？""怎样合理规划路线？""人员和区域怎样划分？""投递的方法有哪些？"

第一阶段

在第一阶段中，孩子们先观察购物 APP 上的物流跟踪记录及地图路线信息，围绕快递的路线开展了有趣的数学课，并学会了怎样看懂地图软件。在组内分享后，做出了大胆的假设，认为快递配送的流程大都遵循"发货方—中转站—收货方"这样的模式，快递员正是这其中传输的纽带，而中转站正是流程中的核心。

第二阶段

在第二阶段中，我们整个组一起前往学校附近的京东快递站实地考察，作为小记者采访了里面的工作人员，并记录下站内的 4 个基本工作步骤：扫描入库、流水线分装、区域分流和定点投递，其中任何一个环节都不能出一点差错，才能每天把数以万计的包裹送往城市里的各个角落。快递站出来后，组长吴玉盈同学还带领组员们到小区里的丰巢快递箱体验了寄快递和取快递的操作，切身感受了物流行业的发展和便利。

第三阶段

到了第三阶段，孩子们将之前记录的点点滴滴绘之于纸，制作了研究小报与快递流程图，并且将整个过程中的所见所闻编成了一场 TED 舞台剧《一骑红尘妃子笑》，让更多人了解这一行业。舞台剧中，孩子们颇有创意地将传统快递与新型的无人机技术结合在一起，让包裹"飞入寻常百姓家"，也表达了他们对这一行业未来的展望。

后续拓展

通过这个项目我们看到孩子们总共经历了四个探究过程，由点到面，由粗到细。从最开始的现象出发，在自己的知识体系和生活经验中提出一些好奇的问题，然后在导师的指引下，聚焦于快递软件的物流跟踪系统，将点状的问题串联成线，以"发货方—中转站—收货方"这个粗略的流程开启接下来的研究；在接下来的研究中，运用实地考察和采访的方式，真实了解了 3 个节点内部的运转规律，进一步拆分为 4 个基本工作步骤；接着亲身体验寄取快递的体验，最后将研究结果进行总结性呈现，回答了"快递是如何到我们手中的"这个问题，完成了项目的迭代过程。此外，另一种迭代的可能是以此项目为基础，进一步细化快递流程上的节点，来丰富该创造性劳动项目。

四 用团队的力量创造

1. 小组合作式的项目研究

合作是指个人与个人、群体与群体间，为了达到共同的目的而在行动上相互配合的过程。小组合作学习就是以合作学习小组为基本形式，系统利用教学中动态因素之间的互动，促进学生的学习，以团体的成绩为评价标准，共同达成教学目标的教学活动，在其他一些国家也被称为"合作学习"（Cooperative Learning）。合作学习是指学生为了完成共同的任务，有明确的责任分工的互助性学习。合作学习鼓励学生为集体的利益和个人的利益而一起工作，在完成共同任务的过程中实现自己的理想。

合作学习于 1970 年左右起源于美国，在 1975—1985 年这十年间取得了巨大的成果，受到世界各国的广泛关注。由于它能够改善学生在课堂中的心理状态，提高学生的认知水平和学业成绩，逐步成为主流且有实效的教学理论和策略，被誉为"近十几年来最重要和最成功的教学改革"。

培养合作精神、人际交往和人际沟通的能力，提高创新精神，促进平等意识的培养，激发学生的主动学习能力。在合作学习中，他们学会了把自我融于群体之中，小组的成员成了他或她的几个好朋友，一起学习，一起活动。在小组合作学习，学生逐步从适应小集体、学会在小集体中找到自身价值、融入其中发挥自己的力量，进而过渡到适应大集体，完善学生的社会人的主体性和对于社会的适应性。

对于教师而言，合作学习的难点在于：首先，不是所有的学生都适合小组合作式的项目学习，强制参与有可能进一步挫伤学生的积极性，造成负面效果；其次，如何进行分组是难点，恰当的分组能够实现事半功倍的效果，而不恰当的分组，容易出现排挤、孤立、能力不均衡等问题；最后，还有如何把握学习进度、同时恰当处理组内冲突。

教师在组建团队之前要先明确团队任务目标，然后依据目标灵活组建团队，可以按照兴趣分组、均衡能力分组、自由分组等，但教师应控制小组差异，设定团队合作的规则，同时时刻关注小组的合作状况，必要时及时介入。

2. 跨领域的合作团队

团队是有组织的一群人为了一个共同的目标一起努力，相互依赖，彼此支援，形成一加一大于二的效果。而与跨学科项目学习同样重要的是组建跨领域、跨学科的合作团队，在研究主题不变的情况下，联合不同学科、领域背景的人组成一个有共同目标的团队，解决复杂问题。

跨领域的合作团队具有更强的思维活跃度和开放性，不同领域的团队成员具有不同的特长，面对同一个问题更容易形成活跃的讨论，同时开放地接受不同的观点；此外，跨领域合作团队具有多样性，看待问题有不同的视角，解决问题有多样化的方法，博采众长，形成自己的独特优势。

有效沟通是跨领域的合作团队将会遇到的难点之一，虽然大家拥有一个共同的目标，但由于个体知识领域的差异，如何准确表达出自己的想法，如何让他人准确接收，如何在这个一来一回的过程中形成有效沟通，就是他们必须面对和解决的问题。

在小学的项目化学习中主要有两类跨学科团队：一种是组建跨学科的教师团队，通过联合不同学科背景的教师共同开发项目化学习任务；第二种是组建跨学科的学生团队，面向同一个目标，让选修不同学科的学生合作完成项目化学习。

3. 导师制的产生

导师制是一种教育制度，与学分制、班建制同为三大教育模式。导师是学生所选科目的学者，他负责指导学生的学业和品行，协助学生安排学习计划，指导他如何进行深入学习。近几年，国内的许多中小学已经将导师制实验性地引入教学过程中，做出了很有价值的探索。

在 14 世纪，牛津大学就实行了导师制，在牛津大学，导师制被称为"牛津皇冠上的宝石"，可见导师制对于牛津大学的重要价值。在牛津大学成立时就出现了导师制的雏形，以指导年轻学生学习为主。如今导师制广泛存在于高等教育中，主要负责学生的学习与科研工作。

导师制的推行，可以更大程度上顾及单个学生的特质，同时在教学过程中推行导师制，将一部分的教学任务分担出来，能够进一步提高教学的灵活性。在研究性学习中，导师能够与学生建立深度联系，全面指导学生的发展，更有效地促进研究性学习的推进。

在中小学教育中推行导师制，目前仍处于探索阶段，导师制一般基于学分制的教育模式，而如何将导师制与目前主流的班建制教育模式相融合，寻找到二者的共存之道，则是难点之一。

目前国内许多中小学进行了一系列探索，主要类型有：班级导师负责制和学生固定导师指导制相结合；德育导师制，分担班级中的德育任务；培优扶差的学科导师制；班主任为核心，任课老师为成员的导师团队等。

4. 建立团队创造的制度

组建团队之后，接下来的首要任务是明确期望目标并打好团队创造的基础，帮助学生明确团队工作协议，包括团队如何开展工作、如何相互交流、如何应对障碍等。

建立良好的制度，是保障团队工作顺利运转的重要因素。而只有良好的团队运转方式，才能促进创造性思维的发生，同时在有标准、有规则的团队合作中，更加可以促进学生学会倾听、尊重、平等、交流、恪守承诺与应对困难能力的提升。

建立团队创造的制度难点：其一是如何建立规则与自由之间的平衡关系，过紧的制度在一定程度上会削弱创造力的表达，而过于自由的制度对于创造力的表达也起不到积极的作用；其二是如何通过制度的建立使得全体团队成员参与到创造的过程中去。

首先要重视首次行动，可以通过简单的头脑风暴，让团队快速启动起来，头脑风暴是一种没有正误的思维发散练习方式，有助于打破思维局限，帮助学生增强创造的信心；其次，通过训练使团队间形成互相指导的工作氛围；最后还需要引导学生正确表达建议，同时练习去接受和思考团队其他成员提出的意见、不同的观点甚至是矛盾。

五　兼具吸引力和有效性的创意表达

1. 一图读懂与思维导图

（1）一图读懂：是用一张图表清晰表达一系列复杂的事件、数据、系统、策略、方案等，让读者能够快速掌握核心观点，拥有宏观的视角。在文字的处理方面，根据阅读重要性对文字的大小、粗细进行区分，起到强调和简略的作用，能够增强易读性；在数据的处理方面，一般利用数据可视化的方法，将繁杂的数据进行图表化、形象化，尤其体现比较、强调等结果，而不是一味地罗列数据；在图片方面，要能体现主旨，避免过于累赘、无用的装饰和美化。

（2）思维导图：是一种将思维形象化的方法，也是表达发散性思维的有效图形思维工具。它是以一个关键词或想法或事件或现象为中心，向外以辐射线链接所有联想到的词语、方法、任务或其他与此相关的内容，并鼓励用图示的方式来呈现。

思维导图一般有八种类型：圆圈图（Circle Map）主要用于把一个主题展开来，联想或描述细节；气泡图（Bubble Map）由很多泡泡组成，中间一个主题泡泡描述核心主题，周围的属性泡泡描述关于这个主题的属性，主要是分析、解释和描述事物；双气泡图（Double Bubble Map）是气泡图的"升级版"，主要是比较、对照两个事物，找到它们的差别和共同点；树状图（Tree Map）就像一棵树，树根就是主题，枝杈就是这个主题的分类，而树叶就是这些分类里面的具体内容的描述；流程图（Flow Map）描述了一件事情的各个过程，用于按照先后顺序的角度去分析事物的发展、内在逻辑；因果关系图（Multi-Flow Map）用来分析一个事件产生的原因和它导致的结果，中央是事件，左边是事件产生的多种原因，右边是事件导致的多个结果；括号图（Brace Map）主要是分析整体与局部的关系，理解主题和其属性的联系，它通常用于分析一个事物的结构；桥型图（Bridge Map）用来描述事物之间的相似性和关系，在图的最左边定义一个主题，右边分别列出各个相似主题的名称和描述，每个描述之间都用 as 来串联。

- 相同与不同

思维导图和一图读懂都是一种思维形象化的方法手段，有助于我们来"阅读"思维，都是对脑中的相关信息进行整理的有效方式。

其不同之处在于，思维导图聚焦于思维的过程性记录、梳理，而一图读懂侧重于对于关键点和结果的总结提炼；思维导图更多的作用在于思维发散性的帮助，是一种发散性的思维方式，而一图读懂更多的是对思维总结性的帮助，是一种收敛性的思维方式；此外，二者的应用阶段也是不同的，思维导图主要用于研究的前期，提供更加广泛的观点和想法；一图读懂则应用于项目的后期或阶段性总结时期。

	思维导图	一图读懂
概念定义	发散性、图像型思维工具	对关键点的提炼总结
项目阶段	研究前期的思维发散过程	阶段性总结时使用
典型模式		
相同点	对脑中的相关信息进行整理的有效方式	
不同点	发散性、外向性	收敛性、总结性

2. 模型制作与视觉表达

（1）模型制作：模型制作即通过制作原型来推演方案的可行性，是表现解决方案的实体，运用手工或其他技术展示出原理、体量、与人的关系、与环境的关系、操作方法等。它是对我们整个研究过程的一个补充，也是对解决方案是否合理的一个测试。模型制作不仅仅局限于航模、船模等完整的模型，还包括过程性的原理测试、节点模型、体量模型等，例如我们可以仅制作刷子的手柄，而不需将整个刷子全部制作出来。这样既可以突出节点功能，让大家的交流有聚焦点，同时又可以节省时间。

模型制作主要分为两种：其一是外观模型；其二是功能模型。前者多用于实体物体相关的项目中，成果是有实物有关的，包含实物本身的形态、与人的交互和它的象征意义等；后者使用范围更加广泛，如上文所说的节点和原理测试都属于功能模型。

（2）视觉表达：视觉表达是项目化学习成果呈现的一个重要方式和手段，其目的是为了让其他参与者和观众能够理解解决策略，起到传递信息的作用，同样也是对解决方案的补充说明。需要具备以下四个特性：直观性，通过视觉形象语言，对解决方案中的装置、系统、流程等进行展现，而无需特别的艺术加工；完整性，过程性的灵感往往是碎片化的，我们也会用图形记录下来，但用于信息传递的视觉表达需要有完整性，是经过反复推敲和思考的；真实性，视觉表达只是对研究信息的一种加工方式，而不是想象，准确地运用图像化语言真实表达；最后要具有联想与启发性，好的视觉表达能够激发观看者的参与动机，促使沟通和交流的发生。

- 相同与不同

模型制作与视觉表达的相同点是二者都是对解决方案的进一步补充，同时运用形象化的语言展现，都是一种信息传递的方式。从信息传递的维度，是与语言、文字、视频等手段相似的。

	模型制作	视觉表达
概念定义	制作原型推演方案	用视觉呈现信息和观点
项目阶段	项目中期	项目中期
典型模式	外观模型：表达外形特征	装饰美化
	功能模型：动力功能实现	信息表达
相同点	是对解决方案的充分补充和形象地说明	
不同点	三维表达	二维表达

但是二者也有很多不同的地方，最显著的一点就是模型制作大多是指三维模型，是立体的，而视觉表达往往是二维的，是平面的；另一个不同点是相较于视觉表达，模型制作更加侧重于功能信息的传递。

3. 研究报告与汇报技巧

（1）研究报告：在项目化学习任务中，研究报告是一份从问题发现到问题解决的完整的文档，报告是一种文档，以特定的受众和目的以有组织的格式显示信息。尽管报告的摘要可以口头形式提供，但完整的报告几乎总是以书面文件的形式提供。同时也可以使用视频剪辑的方式来作为研究报告的一种形式，将研究过程等用视频加旁白的方式记录下来，制作成一段影片；此外，结合实地展示的研究报告能增强报告的说服力。

（2）汇报技巧：汇报是一个向观众介绍展示研究成果和主题的过程。它通常是演示、介绍、演讲或演讲，旨在告知，说服，启发，激励或建立良好的意愿或提出新的想法或产品。该术语也可以用于正式或仪式化的介绍或提供，如首次亮相的演示。在汇报时除了常用的个人演讲的模式外，还有角色扮演、模型演示、团队汇报等方式。所谓角色扮演就是如同舞台剧演出，是一种对交互形式的模拟，通过让潜在用户完成各项任务的表演，能够帮助研究者改进、决定解决方案与使用者之间的交互行为，此外团队也可以用舞台剧的方式将解决方案进行形象化的呈现，帮助观众更容易地理解其研究思路和成果。

- 相同与不同

研究报告和汇报均是在项目最后使用的用来对研究过程进行总结说明的方法，它们都是通过总结与呈现，来使他人能够全面、清晰地了解研究过程、研究成果，高质量的研究报告和汇报不仅能够帮助研究者回顾总结自己的研究过程，查漏补缺，做最后的补充；当有效地传递出研究的内容时，还能够进一步促进研究者与观众或其他参与者之间的沟通交流。

二者也有一些不同之处，最显著的不同之处就是前者是一种详细的记录与总结，不需要进行口头解释或其他补充说明，观看者像读书一样，就能理解做了什么、怎么做的、为什么要这么做、还能怎么做，等等；后者是一种在限定的时间

内，选择重点进行陈述、表达和演绎，需要语言的交互，且一般在汇报结束时都
会有点评和问答的环节，与观看者直接对话。

	研究报告	汇报
概念定义	从问题到解决完整的整合	向观众介绍研究成果
项目阶段	项目最后	项目最后
典型模式	论文、文章等文字呈现	TED 演讲模式
	用视频的方式呈现研究	角色扮演方式演绎
	结合实地展示的研究报告	团队参与的汇报
相同点	对研究项目的总结和呈现，让他人可以全面了解研究	
不同点	详细的记录总结	限定时间，重点陈述

第二节　在实践探索中创造

一　如何快速地将楼梯打扫干净呢？

1. 项目概述

面向一二年级的学生，开展了以"如何快速地将楼梯打扫干净呢"为核心问
题的创造性劳动的项目化学习探究。该课程项目总共 9 课时，以 5 人为一个团队
进行前期研究工作，在后期创造性方案表达阶段则以 2 人为一组进行。

项目的学习目标为：能够在日常生活劳动过程中，掌握正确的劳动方法，通
过观察能够发现隐藏在日常生活劳动之下的不寻常的问题，并能够提出解决策略。

2. 项目实施具体流程

第一阶段，5 人一个团队真正参与到扫楼梯的劳动过程中，从中发现问题和
不便之处。首先，我们赋予每一个团队两个角色：劳动者和观察者。劳动者的职
责是用扫帚将指定的楼梯打扫干净，观察者的职责是仔细观察劳动过程中所暴露
出的问题，并记录下来，由每个团队自行决定角色分配。

劳动区域是教学楼入口处一段十级的楼梯，由教师将一包纸屑均匀撒在楼梯上，每队学生有一把扫帚，并需要在楼梯顶部做准备，确认好规则和分工后，则计时开始。在劳动的过程中，其他团队的同学全部作为观察者，观察这一队的劳动过程，并不能干扰。劳动的过程也是实验的过程，其间用时最久的一队同学花了 3 分半的时间，而最快的一组同学只花费了 1 分钟左右的时间。

在劳动结束之后，教师与同学就在劳动场地立即召开了发现问题分享大会。同学们拿着扫帚说，"扫帚太大了，用起来很不方便""最开始用扫帚的时候，不知道扫帚有方向，很难用，后来才发现原来是自己拿反了""不太会用扫帚，所以我都是立起来，用扫帚尖来拨纸屑""扫帚上沾满了纸屑""扫帚的手柄有点松动了""扫帚扫楼梯的时候那种边边角角伸不进去，没办法只能用手捡出来""扫帚太小了，每次扫完，后面还是会留下很多没扫干净的垃圾"……

然后大家把目光聚集在楼梯上，开始寻找最难打扫的位置，"每节楼梯间的缝隙最难打扫""楼梯上面凸起来的一条最难打扫""第一节楼梯上贴的警示胶带总是把垃圾粘住，一旦粘住就特别难清理""还有地面很湿，纸屑都粘在地上了，扫不动""扫楼梯的时候，很容易把扫干净的地方弄脏"……最后大家对问题进行其他方面的补充，"我扫楼梯的时候特别害怕跌到楼梯下面去""我还发现大片的纸屑和揉成团的纸屑很好打扫，但是很小很碎的纸屑就特别难扫""我们还发现扫楼梯的时候一直弯着腰，后背很累""我们也发现眼睛会很酸，要一直盯着找楼梯角落里的垃圾，会很累"……

最后用卷尺对楼梯和扫帚进行了尺寸的测量，并将刚才所说到的问题一一记录在实验表中，到此第一阶段的劳动任务就顺利完成了。第一阶段的劳动过程中，大家对于扫楼梯这项劳动建立了充分的认知，并且发现了其中各种各样的问题，回答了问题链中的第一环"楼梯的哪些地方最难打扫干净呢"。

第二阶段，老师让大家围绕问题链的第二环"生活中打扫的方式有哪些呢"进行了调查研究。首先，同学们在团队内进行了头脑风暴，列出了常见的打扫方式、打扫工具等，除了扫帚和吸尘器，还有用胶带粘毛发、用风吹、用水冲洗、雨刮等方式，甚至还包括使用不会脏的布料等创造性的新技术。然后每个团队向全班分享了自己的想法，大家共同完成了生活中打扫方式的回答。

第三阶段，大家紧密围绕问题链的第三环"有哪些办法可以快速地将楼梯打扫干净"尝试提出解决方案。以第二阶段的所探讨出的清洁方式为基础，结合数学和科学的知识点，针对劳动工具或劳动场所进行创造性改造。例如，将楼梯的宽度和高度与扫帚宽度的数据进行对比，决定通过调整扫帚的尺寸以适应一节楼梯的表面，同时考虑到楼梯的形状，需要将扫帚的形状进行改造，在解决了扫干净的问题后，又进一步和队友讨论如何提高打扫速度，不断迭代方案，最终选择一次打扫三节楼梯是一个最合适的数量，过多反而会弄巧成拙。

第四阶段，方案的展示与汇报。同学们结合自己制作的模型，向大家分享了自己的设计方案。在汇报的最后还设置有问答环节，同学们互相提问，互相评价，并当场由汇报者提出进一步的可能的解决策略。小孙同学设计了一款能够一次打扫三级楼梯的工具，他想到利用贴合台阶形状的造型来制作扫帚，大大提高了打扫楼梯的效率。同学们对小孙的方案提出了进一步的建议，能不能直接一次打扫完所有的楼梯，就像擦黑板一样。黄同学和叶同学结合了轮滑鞋和洒水车的原理，制作了一款"扫地鞋"，洒水、扫地、吸尘这些工作都在行走的过程中一起完成了。小钱和小陆将楼梯进行了改造，通过风扇将垃圾归拢至楼梯旁的履带上，再进行转动就能轻轻松松地把垃圾传送到地面上的垃圾桶里。小仇设计了一款集扫地、拖地、烘干于一体的全自动打扫机器，不仅便于操作，功能也非常强大。同学们对仇同学的方案提出疑问，认为这样的全自动打扫的机器人的确是很方便，但是一方面成本比较高，另一方面如何让它能够自动上下楼，还有充电的问题，这些都会限制全自动打扫机器人的实现。小范和小倪设计了一款"吸尘高跟鞋"，走路的同时，粗粗的鞋跟可以吸入细碎的纸屑，并通过鞋底存放在鞋头的空间内，边走就边把楼梯打扫干净了。

3. 项目分析

对于一二年级的学生来说，劳动教育更多地集中在日常生活劳动中，扫地是孩子最开始学会的劳动之一，每一位同学都会扫地，而楼梯相对于平地来说，增加了空间的陌生性和劳动的趣味性，同时也提升了项目的难度。此外，在项目启动时，我们向同学们了解到全班 30 人只有 2 名同学打扫过楼梯，大家对于打扫楼梯这项劳动显得十分陌生。故通过项目设计六环节的方法，将扫楼梯这个普通的劳动行为转化成了高质量的创造性劳动项目——如何快速地将楼梯打扫干净呢？经过一环扣一环地拆解，使得学生在项目结束之时，都能提出具备一定可行性的解决方案，并且对于打扫楼梯这项劳动活动有了足够的了解和认识。

（1）环节 1：观察发现（同理倾听和情境引入）

当大家都没有打扫楼梯的经验时，往往会发挥本能来行动，同时陌生的任务和完成仿佛是大人才能做的劳动，更容易调动学生开启热系统，激发学生的参与度和积极性，这样能够更加主动地发现其中的问题。在观察发现的环节中，将真实的劳动情境进行一定程度的抽象，使之便于观测和体验。

每一位同学都将成为观察者和劳动者，具有双重的体验。这样的团队分工，可以在一场实验过程中，同时融入自然观察法和设计观察法，当学生作为劳动者来体验时，是融入生活场景，在劳动中体验观察问题的自然观察法的体现；而当学生停下来，作为观察者站在一旁观察其他人劳动时，又是一种置身于专门设计的场景之外，以客观的视角观察的设计观察法。

在情境中教学，是有利于丰富学生感知、启迪学生探究、引导学生联想和想象，为教学目标服务的具体的、生动形象的教学环境和氛围。同时融合两种观察方法，帮助学生尽可能多地发现打扫楼梯时所遇到的问题。最终回答出"楼梯的哪些地方最难打扫干净"这个问题链的第一环节。正如前文所说，观察发现是整个项目的起始，也是项目最重要的一环，这时学生对于问题的理解程度很大程度上决定了后续研究的深入程度。

（2）环节 2：聚焦问题（核心问题和问题链）

聚焦问题是以学生为主体、以专业领域内的各种问题为学习起点，以问题为核心规划学习内容，让学生围绕问题去探寻解决方案。围绕核心问题"如何快速地将楼梯打扫干净"，进一步拆解为问题链："楼梯的哪些地方最难打扫干净呢？—生活中打扫的方式有哪些呢？—有哪些办法可以快速地将楼梯打扫干净呢？"这三个子问题构成了整个项目的研究思路。

问题链的第一环"楼梯的哪些地方最难打扫干净呢"，帮助学生从劳动体验中发现的众多问题里，建立一个重要性排序机制，聚焦于劳动问题发生场景的楼梯本身，仅以清理的难易程度作为筛选标准，进行问题库的分类。然后再以此为切入点，进入问题链的第二环"生活中打扫的方式有哪些呢"进行再次发散，最后切入问题链的最后一环"有哪些办法可以快速地将楼梯打扫干净呢"，使解决方向兼具针对性和多样性。

（3）环节 3：建立联系（核心知识和深度学习）

建立联系是指建立起学科知识点间的联系、构建起生活经验与理论知识间的联系、形成学术思维模式与研究性思维习惯，最终落实在项目化学习的核心问题与研究过程和研究结果之间的联系。本次项目中，我们将数学的测量、单位、整数、加减法与生活经验建立起联系，又与人体工学数据建立关系，糅合进项目的全流程中。

为什么小朋友和成年人的身高、手掌差距那么大，却要用一样长的扫帚？如果这是造成楼梯难以打扫的原因，那适合小朋友身材的扫帚的尺寸应该是多少？如果要扫一下就能把楼梯的顶面和侧面扫干净，那扫帚的尺寸应该是多少呢？诸如此类的思考贯穿整个项目中，建立起了学科知识点与生活应用场景的桥梁，从问题出发寻找数据和证据，反之用数据来解决问题，培养起学术思考的意识。

（4）环节 4：探究解决（协同合作和问题解决）

探究解决顾名思义就是运用多种探究方法来解决问题，这是付诸实践的环节。在本次项目的探究解决环节中的社会性实践，我们将团队人数减少为 2 人，从最简单的两人团队开始学习合作探究；在探究性实践中，通过比较扫帚、楼梯、人体的相关尺寸，寻找到工具的使用不便情况；通过统计投票，寻找到楼梯最难打扫的地方是角落和突起的防滑条；又通过新技术的迁移完成了快速打扫楼梯的解决策略；在技术性实践方面，学会用卷尺测量、投票图和统计图帮助数据收集。

在这个过程中，遵循发现问题—分析问题—提出假设—验证假设的过程，不断假设、实施、验证、再假设、再实施、再验证，在过程中尝试每一个想法的可能性，而不过于强调每一个想法的对错，有了想法立即去测量、去实验，最终得到真正有理有据的回答。

(5) 环节 5: 成果呈现 (原型设计和成果表达)

成果呈现是项目后期的重要内容, 一般包括研究结果的提纲性呈现, 如演讲汇报、戏剧表演、成果展览等, 展示出整个研究过程的起点、方法、经过、成果等。它还有一个重要作用是帮助学生回顾总结整个研究过程, 并建立起良好的学习习惯, 树立有始有终的学习态度。

在这个项目中我们选择原型设计、图纸绘制和演讲汇报作为成果呈现的方式。要求同学们能够用侧视图将解决方案绘制清晰, 并能够利用卡纸等材料制作一个外观模型的示意, 可以在图纸和模型上增添文字 (拼音) 或图示说明, 最好能够达到不说而知其意。其中为了突显功能表达和问题解决, 我们在成果呈现的材料中仅提供单色材料, 避免学生过于沉浸于外观, 顾此失彼忽略了内容本身的质量。

(6) 环节 6: 创意评价 (验证反馈和学习评价)

创意评价一方面是对每位学生在整个项目中的表现做出一个判断和量化的评判, 另一方面是通过评价结果对项目本身进行迭代优化。一般分为阶段评价和总结评价两种。在 "如何快速地将楼梯打扫干净呢?" 这个项目化学习任务中, 同样设计了阶段评价和总结评价两类。阶段评价包括第一阶段对于扫楼梯时发现的问题数量的评估, 第二阶段解决策略的实验评估, 第三阶段创造性解决方案的模型、图纸和演讲汇报的评估, 以及最后汇报时与同学的问答流畅性的评估。此外本项目的总结评价, 包括创新表现、项目展示、探究过程和创造习惯四种。最后每位学生形成一份本项目的评估报告, 以此综合作出对学生在本项目中的学习进行完整的评估与反馈。

二 铺地砖时如何避免身体疲劳呢?

1. 项目概述

以 "铺地砖时如何避免身体疲劳呢" 为核心问题设计出一个与生产劳动相关的创造性劳动项目化学习。本课程项目总共 9 课时, 以 5 人为一个团队进行前期研究工作, 在后期创造性方案表达阶段则以 2 人为一组进行。

本项目针对不同年段的学生，总共迭代实施了三次：第一次是针对一二年级的低年级学生；第二次是针对三四年级的中年级学生；第三次是针对五年级的高年级学生。根据不同年段学生的认知水平，对问题深度、知识点和解决方法的侧重以及成果表达的标准进行了相应的调整。

2. 项目实施具体流程

以三四年级学生为例，项目实施的具体流程如下。

第一阶段向学生介绍了整个项目的安排计划，并简单让大家说明日常生活中观察到的、电视书籍中了解到的有关铺地砖的相关知识，包括工作流程、用的材料、工作时间等。然后用纸牌代替地砖，在 1 米 ×1 米的区域内按照图纸进行铺地砖接力赛，要求交错摆放，没有空隙，每个人限时 1 分钟，接力结束后，地砖铺设数量更多、更整齐的一方获胜。

经过模拟地砖铺设的实验，同学们发现了各种各样的问题。与劳动者有关的诸如"需要弯腰一块一块铺设，所以腰非常酸""要盯着是否摆整齐，眼睛很累""蹲下铺设时间久了，站起来时会感到头晕"；与劳动场所有关的问题诸如"用纸牌模拟砖块时，纸牌很容易碰乱掉""没办法一次拿太多的纸牌，不然会撒在地上，如果是真正的地砖，很重就更加不可能一次抱很多了"；还有很多同学联系生活实际提出了一些问题，如"真实的铺地砖工作中，还需要有一步抹水泥的过程，如果加上这一步的话，会让工作时间更长"……然后将这些问题全部记录在任务单上，并通过投票的方式选择出铺地砖时最疲劳的身体部位，回答了问题链的第一环"铺地砖时最疲劳的身体部位是哪里"。至此，第一阶段的任务就全部结束了。

项目进行到第二阶段，同学们围绕"日常生活生产中有哪些方式能缓解身体疲劳呢"这个问题链的第二环节，开始进一步深入研究。从容易想到的用机器人代替人来劳动，结合按摩放松、劳逸结合等，到不那么容易想到的流水线、传送带、汽车、飞机等，同学们发散出了许多看似与铺地砖本身没有关系的技术手段。

第三阶段的问题解决，大家利用所发散出的问题针对铺地砖时的劳动工具进行了优化解决。例如，陈同学和张同学通过对人身体尺度的测量、在铺地砖时的行为分析和躯体角度的测量，并借用座椅的支撑作用和轮滑鞋省力而快速的移动功能，将写字楼里坐在办公椅上省力滑行的工作状态迁移至铺地砖的工作场景中，并以自己的脚部尺寸作为基准制作模型来尝试向大家解释这个铺地砖工具的功能。

第四阶段同学们用模型制作、图纸绘制和演讲汇报的方式向大家介绍了自己的方案，并完成了现场的问答。小陈和小张受到外骨骼的启发，将轮滑鞋和座椅进行了结合，制作了一款省时省力的工作鞋，方便工人坐着滑行来进行铺地砖的劳动；在问答环节，同学们给出了新的建议，建议他以此为基础，增加多个模块，使得每次可以铺设更多列的地砖。小姚设计了一款高科技工作帽，它会吸收工人们的汗水，经特殊处理，净化成可饮用的水，储存在额头的水袋中，不仅能够降温，还可以供他们劳动时随时饮用，减轻了携带水瓶的负担；他还贴心地给帽子装上了耳机，希望给工人繁重的劳动带来愉悦的心情体验。同学们和小姚针对储存水袋的位置产生了分歧，同学们认为看到非洲人都是将水桶固定在头顶，这样可以利用脊柱的力量来承重，但是小姚的方案是挂在额头，不仅会感觉比较重，而且有可能掉落影响工作，经过一番探讨，小姚同学也认为大家说得有道理，帽子可以进一步改进。小黄的方案是一款全自动背包，背包两侧的机械手能够给工人传递地砖，很好地解决了一次次搬运砖块的问题，上方的风扇可以给工人降温。小马在体验时发现砖块之间的缝隙很小会夹到手，所以她制作了一副铺地砖专用的"气囊手套"，通过充气来防止手指被夹到。小施同学考虑到了涂水泥时水泥容易干的问题，设计了一款"干湿分离"的水泥制作器，按照配比，边混合边将水泥挤出涂在地砖上。

3. 项目分析

"铺地砖时如何避免身体疲劳呢"这个创造性劳动的项目化学习任务，总共在三个年段进行了推进。铺地砖这项劳动活动属于生产劳动，所以对于不同年段的小学生来说都是一个陌生的劳动活动，当将其设计为一个项目化任务时，只需按照年龄调整问题深度、知识融入程度、目标难度等，便可以实现劳动项目的延展和迭代。

（1）问题深度的区分

三个年段的学生，围绕核心问题"铺地砖时如何避免身体疲劳呢"作为核心问题开展探究项目。在劳动体验与实验的阶段，对于一二年级的学生仅要求将模拟地砖的纸牌摆放整齐，而对于三四年级与五年级的学生，就要求他们能够按照图纸（即交错摆放）准确无误地摆放地砖。所以在实验的过程中可以发现，直接摆整齐是与一二年级学生的认知水平相一致的，对齐、不留空隙也不重叠即可，这个难度对于三至五年级的学生而言过于简单，会大大削弱学生的参与度和积极性。而图纸上交错摆放时，同学则会首先考虑摆放的方向和顺序，多了一步思考的过程，也会刺激问题的产出。

在问题链中，对于三个年段的学生进行了更为细致的区分。面向一二年级的学生的问题链："铺地砖时最疲劳的身体部位是哪里呢？—生活中我们是如何放松这个部位的呢？—在铺地砖的过程中，我们可以如何放松这个身体部位呢？"面向三四年级学生的问题链："铺地砖时最疲劳的身体部位是哪里呢？—日常生活中有哪些方式能缓解身体疲劳呢？—铺地砖时如何避免身体疲劳呢？"面向五年级学生的问题链："铺地砖时最疲劳的身体部位是哪里呢？—这个身体部位为什么会感到疲劳呢？—日常生活中有哪些方式能缓解身体疲劳呢？—铺地砖时如何避免身体疲劳呢？"通过问题链的层层深入来区分不同年段的任务难度，一二年级的学生只需针对一个身体部位来解决问题，三四年级的学生需要尝试将生活中的技术与任务建立联系，五年级的学生需要更进一步探究本质问题，多问一个为什么。

（2）知识和解决方法的侧重点区分

面向三个年段的学生，需要在知识点和解决方法方面进行分层区分。在知识方面，一二年级学生主要以语文学科的口语表达和道法学科的劳动精神为主，由于知识水平和认知程度的限制，一二年级的同学可能还没有办法成熟完整地展示出自己的方案和作品，但解决问题的思维和创造力是不受限制的，在这个项目中用语言描述发现的问题、用词语描述身体的感受、组织成有条理的句子逐步介绍自己的方案、能够听懂他人的疑问并能够找到回答的方式，将语言和词汇训练糅合在全流程的项目中，并且通过缓解劳动者的身体疲劳，为他们营造舒适的工作环境来培养学生的劳动意识。高年级的同学则更加侧重于语文、科学和道法的学科交叉，侧重于知识与技术原理的迁移和应用。

在解决方法方面，面向一年级学生，提供更多的辅助材料，例如拼贴用的模块，帮助他们建立起产品的具象认知；面向三四年级的学生，要求其自主完成统计表，同时将问题解决的对象从局部扩展到整个人体；而更高年级的学生，则侧重于系统性的解决问题方法的考虑，通过流程图等方式将思维延展到使用后。

（3）成果表达标准的区分

在成果表达方面建立年段的区分度，对于一二年级的学生，解决方案以畅想为主，成果表达以二维图画为主，不要求模型与图纸；对于三四年级的学生，解决方案要具备可行性，需要指出每一个功能所对应的生活中的技术产品是什么，是这个技术产品的哪一部分，而在成果表达方面需要用比例模型来展现出解决方案的三维形态，并用简单的图纸来描述出解决方案；对于五年级的学生，解决方案需要具备系统性，强调与劳动者和劳动环境的关系，在三四年级标准的基础上，需补充产品的使用过程或系统的运转过程的图纸。而所有年段的学生都需要完成演讲汇报，能够向听众条理清晰地讲述方案的形成、所解决的问题、方案的介绍等，并回答听众的提问。

三　如何帮助环卫工人安全、舒适地劳动呢？

1. 项目概述

面向五年级的学生，开展了以"如何帮助环卫工人安全、舒适地劳动呢"为核心问题的创造性劳动的项目化学习探究。该课程项目总共9课时，以全班30人为一个团队进行前期的采访和体验的研究工作，在中后期的解决方案的提出和创造性方案表达阶段则以5人为一组进行。

项目的学习目标是能够在服务性劳动中，在与环卫工作者一起工作的过程中，掌握正确的劳动方法，通过观察与采访能够发现环卫工作者所面对的显性与隐性的劳动问题，并能够提出解决策略，更重要的是能够通过这个项目的探究学习，培养起学生的服务意识和奉献精神。

2.项目实施具体流程

"如何帮助环卫工人安全、舒适地劳动呢"项目化探究任务，开始于一段环卫工作的介绍影片，影片讲述了一位普通的环卫工作者一天的工作状态，通过影片的学习，学生认识了解环卫工作的基本情况。然后全班同学共同进行头脑风暴，列举之后与环卫工作者面对面时需要了解的内容、需要观察的要点、需要提出的问题等。

"晴天一身灰，雨天一身泥。"与环卫工作者的共创就在这一句话中开始了。三位环卫工作者带着他们的飞行打扫车，巨大的扫帚、铁锹和穿着整齐的制服来到了同学们的面前。同学们也全副武装，分工明确，有观察员、小记者、摄影师和记录员。

首先是环卫工作的展示环节，分为单人打扫、双人打扫、飞行打扫，同学们将叔叔阿姨的劳动过程全部用视频记录下来，同时仔细观察。然后到了劳动时间，同学们按批次轮流接过叔叔阿姨手中的扫帚和铁锹，尝试着清扫落叶，但第一反应都是"哇，怎么这么重？""这个扫帚太大了，没办法用""啊，就扫了几下就出了一身汗，好累"等等。亲身劳动之后，懂得了环卫工作的伟大和不容易，更燃起了同学们想要帮助环卫工作者有一个舒适安全的工作环境的热情。

然后到了采访与数据收集阶段，同学们首先用测温枪测量了环卫工作者头部、胸口、后背和四肢的体表温度并记录在实验单上，便开始了采访，从"叔叔阿姨觉得工作时最大的问题是什么"到"叔叔阿姨理想中的环卫工作是怎样的"，大家在烈日下，在环卫工作的劳动场地上完成了采访，风尘仆仆的同学也终于体会到什么是"晴天一身灰"了。

回到教室，大家开始分工整理数据，包括劳动时不同身体部位的体表温度、采访时发现的问题、劳动工具的尺寸、环卫工作服夏装和春秋装的样式、环卫工作者的心理感受等。然后聚焦于"环卫工作服"对所有的研究结果进行重要性分级和筛选，通过研究，大家发现环卫工作者夏天也要穿长袖防止受伤与暴晒的太阳出现了矛盾，夏天环卫工作者容易缺水中暑，休息只能在路边坐一下，这样对他们来说心理感受十分不好，他们希望自己的工作和休息时都能体面，还有关于恶劣天气的安全问题，等等。

进入创造性解决阶段，同学们恢复5人一组的状态，以一件环卫工作马甲为载体，完成工作服的设计和改造。从"安全""功能"和"造性"三方面拟定设计关键词，在讨论中选定工作服的功能和特点，并准确地绘制在图纸上。

最后用身边的材料表达功能，完成了模型制作。不同的是，在最后的汇报阶段，我们再次邀请来了被采访的环卫工作者，请他们从自身的工作实际需求和心理感受出发，对每一组的方案进行点评，并由每一组的同学回答。

小刘、小谢、小王受到"龟甲"的灵感启发，在工作背心的腰背部使用了类似的结构，增加强度的同时也不失灵活性，还方便排汗。安全性的考量上，他们在中间安装了气囊装置，在道路上遇到危险情况时能够紧急充气进行保护。背后的空气调节器和肩部的太阳能供电装置也是未来感满满。小陈、小沈、小齐、小任考虑到了降温需求、工具的便携性和夜间工作的安全性这几个要点——他们在工作背心的肩部安装了可调节温度的降温风扇，围绕背心的下方设计了放置劳动工具的固定带，还在左肩和背部添加了可切换状态的警示灯和夜光条——完美贴合了关键词，造型感也很强。小金、小吴、小杨在设计中强调了科技感。他们在肩部安装了可以遮挡风雨的装置，能通过胸前的按钮来控制，随时张开以应对极端天气。夜间工作时，除了有背后的荧光条设计提醒车辆，肩部还设置了两个led灯，方便环卫工人作业。背部的"盔甲"、胸前的防蚊袋、饮水袋都是非常贴心的设计。小张、小杨、小刘抓住了环卫工人提到的"腰部出汗最多"的问题，在背心的腰部设计了便于呼吸排汗的装置。他们还贴心地在背后配备了小型"空调"，电能的来源则是前肩处的太阳能电池板。还有胸口的防蚊丸、供随时饮水的水袋、醒目的交叉型荧光条等小细节都体现出了他们对环卫工人的需求洞见。小陈、小王、小赵的设计聚焦在工作服闷热的问题上，她们在靠近袖口的位置安装了四排小风扇，全方位地帮助环卫工人防暑降温。特别的是，她们在背后设计了"保护环境，人人有责"的标语，给工作背心增添了一份城市环保宣传的积极意义。小赵、小郑、小胡、小殷考虑得非常全面，工作背心涵盖了距离探测、除尘、除汗等一系列高科技的功能。最有趣的是，他们细心地发现环卫工人平时吃饭、休息很不方便，于是在背面设计了可收放的小桌板和小椅子，便于环卫工人随时随地坐下休息和用餐了。

3. 项目分析

（1）共创的价值

这个创造性劳动项目化任务基于共创团队，一线环卫工作者的深度参与到项目的两个阶段，使同学们对于环卫工作的理解层次更加深刻，这是从网络、视频和图书馆里无法获取的感性的认知。正是面对面的交谈，环卫工作者手把手地教同学们如何使用大扫帚，两个人怎样配合才能扫得最快最干净，大家才能认识到这个项目化任务背后的精神价值。此外，环卫工作者的参与，让同学们发现的问题从起早贪黑、很累、有灰这样的表层问题，深入到如何能够体面地工作、工作不怕辛苦但是工作的过程中不被理解的深层次问题。这是让真正的一线劳动者参与到项目化学习的第一二环节中的重要价值，即能够促使同学建立同理心，能够帮助同学挖掘现象背后的本质问题，能够更有效地激发学生尊重劳动的意识和服务奉献的精神。

在创意评价阶段，也邀请一线的劳动者参与进来，他们可以用自己的工作经验来判断方案的可行性。例如有一组的方案只在背后贴了反光材料，防止司机看不到环卫工作者而导致安全事故，这时环卫叔叔便从自身的工作实际出发，建议前后都贴反光材料，因为环卫工作者为了让司机看到自己，也为了让自己及时躲避车辆，很多时候都是逆行在马路上扫地的，所以只把反光条贴在背后，明显是前期的研究没有做深入。所以共创在评价阶段，也能够帮助完善项目方案。同时点评的过程也是一个讨论的过程。一线的劳动者在与学生就方案本身进行交流的时候，直接参与到了与自己有关的问题的解决策略中，往往能够提出更加真实的反馈。更进一步融入共创的评价，增加了用户反馈和测试的过程。

（2）身边的材料对方案功能表达的意义

在项目化学习任务中，方案往往需要用立体或半立体的模型来表现，这时老师总会犯了难，学生的想法理论上可行，但是无法制作出真实的能实现功能的模型啊，该怎么办？这在这次的"如何让环卫工人更加舒适、安全地工作"项目中是这样解决的：利用身边的材料对方案的功能进行表达，尽可能接近，但这也需要老师和同学共同判断，需要表达外形还是必须表达功能，而目标都是将解决方案这个信息清晰完整地传递出来。

在这次的项目中，我们以 160cm 尺寸的工作背心为版型用牛皮纸制作了一套可穿戴的模板，相较于真实的布料，纸制的背心能够便于同学们在背心上直接绘制图纸，并粘贴组件。同时相较于商品的工作背心来说，以牛皮纸制作的教具具有更大的改动空间，也是最大限度地降低对学生创造力的限制。在外形表达方面，善用一次性杯盖、快递缓冲材料和荧光胶带等生活中常见的材料，用它们来表达外形，传递出组件所在的位置、体量、形态即可；而在功能表达方面，复杂的以节点的方式呈现，简单的如照明灯和风扇则可以直接安装在模型上。

创造性劳动教育通过对知识和技能的实践，鼓励孩子在劳动中树立服务意识，在服务中强化社会责任感，尊重普通劳动者，这是高年级学段的培养目标。而将共创的方法融入服务性劳动的项目化学习中，则可以起到助推器的重要作用，同时面对创造性劳动的项目化任务，可以尝试利用身边的材料，以信息传递为目标，尽可能表达外形与功能。

第五章　提升战斗力，创造性劳动项目的模块创意

人在自己的劳动中创造自己并理解劳动的美。

——苏霍姆林斯基

导读：

» 体会创造性劳动项目模块的神奇力量

» 创造性劳动模块的学习关键

» 看看五个创造性劳动模块的实践过程

第一节 创造性劳动项目模块化

一 劳动模块从何而来

1. 模块依托场景而立

生活是劳动的来源，是劳动置身的背景，按照个人、家庭、学校、社区和社会五个不同的生活场景建立了五大创造性劳动模块：自主学习模块、家庭生活模块、在校工作模块、社区实践模块和社会责任模块。

模块指向的场景范围从小到大变化，从日常生活劳动到生产劳动再到社会劳动，对象元素从个人到社会紧密关联，劳动服务对象从自我再到他人。

2. 总有一些共同的东西

幸福来源于劳动，使学生理解和领悟到一个人获得的生活和文化的财富与他参加的劳动有直接联系。

敬重劳动和劳动者，意识到每一个劳动者都值得尊敬，任何一种劳动都值得尊重。

发现劳动的伟大，伟大在于劳动是智慧与汗水的结晶。主动去发掘劳动中的各种元素，捕捉从品质到能力、从情感到方法，融入审美的情趣、想象的能力、坚韧的品质、合作的精神、尊重的态度，劳动为学科知识的迁移运用提供了机会，打通了问题解决的通途。

3. 每一个模块也有结构

• 模块行动次序可以调整，可以几个模块自由组合同时开展，再依据劳动主体、服务对象的差异，为每个模块分别设计了不同的主题名称：

自学自悟模块："劳动规则书"

在校工作模块："劳动模范"

家庭生活模块："小鬼当家"

社区实践模块："比心服务"

校企合作模块："资格实习生"

● 核心主题驱动整个模块的运作，根据项目实施的具体内容的相似度、实施空间范围的共同性等因素，每个主题之下再细分为多维视角的六大类子项目，针对劳动场景，每一个子项目之下又衍生若干核心问题，产生一个个项目群，分别指向劳动精神与职业、劳动方法与创新、劳动工艺与设计、劳动安全与保护与劳动材料与工具，以半结构的问题为中心，由此会衍生一个又一个的研究角度，成为孩子可以探索创造的契机。

● 生活与劳动紧密关联，实现在不同时空劳动经历体验与体悟的连续性。

下表是家庭生活模块"小鬼当家"的项目结构和部分内容。

		第一类 个人管理	第二类 清扫卫生	第三类 学习物品整理	第四类 衣物清洁	第五类 家居整理	第六类 厨艺帮手
小鬼当家	低年级 项目群	如何清洁双手？怎样才能把脸洗干净？怎样修剪长长的指甲？不同的天气，你会如何选择穿衣？	如何整理床铺？不同的餐具如何清洗？如何清扫不同的房间？如何把地板拖得又快又干净？	不同的课本，你会选择哪种方法装订？如何利用废弃物包书皮？如何选择简单的材料制作一份小手工？	如何把手帕洗干净？如何清洗红领巾？	如何整理自己的书柜？	如何搅拌鸡蛋？色拉是怎样被搅拌均匀的？如何清洗不同的水果？怎样做一份色香味俱全的蛋炒饭？如何煮熟一碗面条或馄饨？
	高年级 项目群	如何选择合适的洗发用具洗头发？怎样选择合适的洗澡用具洗澡？不同的天气情况，我们怎样梳头？	怎样晒被子？如何根据衣物的不同种类叠放收纳衣物？不同的玻璃窗，如何擦拭干净？	如何整理不同的学习资料？	衣裤的纽扣掉了，怎样解决？如何穿针引线？	如何整理自己的学习用品或生活用品？	如何使用电饭锅做饭？加热冷饭冷菜，你会怎么做？如何使用煤气灶？

4. 认识模块的组成单位

从模块到一个个项目群，每一个孩子都可以也可能会经历不同的项目学习，大大小小的项目构成模块的单位。

劳动项目大多来源于学生的实际生活和熟悉的日常事物。内容从学生生活的小细节入手，具体可以操作，可视可测，同时也有较高的重复性，增加了技能熟练、成效巩固的可能。

劳动项目要以问题解决为出发点。学生提出的问题都是实际存在的，且最终都要在劳动成果展示中呈现相应的解决方案。

劳动项目要有助于学生深度调研和思考。有的项目需要学生做特别的调查，从观察现象出发，了解认识作为设计思维的起点。

劳动项目在难度设定上具有一定的弹性，不同年龄可以同做一个项目，显然研究角度和深度有所不同。

劳动项目的选择设计尽可能培养锻炼学生多方面的能力：创造性思维能力、沟通协作能力、观察能力、组织规划能力、动手操作能力等。

5. 模块实践方式

什么时间拿来使用？在学校拓展型课程中实施，在学时安排上以专题教育或班团队活动＋兴趣活动、社区服务或社会实践周的模块组合形式进行。这样可以在不增加课时也不占据其他课时的基础上满足劳动教育的实施。

模块研究时长根据需要可长或短。大多数项目是需要学生花 1—5 天即可完成的小项目，需要长期追踪研究，从而得出自己的发现（尤其是劳动职业精神类的项目）。

模块实施过程灵活，场景不同，主体、方式都可变。一些项目学生自学自悟，教师从旁引导；一些项目实施受到导师团队的带入影响，从启动到实施均由由老师或家长组成的导师提供相应的辅导和支持。

6. 探究解决的关键

• 清晰项目结构与目标：每个模块都有自己的特征，每个项目也都有具体的指向，需要针对每个项目制定精细的目标，清晰的结构和目标可以帮助学生明确思考与行动的逻辑。

- 循序渐进展开探索：

第一阶段：观察、倾听与了解，看到或者经历一些事情后，树立同理心，或者感性认识一项劳动的过程与意义，这个阶段可以去做调查、访谈或者实地考察。

第二阶段：提出问题与理解问题。寻找项目驱动问题，多问几个为什么：劳动要工具，怎么用最有效？劳动要时间，怎么做最优化？劳动要省力，怎么办才可能？劳动要发展，新鲜的元素何处来？问题的提出完善，形成一连串的问题链，再对问题筛选提炼，最终收获优质问题。

第三阶段：规划行动。从核心问题入手，进行信息搜集，找出问题链，通过调查问卷、实验对比、创新改造等方式完成课题研究。在第三第四阶段中，导师们会承担重要的角色，在课上课下进行引领指导，以便让问题和行动得以优化。

第四阶段：关注质量，真实地评估自己的劳动，既评估劳动过程也评估劳动成果，还要看谁来评、怎么评。这个阶段还需要通过出项反馈，即选择适宜的表达表现方式展示自己的创造性学习成果。比如可以通过过程性资料的积累形成研究性小报告，借助 TED 演讲和伙伴们分享研究成果。

- 找准项目驱动问题：学会什么核心知识，需要涉及哪些学科知识点；使用什么有效工具：考虑材料、工艺与设计方法，创新安全与保护；开展何种探究行动，指向社会性、技术性、艺术性，把问题变出想法做法；成果应该如何展示。

- 不要忘记设计一些直观简明的图表，来作为设计思维的规划工具，还需要及时形成一些研究的微报告，哪怕只是一个角度的阐述。

二 模块学习需要评估的支持

1. 可以评估什么呢？

劳动是充满创造空间和诗意空间的综合体，有质量的劳动项目加上有质量的实施才能打开学生自然成长的教育之门。

- 适宜的评估不可缺少。评估一个项目的成功意味着什么？模块下属项目的分解是否精准，它的核心问题有驱动性吗？有没有将抽象的劳动价值与劳动观念具体化以后融入真实的活动环节里？也可以制定标准，评估学生参与项目的过程与结果成效。

• 和五个模块匹配的评价。针对五个多元学习模块的内容，结合勋章激励制度，形成一套相应的评价体系与具体的项目评价方式，分别是：勋章奖励、角色互评、成果展示、荣誉制度和推荐信。

• 创造性劳动项目中学生需要达到的要求是细化的，融入劳动过程中的，是与自身比较的，关注情义向度也有技能向度。创造性劳动项目实施的过程不是简单的重复，而是一个不断总结经验、不断优化劳动方式的动手又动脑、亲历汗水带来成长的过程。

• 丈量一个学生的劳动素养：悦纳劳动，迈出劳动的第一步，能参与到劳动的过程中；在劳动过程中能够做到认真、努力，自我驱动积累起劳动经验；劳动过程中不断碰壁而不放弃，坚持劳动，在劳动实践中寻找解决办法，在劳动结束后，认识到劳动的价值，理解劳动精神，并积累劳动经验；最后，能够将劳动经验转化为有价值的问题聚焦，用语言文字列举出在劳动的过程中所遇到的问题，并拥有解决这些问题的热情。

2. 这些需要考察吗？

在"如何将楼梯打扫得又快又干净"的创造性劳动项目中，有一个团队的同学，非常困难地从低一级往高一级打扫，最后打扫结束，出汗最多，用时最久，他们反思后总结经验：打扫楼梯应该从上往下打扫，这样最省力。这就是在劳动过程中干真活、出真汗所带来的成长。

同样在这一项目中，有一个团队的同学用时最短、打扫得也最干净，而他们的秘诀就是先制定了合理的打扫策略：他们想到数学课上曾经学过两点之间直线距离最短，所以可以应用在打扫楼梯的过程中，每一级台阶从左向右打扫，将垃圾都打扫在右边的角落里，然后向下扫到下一级台阶右边的角落里，以此类推直到全部打扫干净，其他同学负责将还未打扫到的台阶上的垃圾尽量聚拢在右边，同时还分出一名同学检查打扫过的台阶，将遗漏的纸屑捡起，兼顾速度和干净。

他们很好地完成了动脑与动手的集合，同时活学活用了学科知识点。

从上面的小例子里，我们发现了另一个有趣的问题，模块之下有若干个分解的小项目，在每一个项目的实践过程中，学生们会与某些未知的因素不期而遇，而某些未知的会成为重要的收获，有些超出了目标的设定，有的产生了意外的效果，这些过程性的"意外"如何纳入项目的质量评估？

一个丰厚的资料袋或许可以解决一部分问题。每个学生有一个劳动项目的资料袋，包含着过程性的研究成果以及项目最终成果，其中还有一份评价表，比如这个表格：

我们的项目	团队名称			
	团队成员			
		评价内容	等　第	总分（小创积分）
	研究过程	有核心问题	☆☆☆☆☆	
		有完整的研究过程	☆☆☆☆☆	
	我们的资料	一图读懂	☆☆☆☆☆	
		调查采访记录（照片或文字）	☆☆☆☆☆	
		解决问题方法有创意	☆☆☆☆☆	
		创造性的研究成果	☆☆☆☆☆	
	我们的展示	能与观众互动	☆☆☆☆☆	
		TED 演讲有吸引力	☆☆☆☆☆	
		多种多样的表达形式	☆☆☆☆☆	
		团队成员积极参与	☆☆☆☆☆	
		有吸引人的视觉资料或媒体	☆☆☆☆☆	

第二节　在模块实践中找到劳动坐标

一　自学自悟模块——"劳动规则书"

1. 自主学习能力为青少年成长赋能

• 自主学习其本质是一种核心素养

基础教育阶段的学生最需要练就的是自主学习能力，尤其是利用互联网教育资源进行学习的能力。自主学习不是嘴上说说，也并非空中楼阁，其本质上是一种核心素养，是学生综合能力的反映。制订计划并严格按照计划开展学习、树立目标意识、确定学习范围、营造学习环境、自我检查反省等，都考验着孩子的自立性、自为性和自律性，也考验着家庭与学校的教育成果。

自主学习能力还牵涉着孩子的自我管理、生涯规划等能力，彼此相辅相成，相互促进，是水涨船高的关系，甚至还会反哺孩子的情感发育，助力其更清楚地认识事物，对自我、社会、国家有更深理解，进而准确校正自己的行为，正确看待学习与生活、理想与现实、中国与世界的关系。

- **自主学习是一种现代的学习方式**

在教育改革的浪潮中，学习方式的尝试与探索是一个一直存在的课题。自主学习，这种学习方式改变更强调基于学生自己的学习能力和学习情况，学生自己主动参与探究、通过思考勤于动手，培养学生搜集整合处理信息的能力、通过学习整合旧知获取新知识、加强问题分析和解决实际问题的能力。自主学习通过个体或者群体的独立探索，自我吸收知识。而 21 世纪的我们提倡自主学习，通过内化自我吸收知识，否定被动式吸收知识的倾向，但是我们不否定被动式的教学模式。

- **学生是具有自主学习能力的自主学习者**

学生应成为具有自主学习能力的自主学习者，应具有原认知能力、强烈的动机以及积极参与学习过程的行为，能设置目标、规划行动、选择合适的策略、自我监督以及对学习进行自我评价，同时也要具有内在的很强的学习动机并体现出较高的学习效能感。研究表明，PBL 教学中自主学习能力的培养异常复杂且与问题的性质与结构、活动类型、教师指导等诸多因素相关。因此，PBL 教学中学生自主学习能力的培养需要教师有目的地对学习环境和相关环节策略进行有效设计。

2. 劳动教育的最终目的是让孩子有幸福生活的能力

- **创造性劳动实践活动提升学生的自主学习能力**

杜威说：教育即成长、教育即经验的改造。可见，发现学生在实践过程中的体验、思考、改进、创新、成功、失败、反思尤为重要。学生具备良好的学习能力是项目学习取得理想成效的关键要素和重要目标。作为一种以学生为中心、以

探究为本位的教学模式，PBL 教学能有效地促进学生知识的习得，激发学生学习
动力，培养其解决复杂问题的实践技能、进行批判性思考以及合作学习等能力。
项目式学习注重以探究式、合作式、体验式、沉浸式等开放的学习方式开展，劳
动教育也注重学生的直接体验和感受。

　　问题是，PBL 教学要取得以上理想成效的重要保证在于学生必须对整个学习
过程负责，自身能通过设置目标、指导监控、反思、保持持续的学习动机。"问
题"成为学生自主探究的载体和目标所在，未知和欲知成为学生学习的原动力所
在，基于"问题"的学习过程变得有序，发现问题、生成新问题、分析和解决问
题，每个教学环节都与"问题"紧密联系，构成有意义的、真实的学习，从而培
养学生自主学习能力。

- 在多元的劳动体验中培养劳动习惯

　　当教育回归到实际的劳动实践，比如杜威和陶行知所主张的烹饪、缝纫、家
用电器维修、农作物种植与培管、小制作、小发明等与他们的实际生活密切相关
而又力所能及的实际操作，学生的生长也就与生活紧密地联系起来，他们的创造
力被激活，他们的生命力被唤醒。

　　生活自理能力是一个孩子从依赖到独立的过程，它是小学生应该具备的最基
本的生活技能。小学生生活自理能力的养成，不仅有助于培养学生的责任感、自
信心，以及自己解决问题的能力，而且对学生今后的生活也有较深远的意义。为
了培养学生的动手、动脑和生活实践能力，提高劳动本领，感受劳动的乐趣，培
养学生独立生活的能力，学会并掌握生活技能，小学部分学段进行了不同形式的
家务劳动实践活动。

- 在收获劳动习惯中体验劳动的快乐

　　劳动教育是学生德性成长的有效途径。新时期的劳动教育应有新的样态，基
于自主能力培养，推进劳动教育新常态，形成劳动教育新时态，打造劳动教育新
形态，让学生获得德性成长。

　　在劳动中同学们不仅洒下了辛勤的汗水，更重要的是收获了诸多劳动技能，
而且体验到了劳动的快乐，还懂得了尊重他人，培养了吃苦耐劳的精神。同学们

崇尚劳动、尊重劳动，懂得劳动最光荣、最崇高、最伟大、最美丽的道理，长大后能够在各个岗位上辛勤劳动、诚实劳动、创造性劳动。

3. 明确项目学习中的收获

• **清晰想实现的目标**

新时代的自主学习区别于传统的教学方式，是一种以学生为主的现代化学习方式。在整个学习过程中根据需要以学生为主体研究学习的内容制定学习目标和计划，选择创新的学习方式和流程，得出学习结果和反馈，从而获取新的知识或技能，培养学生创造性思维和深度思考的能力。

（1）开展劳动项目研究并制订研究计划，根据计划认真开展探究活动，合理规范地安排项目学习研究时间和流程，培养学生制订学习计划的能力。

（2）根据项目研究要求制定需要完成的学习目标，并根据学习目标自主选择合适的学习方法进行研究学习，培养学生独立思考能力、收集资料能力、分析信息能力、使用工具能力、技能掌握能力，创新思维能力，自觉自愿地完成劳动项目学习。

（3）在自主学习中能根据个人的行为习惯，心理特质，性格特点选择团队合作或独立研究不同的研究方式开展劳动项目的研究，培养学生选择学习方式的能力。

（4）自主学习是学生主体自主获得各种信息的过程，引导学生在学习过程中摆正学习心态，端正学习态度，按部就班地执行学习计划和学习流程，提高学习效率，培养学生管理时间的能力。

（5）制定劳动教育自主学习的评价标准，对学习研究进行过程性评估，帮助学生对不同阶段的学习过程进行过程性小结，调整自主学习方法，培养自我检查和反思能力。

• **简洁明快的项目主旨**

规则，是运行、运作规律必须遵循的行为法则。劳动规则是指在开展劳动教育或劳动学习的过程中，必须遵循的劳动标准和劳动要求，是衡量是否完成劳动项目和劳动效率、劳动成果的唯一标准。

（1）自主学习突出学生要将自己作为认识的客体，对自己做出精确的判断，从而对自己的行为进行激励调整与控制，形成健康的心理状态，优化自我的意志力、注意力和抗压能力。

（2）要使学生适应不同的生活环境、学习环境，增强学生的选择性、竞争性、合作性、参与性。允许学生根据自己的素质和兴趣发展自己的特长并鼓励他们。按照全面发展与特长，适应学生的学习要求，对学生的不同学科有科学引导能力，并鼓励学生自主学习，不断发展自己的优势和特长。

（3）鼓励学生追求与自己情况相适应的较高的目标，促进自己能力的内化，提升自己的核心竞争力。在群体自主学习中能主动与人合作、乐于合作、善于合作。

（4）创造环境增强合作意识，培养合作精神。鼓励所有学生都成为学校内一切活动的积极参与者和主动参与者。通过参与活动，达到主动学习、主动锻炼、主动发展与提高的目的。

- 锚定项目规则

自主学习劳动项目规则以学生为主体，根据劳动规则的内容以项目化研究的方式自主制定研究劳动项目的时间安排、研究计划，选择合适的学习方法完成劳动项目的体验和探究，并根据规则制定的标准对劳动成果进行评估的学习模式。

（1）创造性劳动项目目标

在劳动服务的学习过程中，发现日常劳动项目存在的实际问题，能组成团队或个人运用项目化学习的方式对解决问题提出创造性想法和建议，培养创造性思维和创新意识，理解新时代劳动的需求。

在劳动服务过程中探究并体验现实生活，学会快乐而有创意的生活，提升劳动素养。

在劳动过程中对劳动方式、劳动流程、劳动技能等进行探究，运用学过的知识或技能改进劳动方法，提升解决实际问题的能力。

根据劳动规则开展自主学习，独立探索，学会主动参与探究，培养收集资料处理信息的能力，能自主获取不同渠道获得的学习知识。

在劳动过程中开展对劳动项目的体验和研究，提早了解社会，认识社会，为未来进入社会生活打下基础。

（2）劳动项目规则二十条

第一条：尊敬国旗，按时升降国旗，根据国旗的特点提出不同的清洗整洁方案。

第二条：尊敬父母，了解父母每日家务劳动的辛苦，对完成常规家务活动提出劳动方法的改进，主动为家庭做力所能及的家务劳动。

第三条：尊敬老师，根据班级情况设计书本的收发和教学用具整理，协助老师完成教学工作。

第四条：尊老爱幼，积极担任小辅导员工作，关心帮助低年级学生开展各类学习活动。

第五条：学习别人在劳动过程中的经验，在劳动过程中遇到困难不灰心，不放弃，尝试运用创造性方法改进或解决实际问题。

第六条：爱惜粮食，不浪费粮食，做好用餐前的准备和用餐后的保洁，学习清洗各种不同的餐具，根据不同餐具的特点提出不同的清洗方法。

第七条：节约用水用电，对节约用水用电能制定相关措施或方案，能提醒他人并提出创造性的改进意见。

第八条：衣着整洁，不同的衣物采用不同的清洗方法，帮助父母或他人清洗小件衣物。

第九条：勤剪指甲，早晚刷牙洗脸，定期洗澡，做好自己的日常清洁。

第十条：学习整理衣物，能尝试用不同的方式整理房间，保持房间的整洁。

第十一条：课前准备学习用品，对整理和保管学习资料有自己的方法，做到学习用品归类摆放，书本干净整洁无折页，养成学习劳动好习惯。

第十二条：做好垃圾分类，不随便倾倒垃圾，尝试对垃圾分类提出建议，能设计具有不同功能的垃圾分类设施，对倾倒垃圾不文明的现象进行劝阻。

第十三条：认真做好广播操和眼保健操，能为低年级同学做两操示范和指导。

第十四条：认真完成值日，根据班级特点做好保洁，保持教室、校园整洁。

第十五条：爱护绿化，保护环境，为美化校园设计标识牌，并提出自己的想法和建议。

第十六条：关爱生命，学习饲养动植物，为家庭、学校、社区等增添活力。

第十七条：积极参加学校组织的各种劳动和社会实践活动，多动手观察，多动脑思考，对遇到的实际问题提出创造性的解决方案。

第十八条：珍爱生命，学习安全地使用常用的家用电器完成各类劳动，合理安排家用电器的使用时间，提高家务劳动的劳动效率。

第十九条：积极参加学校值日中队，承担值日中队的执勤，为全校师生提供服务。

第二十条：规整班级包干区，做到劳动工具合理摆放，提出建设性意见或建议。

4. 项目实践的基本流程

- 聚焦可行动的内容

劳动规则书

劳动项目规则

尊敬父母，了解父母每日家务劳动的辛苦，对完成常规家务活动提出劳动方法的改进，主动为家庭做力所能及的家务劳动。

- 学习规则

核心知识：家务劳动　辛苦　力所能及

工具使用：网页搜索引擎、词典、对比实验单

探究过程：

（1）阅读劳动规则，找出规则中需要研究的重点词语。（家务劳动、辛苦、力所能及等）

（2）利用不同的工具解释重点词语的含义。（网页搜索、查字典等）

（3）对比实验：连续搬运书本 5 分钟与不做任何劳动产生的肌体感受，体验"辛苦"一词的含义，记录劳动体会。

成果展示：网页搜索引擎、词典、对比实验单

● 制订计划

如何制订研究计划?

核心知识:计划

工具使用:时间流程图　项目研究计划书　统计图

探究过程:

(1)根据研究规则的内容制订研究计划,罗列需要研究的内容,了解父母每日家务劳动的辛苦。

(每天常规家务种类和数量统计,父母完成的家务统计,父母在家进行家务劳动的时间,父母下班的时间,父母休息的时间等)

(2)根据研究的内容安排研究时间和流程,用时间周期表或时间轴呈现。

成果展示:时间流程图　项目研究计划书　统计图

● 项目调研

你的家庭生活中有哪些家务劳动?

核心知识:运用统计图统计数据,分析数据得出结论

工具使用:统计图

探究过程:了解父母每天每周在家参加家务劳动的时间和种类,用数据统计图表示调查结果,并制作PPT,向其他同学介绍父母一周的劳动成果。

成果展示:数据统计图,PPT

1.每天下班后,父母参与家务劳动后有哪些感受?

核心知识:调查的方法、人物访谈

工具使用:调查问卷、访谈记录表

探究过程:与爸爸妈妈开展一次访谈,了解爸爸妈妈进行家务劳动时的感受,记录自己调查和访谈后的心得。

成果展示:调查问卷,访谈记录表

2.根据父母的问卷调查和采访记录,你有什么心得体会?

核心知识:用简单准确的语言文字记录自己的心理活动

工具使用:记录表

探究过程：记录自己调查和访谈后的心得，激发参加家务劳动，减轻爸爸妈妈负担，勇于承担照顾家庭的责任。

成果展示：心情记录表

● 研究实践

1. 你喜欢哪一种家务劳动？

核心知识：家务劳动

工具使用：家务劳动调查表

探究过程：按周一至周日记录每天的家务劳动内容和次数，用圆圈圈出自己喜欢的几种家务劳动。

成果展示：家务劳动记录表

2. 这些家务劳动可以怎样分类？

核心知识：家务劳动的不同分类方法

工具使用：对比思维导图

探究过程：根据不同的方法对日常家庭生活中的家务劳动进行分类，了解同学们不同的分类方法，观察自己喜欢的家务劳动的类别。

成果展示：对比思维导图

3. 怎样为自己制定一张合理的劳动时间表？

核心知识：怎样合理安排劳动时间

工具使用：劳动时间安排表

探究过程：

（1）根据不同的劳动性质和劳动方法进行分类，为自己制定一张合理的家务劳动时间安排表

（2）与父母和同学交流沟通，听取意见和建议，修改劳动时间安排表，合理安排一天的劳动时间。

成果展示：劳动时间安排表

4. 本周你参与完成了哪些家务劳动？

核心知识：制定家务劳动的质量手册

工具使用：制定质量完成标准（所需时间、清洁程度、工具使用……）

探究过程：根据家务劳动的要求，听取爸爸妈妈对不同家务劳动的完成质量标准，制定自己参与家务劳动的质量手册。

成果展示：家务劳动的质量手册

5. 你学会了哪些劳动技能？

核心知识：不同劳动技能的掌握与学习

工具使用：劳动技能记录单

探究过程：记录自己一天完成的劳动项目，根据劳动项目记录学到的劳动方法、劳动技能或劳动工具的使用方法。

成果展示：劳动技能记录单

● 关注质量

1. 你如何评价自己的劳动过程和劳动成果？

核心知识：评价的方法和标准

工具使用：过程性评价表

探究过程：从劳动技能掌握、劳动习惯养成、劳动能力提升、劳动情感培养、劳动创造改进等方面对自己的劳动过程和劳动成果进行评估。

成果展示：评价表

2. 父母如何评价你的劳动过程和劳动成果？

核心知识：评价的方法和标准

工具使用：过程性评价表

探究过程：与父母一起从劳动技能掌握、劳动习惯养成、劳动能力提升、劳动情感培养、劳动创造改进等方面对自己的劳动过程和劳动成果进行评估。

成果展示：评价表

● 出项反馈

出项展示：劳动规则书学习计划书、研究时间安排表

　　　　　劳动时间表

　　　　　劳动技能记录单

家务劳动的质量手册

评价反馈：学习计划书制定的合理性评估

劳动技能掌握的评估

家务劳动的质量手册评价标准的评估

5. 恰当的评估改进

在创造性劳动学习项目中，个人自主学习模块的课程内容主要集中于日常生活劳动和生产劳动之中，以勋章奖励为基础，紧密结合勋章激励制度。学生可以根据每一枚勋章所要求达成的目标来制订学习探究计划，然后进行自主学习与实践，并给自主学习过程中的各个阶段进行评分，最终达成目标勋章。

根据小学生特点与劳动教育任务的不同，将学校劳动教育引领与自主学习劳动规则开展劳动项目结合起来，为了见证学生的劳动过程与劳动成功，我们设立"劳动知识章""劳动兴趣章""劳动习惯章""劳动技能章""劳动创造章"五枚奖章。

⊙ 创新实探

今天又轮到你值日啦，完成一次值日，把教室打扫得干干净净，你是否很有成就感呢？别忘了，打扫完教室，还要把劳动工具规整好，这样的教室才是真正整洁的教室。看着一大堆扫帚、簸箕、抹布、清洁剂……究竟怎样才能把它们合理地摆放整齐呢？

如何规整班级包干区，做到劳动工具合理摆放？

仔细阅读劳动规则要求，制订学习计划和研究时间安排表，根据计划和安排表分步骤开展研究，调查常用的劳动工具，以及它们占用空间的大小，测量并重新划分工具的摆放位置，并对工具占有空间做出创造性的设计，使教室常用保洁工具能在规定的空间区域内合理摆放，保持教室规整图表。

"自主学习 劳动规则书"劳动教育评价 评价标准			勋章 奖励
制订学习计划	能根据劳动规则的标准和要求制订相应的学习计划	根据劳动规则制订计划，计划能清晰地体现研究的内容和研究的方法，对研究过程有合理化安排	劳动学习计划对研究内容安排合理，并体现不同的创意设计，对研究过程的推进有明显的指向	劳动兴趣章 ☀
合理管理时间	能根据学习计划安排时间流程按部就班地完成研究任务和学习内容；并用时间轴等方式呈现	能根据学习计划合理安排时间，适当调整研究时间的长短和顺序，对研究内容的过程性学习流程有创设性设计	能用不同的方式体现整个研究过程的时间安排周期，为下次制订计划和时间安排打下基础；研究任务安排合理，最大限度充分利用各个时间段，提升研究效率	劳动习惯章 ☀
劳动技能掌握	掌握相关常规家务的技能，帮助父母完成一些日常家务	能完成日常家务，并对一些家务的操作技能有创造性建议	能创造性使用不同的物品或工具完成家务劳动	劳动技能章 ☀
选择研究方法	能根据劳动规则书的具体内容选择合理的研究方法，并顺利开展研究学习	能根据具体内容选择研究方法，对研究方法的实施过程提出相应的意见或建议，在研究过程中有自己的想法	能对研究的方法提出创造性修改意见，并根据实际研究结果进行调整，能带领团队运用研究方法完成研究	劳动知识章 ☀
制定评价标准	能根据劳动规则的具体内容制定一些评价标准	能制定合理的评价标准，分析研究过程和成果与评价标准之间的关系，对评价标准进行修改或调整	能制定具有创意的评价标准，并对思维能力、研究能力、技能操作能力等各个方面给予准确的评价结果	劳动创造章 ☀

我获得的奖章：

劳动规则书之劳动工具规整

一图读懂

劳动规则：

规整班级包干区，做到劳动工具合理摆放，提出建设性意见或建议。

● 观察发现

今天又轮到你值日啦，完成一次值日，把教室打扫得干干净净，你是否很有成就感呢？别忘了，打扫完教室，还要把劳动工具规整好，这样的教室才是真正整洁的教室。看着一大堆扫帚、簸箕、抹布、清洁剂……究竟怎样才能把它们合理地摆放整齐呢？

如何规整班级包干区，做到劳动工具合理摆放？

● 建立联系

数学：计算空间大小

　　　计算不同工具的长短和体积

　　　不规则图形的长短和体积

科学：常用劳动工具的分类

工具运用：思维导图

　　　　　劳动工具的体积计算

　　　　　空间大小测量

● 聚焦问题

如何规整班级包干区，做到劳动工具合理摆放？

● 探究解决

社会性实践——常用的保洁工具、与他人合作完成教室保洁、劳动工具合理规整的研究评价标准

探究性实践——不规则物品的测量方法、劳动工具如何摆放可以节省空间

技术性实践——物品收纳方法的草图绘制、空间大小计算方法和测量方法

审美性实践——劳动工具摆放空间的规整度

- 成果呈现

个人成果——思维导图：常用劳动工具的种类和数量、物品的创意规整草图

团队成果——研究计划表、研究学习时间安排周期表、劳动工具空间摆放设计草图、劳动工具空间摆放模型、劳动工具空间利用率研究报告、劳动工具合理规整的研究评价标准

- 创意评价

总结评价——创新表现　项目展示　探究过程　创造习惯

阶段评价——

第一阶段：研究计划和研究时间周期表的合理制定

第二阶段：劳动工具创造性摆放

第三阶段：劳动工具空间利用率研究报告

二　在校工作模块——"劳动模范"

1. 学校，承担劳动教育的主阵地

- 学校是承担劳动教育的主阵地

学校，作为承担劳动教育的主阵地之一，对培养学生的劳动素养，创造性劳动的精神，终身参与劳动，形成健全的人格品质有着极其重要的作用。同时，小学阶段也是培养学生劳动精神、劳动品质的关键时期，教师的言传身教和学校的教育教学可以帮助学生形成正确的劳动价值观，以学校为实施开展劳动教育的主阵地，采取有效的教育措施，设计有趣的活动方案，持之以恒地开展各类劳动项目，形成学校特色劳动培养模式，丰富劳动教育的内涵与外延，引导学生树立正确的人生观和价值观，养成在劳动中学习，在劳动中创造的品格。

- 学校是劳动教育的操练场

课程和实践是劳动教育实施的重要途径。注重劳动理论与劳动实践相结合，分学段组织学生参与打扫教室、楼道、操场等校园劳动，参与社区服务等集中劳动，参与校外生产劳动锻炼。培养学生形成自觉参加劳动，学会诚实劳动，开展

创造性劳动的良好行为习惯，使其以劳树德、以劳增智、以劳强体、以劳育美，不断完善学生劳动实践评价机制。

- 完善的劳动教育体系是贯穿学生一生的教育

在学校开展劳动教育，就是要在学校形成一套完善的劳动教育体系，贯穿于学校课程实施，实践活动开展，行为规范制定，让每一所学校都能形成自有而特色明显的劳动机制，整个劳动体系融合于学校所有教育行为中，贯穿人的一生的教育，让劳动教育每时每刻影响着人的身心发展，促成正确的劳动价值观，帮助每一位学生掌握劳动技能，改进劳动方法，创造劳动形式，形成劳动思维，为日后进入的社会生活做好准备。

物质生活逐渐优越的当下，"吃苦耐劳"的形式发生了转变。如何将劳动教育融入日常的学科内容，学校通过跨学科式的项目学习，让创造教育和劳动教育进行整合，运用项目化学习方式开展劳动教育，让学生从生活与劳动核心问题入手，分头进行信息搜集，找出问题链，通过调查问卷、实验对比、创新改造等方式完成团队的课题研究。

2.项目化劳动培养学生创造性解决劳动问题的能力

- 以问题为驱动，自主发现和探究

"劳动教育"主要目的是以提升学生劳动素养的方式促进学生全面发展的教育活动。而当今这个时代，那种有意无意将劳动教育等同于 20 世纪五六十年代"学工、学农"等劳动教育旧形态的思维，已经无法适应 21 世纪中国全面改革开放的社会实际。项目化学习则是在进一步深化课程改革的今天，将"知识为本"转变为"核心素养为本"，改变了传统劳动教育的方式，符合现代德育活动的特点。

运用项目化学习方式开展劳动教育，能充分激发学生的活力，让学生在活动开展过程中自主体验、自我教育。每个学生的研究内容，以问题为驱动，让学生将外面世界中的真实问题，带到我们活动中、教育中来，使得学生在问题驱动下有探究欲望，在活动中自主发现、自主探究，因此，用项目化学习方式开展符合时代要求的劳动教育活动是非常适合的。

- 学校劳动教育的目标要求

在学校开展劳动教育是全面贯彻党的教育方针的基本要求，在学校充分发挥学科教育的优势，将劳动教育与学科教育融合，开展扎实有效的课程劳动教学活动，结合学校劳动实践课程，校园文化建设，让学生切实体会劳动最光荣、劳动最伟大的理念，增强劳动感受和享受劳动成果，并通过项目化劳动研究培养学生创造性解决劳动问题的能力。

第一，通过日常学科教学，结合课程教学内容，进行劳动价值观的培养，帮助学生形成劳动光荣的正确人生观和价值观。

第二，通过学校劳动实践活动，设计活动实践内容，开展劳动项目研究，培养学生创造性劳动，创新型思维，养成发现问题，解决问题的能力。

第三，通过各类劳动项目，学习劳动技能和劳动方法，参与学校清洁和管理工作，发挥主人翁意识，真正成为学校的主人。

第四，结合少先队活动建设学校劳动服务中队，鼓励学生参与各类学校劳动项目，充分体验劳动的乐趣，享受劳动的过程，展示劳动的成果，促进学生德智体美劳全面发展。

• 选择有意义的项目

人生因劳动而精彩，生命因劳动而美丽，劳动更代表着价值与创造！和田路小学基于对中国学生核心素养的研究和教育部关于推进中小学劳动教育的要求，在小学生的劳动教育中除了要在日常活动中进行劳动，还要加强劳动意识、问题解决和技术运用这三个基本点的落实。

在劳动中创造，用创造去劳动。我们将劳动教育目标的新要求确定为：在创造性劳动中培养劳动意识、劳动知识和能力，并着力加强劳动价值观的培养，强化新时代条件下的劳动中的协作意识和责任意识；强化用于改进和创新劳动，提高劳动效率，保证劳动成果质量等的劳动知识和能力；培养学生热爱劳动、尊重劳动、崇尚劳动、诚实劳动的劳动价值观。

学生在劳动中研究、在劳动中创造，明晰劳动中有智慧、有创造，劳动就是有意义地为自己、为他人、为社会创造有价值的未来幸福生活。

3.明确项目学习中的收获

- 清晰想实现的目标

劳动是生活的基础，是幸福的源泉，也是每个人走向成功和辉煌的唯一途径。通过在学校参与不同类型的劳动，培养学生积极劳动的热情，养成爱劳动的好习惯，并能珍惜他人的劳动成果。

（1）参与学校劳动服务，可以培养学生的主人翁意识，以校为家，以校为荣，把学校当成自己真正开展劳动服务的重要基地。

（2）参与学校劳动服务，了解学校劳动服务的相关内容，学习学校劳动的技能，培养"我为学校劳动，学校以我为荣"的情感。

（3）参与学校劳动，为学校原有的劳动形式和劳动方法提出改进的意见或建议，培养学生的创造性思维，提倡创造性学校劳动，为改进学校劳动体系和劳动形式出一份力。

（4）参与学校劳动，是每一位学生应尽的义务，知道自己的学习场所自己管理，形成正确的价值观，为未来成为合格的社会主义接班人打下基础。

- 简洁明快的项目口号

弘扬劳模精神，建设美好校园

- 锚定学习内容

最好的劳动场所在班级！于是，我们提倡"人人都有小岗位"。在校劳动模式可以根据参与劳动服务的区域来分，也可以按照劳动服务的性质来分。按照劳动服务的区域我们可以分为室内劳动和室外劳动。

按照劳动服务的性质来分，可以分为个体劳动和群体劳动，群体劳动主要体现在值日中队的劳动实践活动中，个体劳动可以包含在群体劳动中，也可以以个人形式体现。

创造性劳动项目学习贯穿于整个学校教育教学中，不同的劳动标准和劳动要求可以明确不同年级的训练重点和培养要点，同一种劳动，对于不同年级的学生掌握的技能要求不同，劳动的效果也有很大的区别。如下图所示：

在校劳动教育的分类方式	室内劳动	室外劳动
	管理班级 收发相应学科作业 队会主持 图书管理 桌椅讲台清洁 节电员 两操管理 奖品积分记录兑换 书报发放 地面保洁 班级宣传	早读巡查 两操检查 领操员 专用教室卫生管理 楼面保洁 小创商店积分兑换 图书馆管理 中队执勤 校园清洁

群体劳动	个体劳动	群体劳动	个体劳动
班级劳动课程服务	管理班级 收发相应学科作业 队会主持 图书管理 桌椅讲台清洁 节电员 两操管理 奖品积分记录兑换 书报发放 地面保洁 班级宣传	劳动实践服务中队	早读巡查 两操检查 食堂小帮手 专用教室卫生管理 楼面保洁 学校博物馆服务 学校图书馆管理 中队执勤 校园清洁 进校放学队伍管理 垃圾分类管理

创造性在校劳动项目分类

项目目标	1. 能按照班级要求规整桌面、桌肚和桌椅的摆放，做到桌面干净整洁，教室明亮整齐。 2. 打扫校园卫生，保持校园卫生，对不文明的校园行为进行劝阻。 3. 积极参与各类专用教室、图书室、博物馆的管理服务，做到微笑对待每一位同学。 4. 利用班级版面、中队升旗仪式等形式选出班级的特色活动，形式丰富有特色。 5. 做到个人垃圾分类和班级垃圾分类管理。 6. 参加学校食堂择菜、清洗等劳动服务，学习简单的烹饪技能。 7. 通过在校劳动教育，学习在校劳动项目所需的相关劳动技能、劳动方法和在校劳动过程中的保护措施，学习在校劳动的基本项目内容以及如何与同学合作完成学校相关劳动项目。

		必达项目	选达项目
低年段	学习物品整理	如何管理教室的图书角？	怎样自主保管学习用品？ 如何对学习用品进行分类整理？
	清扫卫生	教室内，怎样快速完成垃圾分类？ 用餐后，怎样在规定的时间内完成对教室和餐桌的保洁？	班级垃圾如何收运？
	厨艺帮手	如何帮助食堂工作人员分拣出适合同学食用的蔬菜？ 不同的蔬菜，如何选择适合的去皮方法？ 怎样做好用餐前的准备工作？	如何选择合适的加工工具完成简单的食品加工？ 在校文明用餐，我们需要怎样做？
	环境保洁	如何在规定的时间内快速把黑板擦干净？ 教室里，我们怎样扫地？ 如何擦拭不同的桌椅？ 如何根据天气情况，选择合适的开窗时段？ 怎样做好一次班级值日生？	不同的学习区域，我们如何拖地？ 怎样保持教学大楼的地面整洁？ 怎样打扫校园绿化地带？ 校园操场如何保洁？
	学习助手	怎样在规定的时间内，快递收齐或发放簿本？ 如何整理讲台上教具？ 怎样成为一名合格的班级节电员？ 怎样指导同学做好广播操和眼保健操？	根据不同的活动要求，如何安排小组活动？ 不同的时间段，怎样管理班级？ 如何做好一名专用教室的卫生员？
	服务协调	不同的活动，怎样做好一名小志愿者？	面对同学遇到困难，如何帮助他们？
高年段	学习物品整理	如何对各种学习资料和补充材料进行分类、整理？	不同的学习资料和补充材料如何保管？
	环境美化	怎样利用墙报或壁报的布置宣传班级活动？ 怎样在校园内种植（或认领）一棵绿植？	如何美化学校？ 如何规划设计教室的生态角？ 如何设计学校生态园的活动任务单？

服务他人	如何指导低年级同学完成班级的保洁工作？ 如何做好一天的值日班长？ 怎样快速有效地完成学科作业的收发？ 桌椅讲台如何保持清洁？ 怎样记录每位同学的积分？ 如何为低年级学生示范正确的眼保健操？ 奖品和积分如何兑换？ 如何快速有效地发放书报？ 教学大楼的不同地点如何保洁？ 作为一名中队执勤员，需要做到哪些内容？	怎样成为一名执勤中队服务标兵？ 如何成为一名低年级班级小辅导员？ 担任学校活动的小小志愿者，可以怎样做？ 怎样帮助低年级同学形成良好的学习习惯？ 怎样成为一名校园饲养员？ 如何开展一次班队会？ 怎样承担一次班级活动的小主持？ 怎样成为一名合格的学校图书管理员？ 如何成为一名广播操领操员？ 怎样利用升旗仪式参加一次班级宣传？ 如何了解各个班级的早读开展情况？ 怎样记录并评价每个班级的两操完成情况？ 如何成为一名小创商店积分兑换员？ 怎样管理学校图书馆？ 如何为校园保洁？

4.项目实践的基本流程

● 聚焦可行动的内容

生活靠劳动创造，人生也靠劳动创造。劳动创造伟业，时代呼唤劳模。新中国成立以来，涌现出了一批被历史所铭记的实干家。有两次赴藏，为西藏的建设、发展和稳定作出突出贡献的孔繁森；有在邮政事业战线上兢兢业业、任劳任怨，表现出坚定的信念和追求的王顺友；还有"铁人"王进喜、"两弹元勋"邓稼先、"白衣圣人"吴登云、"杂交水稻之父"袁隆平……这些响当当的时代劳模，都是诚实劳动的忠实代表。实践证明，唯有诚实劳动，才能赢得人民群众点赞，唯有诚实劳动，才能干出无愧于时代的业绩，唯有诚实劳动，才能真正挑起时代重任，在各自岗位发挥作用、贡献正能量。

"服务无止境，创新更精彩"，创造教育和劳动教育进行一个很好的整合。

"学劳模精神　做劳动先锋"之图书管理员

博尔赫斯曾说，如果有天堂，天堂应该是图书馆的模样。

你知道吗？我们的教室也有一个漂亮的图书角，几十本藏书整整齐齐地罗列在书架上，每天清晨、中午的休憩时间，都会有同学去挑选图书阅读。这么多的图书，有没有自己喜欢的作品呢？你怎么向同学们介绍自己喜欢的图书呢？你又是怎样了解每本图书的去向呢？我们应该怎样合理安排时间，规范地借阅图书呢？

如何成为一名合格的班级图书管理员？

开展一次调查研究，了解同学们对图书种类的喜好类型，向全体同学发出图书征集令，扩充班级图书馆的藏书量；重新规划设计图书的借阅时间和借阅条例，合理安排图书角的空间布置，规范图书的借阅流程，保障每一本图书的有效流通；开展一次新书推荐会，向同学们推荐自己喜爱的图书，让教室的图书一角成为一道亮丽的风景线。

● 班级调研

1. 如何介绍一本喜欢的图书？

核心知识：图书简介——记叙文的撰写

工具使用：图书介绍宣传页

探究过程：

（1）选择自己喜欢的一本图书，归纳图书描述的具体内容和核心理念，用记叙文的方式为这本图书撰写一份简介。

（2）为这本图书绘制一幅图书介绍宣传页。

成果展示：图书介绍宣传页

2. 如何统计最受同学们欢迎的图书类型？

核心知识：数据统计

工具使用：数据统计分析图

探究过程：

（1）用数据图统计同学推荐喜欢图书的类型。

（2）根据统计数据分析得出最受同学喜欢的图书类型。

成果展示：数据统计分析图

3. 如何征集不同类型的图书？

核心知识：学科画报

工具使用：数据统计分析图

探究过程：

（1）根据数据分析图呈现的图书喜好程度，估算不同种类图书的需要册数。

（2）向全班同学发出图书征集令，合理调配向同学征集图书的种类和册数。

成果展示：图书征集令

● 课堂指导

1. 班级图书角如何摆放图书？

核心知识：空间摆放

工具使用：科学画报、图书角空间摆放的设计草图

探究过程：

（1）科学画报：国内外著名图书馆的图书摆放方法和技巧。

（2）根据图书种类的喜好程度设计班级不同种类图书的摆放区域。

（3）尝试设计图书角的创意使用方法或创造性布局。

成果展示：图书角的空间分布草图

2. 如何规划班级图书角开放时间？

核心知识：时间控制

工具使用：时间轴

探究过程：

（1）调查并用时间轴记录：不同时间段（清晨、中午）同学们需要完成的学习任务。

（2）调查问卷：同学们希望图书角开放的时间。

（3）根据调查记录和调查问卷，设计规划既不影响同学们完成相应学习任务，又能完成借阅图书的时间段。

成果展示：时间轴的记录描述

3. 班级图书角如何借阅图书？

核心知识：规则的制定

工具使用：图书借阅规则书

探究过程：

（1）访谈：提供图书借阅的同学对图书借阅及保护图书的要求。

（2）调查问卷：我们怎样保护借阅的图书。

（3）根据调查访谈内容设计图书的借阅条例。

成果展示：图书借阅规则书

● 劳动实践

1.如何为同学们提供图书借阅服务？

核心知识：提供劳动服务

工具使用：服务的标准、图书记录卡

探究过程：

（1）资料收集：图书管理员的服务标准与要求。

（2）观看视频或相关媒体资料：图书馆服务管理员。

（3）根据图书馆服务员的要求训练自己的仪表，提高为同学服务的标准和
要求。

（4）了解图书卡的记录方法，学习如何记录图书的流向。

（5）制作图书借阅的短视频，向同学们介绍图书的借阅方法和规则。

成果展示：图书角调整方案草案、图书记录卡

2.如何对班级的图书角提出合理化改进建议？

核心知识：合理化建议

工具使用：图书角调整方案草案

探究过程：

（1）根据图书借阅情况记录图书的流通量，提出图书征集种类和册数的调整
方案。

（3）根据图书借阅情况调整班级图书角的布置方案。

（4）根据图书借阅时间段完成借阅的人数，调整图书借阅的时间段。

成果展示：图书角调整方案草案

● 深入研究

1. 如何提高图书角的服务质量?

核心知识: 服务质量

工具使用: 调查问卷

探究过程:

(1) 调查问卷,从图书角的布置、图书管理员的服务态度、图书的流通量、图书种类的齐全度等方面对全班同学开展一次问卷调查。

(2) 根据调查问卷的信息分析图书角和图书管理服务需要改进的方面,并制定改进方案或措施。

成果展示: 调查问卷、改进方案或措施

2. 如何召开一次新书推荐会?

核心知识: 图书推荐会

工具使用: 录制短视频

探究过程:

(1) 信息收集: 图书推荐会。

(2) 观看视频,了解名人图书推荐的流程和方法。

(3) 了解如何推荐一本自己喜欢的图书。

(4) 选择自己推荐的图书,为图书撰写推荐词并制作海报或PPT。

3. 录制短视频: 我的图书推荐会

成果展示: 图书推荐会短视频

● 出项反馈

出项展示: 图书角的布置设计图

图书借阅规则书

图书借阅的短视频介绍

图书推荐会短视频的制作

评价反馈: 图书角空间布置合理化的评估

对图书管理员服务情况的评估

5.恰当的评估改进

"学劳模精神　做劳动先锋"在校劳动服务活动				
	评　价　标　准			获得奖章
劳动技能掌握	能绘制学校图书角的空间布置设计图，完成图书借阅服务，学会一到两项图书借阅服务及管理的技能或方法。	绘制的班级图书管理员的服务条例和图书借阅规则书逻辑清晰，熟练掌握图书借阅的服务技能，并顺利完成图书管理与借阅的服务，获得同学好评。	设计有创意的图书一角，能根据图书角的运转情况提出合理化意见或建议，在图书借阅服务的情况下整合信息，提出有创意的图书借阅服务方法。	◎◎◎◎◎
劳动习惯养成	积极参加在校劳动，能根据自己的特点选择合理的劳动岗位。	与他人合作完成劳动，劳动结束后能整理劳动现场，获得老师和同学的称赞。	完成多项在校劳动，并能总结自己的劳动经验，将自己的劳动经验分享给其他同学。	◎◎◎◎◎
劳动创造改进	能尝试提出自己的想法。	能用创新的思维方式改进劳动技能或劳动方法，并用草图表示自己的想法。	能听取他人意见或建议改进自己的方案，并不断调整，直到劳动技能或方法适合或达到劳动效果和标准。	◎◎◎◎◎
创意表达	能向他人介绍自己的劳动心得体会，获得他人的认同。	能和团队合作完成劳动展示汇报，并与他人分享自己的劳动成果，对团队展示起引领作用。	能创造性地呈现自己的劳动成果，对有创造性的改进部分有视觉效果的展现，获得他人的赞赏。	◎◎◎◎◎
	我获得了（　　　　　　　）劳动奖章。 劳动奖章粘贴处：			

⊙　创新实探

怎样才能把玻璃擦得又快又干净呢？

一图读懂

一周一次的值日生转眼又轮到了你！这次你的劳动岗位是擦教室里的玻璃窗。窗明几净的教室给老师和同学们创造了一个明亮整洁的学习环境。

怎样才能把玻璃擦得又快又干净呢？

通过收集玻璃窗上的不同污渍，分析玻璃窗上污渍的类型，尝试与团队合作选择不同的去污溶液或调制特制的去污渍溶液，对比溶液对顽固污渍的去除效果；设计不同的擦玻璃路线，分析对玻璃卫生死角的清洁程度，评估最合适的擦除方式；设计制作擦窗神器，让我们在规定的时间里把玻璃擦得又快又干净，你就是校园擦窗劳动小模范。

- 观察发现

在日常校园劳动中，擦玻璃窗是一件既挑战体力又挑战脑力的劳动，玻璃窗上的污渍不但种类繁多，而且非常顽固，怎么擦都擦不干净，怎样才能把玻璃擦得又快又干净呢？

- 建立联系

数学：合理路线的规划

　　　计算路线的长短

科学：不同污渍的种类

对比实验：不同去污溶液的去污效果

　　　工程设计擦窗工具

工具运用：网格图

　　　线段长短计算方式

　　　对比实验分析单

- 聚焦问题

怎样选择合适的去污溶液和擦拭路线，把玻璃擦得又快又干净呢？

- 探究解决

探究性实践——不同去污溶液的去污效果、不同擦拭路线花费的时间与擦窗效果实验对比

技术性实践——擦窗工具的设计、统一面积内路线的合理分布方法

审美性实践——劳动成果：窗户给我们学习生活带来的不同体验

- 成果呈现

个人成果——不同污渍的收集与分析单、擦窗路线的设计与分析、擦窗方法与过程记录

团队成果——污渍的去除效果实验分析报告、擦窗工具的设计与制作、擦窗方法简要报告、擦窗方法介绍一图读懂、不同的擦窗工具与方法展示

- 创意评价

总结评价——创新表现　项目展示　探究过程　创造习惯

阶段评价——

第一阶段：不同去污溶液对玻璃窗上污渍的去除效果实验分析报告

第二阶段：不同擦窗路线的数据时间记录对比实验单

第三阶段：擦窗工具的设计与制作

第四阶段：擦窗方法的展示

三　家庭生活模块——"小鬼当家"

1. 家庭生活中，"劳动是最好的德育范式"

- 创造性劳动从家庭生活开始

教育需要形成合力，这种力量来源于家庭、学校和社会等各方面，劳动教育亦然。学校作为专门开展教育活动的专业场所，但凡与教育相关联的事物，人们首先想到的就是学校，但就劳动教育而言，我们以为家庭才应该是"主战场"。

任何孩子，首先是家庭的孩子、家长的孩子，是家庭的重要组成部分。习近平总书记指出，家庭是人生的第一所学校，家长是孩子的第一任老师，要给孩子讲好"人生第一课"，帮助扣好"人生第一粒扣子"。家庭生活中，家长要认识到"劳动是最好的德育范式"，要有通过劳动来提升孩子关键能力和必备品格的价值认同。同时，要打破传统的"思维窠臼"，劳动不等同于简单的家务、沉重的体力活动，劳动需要动手也要动脑，需要实践更需要创造，劳动中也可以注入更多的学习元素。当家长对于劳动有了新的认知，在日常生活中也就能够更好地进行言行示范与影响。

- 给孩子创造各种劳动的机会

在认识转变后，最终现实的就是给予孩子更多的劳动机会，创造更多的劳动实践，营造家庭劳动的氛围。随着科技的发展，劳动力得到了解放，很多家庭添

置了洗碗机、扫地机器人等现代设备，让洗碗、扫地这样最简单的家务劳动都被机器替代了。科技越是发达，人的独特性就越发清晰，生活环节中就更能寻找到让孩子动手的机会。

在 2020 年春季居家隔离的时段里，家长和孩子就可以深度挖掘家庭生活的趣味与新的内涵，而厨房也就成为很多家庭的首选。于是，一个个小小美食家逐渐诞生。单就从做一道菜来看，从素材处理到烹饪过程，直至最终的装盘上桌，就是系统的劳动过程，检验的也是孩子的综合能力。更重要的是，孩子的劳动技能一旦掌握，就会伴随终身，会成为无形的人生财富。

- **注重养成孩子的劳动习惯**

劳动教育绝不只是这些传统的"活计"，我们还要紧盯时代变化、社会发展、现实需求以及人的全面发展的需要，把家庭中的劳动教育放到更宏大的视野中去思量。在家庭教育中，要将劳动延续下去成为一种习惯，成为亲子的"下意识"行为。这也意味着，家庭日常生活要真正让孩子融入其中；同时，要舍得"用"孩子，并且形成具有家庭特色的长效机制。这样，以后不管孩子处于哪种境地，都可以自己做好自己的事情。更何况，孩子动起来是劳动也是运动，是生命的律动。因为德智体美劳"五育"本就是一个整体，每一"育"的实现都是联动。劳动的背后也是德育、智育、体育、美育的联动与参与。

教育即生活，生活也是教育，生活是最好的教育素材库。我们要重新审视劳动、投身劳动，与孩子一起劳动，让劳动成为亲子活动的新选择。久而久之，当孩子的劳动意识变成了劳动习惯，劳动教育也就变成像呼吸那般自然。

2. 家庭项目式学习为劳动教育探路

小学是人生的起步阶段，是培养劳动兴趣和劳动习惯的关键时期。苏霍姆林斯基说过："儿童高尚的心灵是在劳动中逐渐培养起来的，关键是要使儿童从小就参加劳动，使劳动成为人的天性和习惯。"小学阶段开展家庭项目式学习，也是学校劳动教育的延续，更是劳动教育落地的实践。以家庭作为劳动场所，以家庭生活为劳动素材，在家庭环境中构建起创造性劳动的项目化学习内容。并且针对低年级的学生以启蒙和认识性的劳动活动为主，而针对高年级学生则融合探索探究的挑战性内容。

通过家务劳动，将家庭生活作为培养劳动素质的学习课堂，将家务劳动作为培养学生良好劳动习惯的学习基地，帮助孩子养成勤劳、勤俭、坚强、创新的习惯，促进家庭生活和谐，由自我服务自我管理能力的养育为未来的家庭生活打下基础。

- **家庭生活中存在多种多样的劳动元素**

家庭项目式学习是一个立体、综合、多元的自主学习模式，方法简单易学，可操作性强，突破了传统家庭教育重智轻德、重成绩轻素质的局面，拓展了家庭教育内容，创新了家庭教育形式，可供各年段家庭参考使用。

在家庭生活中的劳动教育，包含无偿的家务劳动和有偿的家政服务。对于小学而言，劳动教育更多来自家庭日常生活的无偿劳动项目，一个孩子从能控制自己的行为能力开始，我们就可以对他们进行劳动教育，如 1 至 3 岁可以让孩子独立吃饭，洗手洗脸；4 至 6 岁的孩子可以帮助父母扫地擦桌子，整理书包；7 至 9 岁的孩子可以尝试使用家用电器完成整理房间和制作简单的餐食；9 至 12 岁可以尝试记录家庭生活支出和制定家庭活动项目等。不同的年龄段体验不同的劳动项目，让孩子更主动地投入劳动，积极参与到劳动实践中，减轻父母的生活负担，增加家庭成员的互动，提升家庭亲子关系和谐度，帮助孩子适应不同的社会生活，提升生存能力，以应对未来新型社会的变化。

- **了解家庭生活劳动教育的目标**

在家庭生活中进行劳动教育势在必行，对孩子的身心健康和世界观的形成起着决定性的作用。

首先，在家庭生活中进行劳动教育，通过让孩子参与家务劳动，学习不同年龄段不同的基本劳动技能，摆脱对父母的依赖心理，学习日常生活中的必要生存方法，为以后迈入社会打下基础。

其次，在家庭生活中进行劳动教育，使得参与劳动的孩子体验父母照顾家庭是生活的艰辛，体验为人父母的不宜，懂得心疼自己的父母，提升家庭亲情幸福感，形成家庭是小家，国家是大家的价值观，树立服务社会的理想。

再次，在家庭生活中进行劳动教育，保证每日一定的运动量，通过劳动锻炼四肢的动作协调，可以舒缓学业压力，增加身体素质。

最后，在家庭生活中进行劳动教育，了解不同的劳动过程，尝试运用新型的知识技能方法改善改进劳动方式，增加参与劳动的幸福感和成就感。在劳动中尝试创造，在创造中开展劳动，帮助每位孩子适应未来社会不同的发展需求。

3.选择有意义的项目

（1）近距离接近真问题

家庭是孩子每天生活的地方，熟悉的生活环境里，劳动问题无处不在但又容易被忽视忽略，琐碎细致却不可或缺。核心问题来自自我的观察，父母、同学的启发。学生总爱解决有意义的问题，可以再回顾一次 SMART 五项原则，考察"Specific（具体的）、Measurable（可衡量的）、Attainable（可实现的）、Relevant（相关的）、Time-based（有时间限制的）五个方面的标准。

（2）标准有梯度发展

同样的劳动内容在不同的成长阶段可以产生不同的劳动意识和能力的需求，伴随年龄增长从简单到复杂、循序渐进。对于同一个劳动项目，不同年龄段的孩子采用不同的劳动标准去参与。比如规整衣橱这个项目，对于低年段的孩子，标准在于如何充分地利用空间，将不同的衣物整理叠放整齐；而对于高年段的孩子，在利用空间上我们可以引导孩子运用反向思维，从创意整理衣物出发，根据不同衣物的特点创造设计不同的整理方式，以减少衣物对空间的占有率来扩大衣橱的使用效率。劳动项目的要求和标准呈螺旋式显现，最大程度地提升在劳动中的成就感，鼓励孩子创造性的劳动。

（3）学技能同时也要炼思维

每一种劳动都有自己的劳动步骤和技巧可以掌握，让孩子掌握劳动技能，既有助于孩子节省时间，也会让孩子在劳动过程中产生满足感，保持孩子劳动的兴趣。通过老师和家长的指导，学习日常生活劳动的新技能，从扫地、整理橱柜、洗衣服的生活自理小技能，到煎炒蒸煮的高超烹饪技艺，孩子们在一次次的学习和尝试中体验了劳动带来的乐趣，收获着成功的喜悦。

家务劳动也可以是有智慧的劳动，蕴含思维的成分，需要思考它将会勾连哪些学科的参与，融入哪些具体的知识点帮助解决劳动问题、提升劳动创意。

4.明确项目学习中的收获

创造性劳动项目实现学生在项目实施过程中体认劳动价值，形成劳动习惯和品质，提升创造性劳动能力的目的。

- 清晰想实现的目标

目标清晰的项目能够激发学生主动投入、不断调适。

（1）了解父母承担家务劳动的辛苦，明确自己是家庭成员之一，培养起对家庭的责任担当，增强责任心。

（2）通过日常的家务劳动，锻炼学生的意志，提升生活自理能力。

（3）学习一些常用的家务劳动技能和主要家务劳动项目的操作流程。

（4）在劳动过程中尝试运用不同的劳动方法或劳动技能，不断改进劳动方式提升劳动效率，培养在劳动中学习、在劳动中成长的生活态度以及在日常家务劳动中创造性解决问题的能力。

（5）在劳动过程中总结劳动经验，了解与劳动成果相关的科学现象或科学原理，培养科学性劳动精神。

- 简洁明快的项目口号

"在劳动中学习，在劳动中创造"，简洁的口号高度概括该项目的内涵，协调、指挥思想与行为，也呈现具体的学习内容设定时需要考量的关键元素。

- 锚定学习内容

家务劳动是家庭生活的重要组成部分，是指家庭成员参与的无偿劳动，它的内容广泛，包括个人物品的整理归纳、清洁卫生、家用电器的使用、食物的烹饪、照顾家庭成员（包括宠物）、家庭日用品的选择与采购、家用劳动工具的创造性使用等。

一般来说，以小学生的年龄阶段为劳动项目的横向发展目标来看，低年段的孩子以学习劳动技能，掌握劳动方式，积累劳动经验为主；高年段的孩子思维有了一定的发展，他们学习劳动的重点可以转移到对劳动技能的创造性运用或劳动方式的创新改进，让孩子能更主动地参与到对劳动的探索和实践中去，这就使每个年龄段重点参与的劳动教育项目呈阶段性显现。

根据家务劳动中出现较多的几种类型，把一些活动内容接近、活动空间相同、活动对象相似的劳动项目集合在一起，又诞生出六大类别若干个子项目。你可以通过阅读下面这个表格找到不同年龄段可以实践的项目，当然，即使是在每一个子项目之下，你都可以再发挥诞生出再下一级的细小项目，比如"家居整理"这一类，我们设计了"如何让旅行箱装下更多的物品""为什么不同的茶叶需要不同的储存方法"，比如"厨艺帮手"，我们则设计了"传说中的的切菜神器是怎样的呢"，等等。各种项目都置身一个个真实有意义问题驱动的实践背景中，更重要的是这些问题都是孩子们观察、倾听、提问、思考的成果。

劳动项目对不同年段达标要求有所差异，经历着从低到高、从简单到复杂的趋势变化，掌握劳动基本技能是社会生存方式的基本要求，创造性的劳动是适应未来社会发展的进阶。

在未来的社会发展中，对不同技能的创造性使用和改造是一个人能否获得成功的关键所在。从小进行劳动教育，从生生相依的家庭生活开始，潜移默化，持之以恒，让家务劳动作为培养学生良好的学习习惯和坚持意志品德的重要基地，体验生活处处都有创造，智慧型的生活需要创造性的劳动，让每一个孩子都能体验到劳动的乐趣。

		必达项目	选达项目
低年段	个人管理	如何清洁双手？ 怎样才能把脸洗干净？ 怎样修剪长长的指甲？ 不同的天气，你会如何选择穿衣？	今天你怎样刷牙？ 在规定的时间内如何把鞋带系得又快又好？
	衣物清洁	如何把手帕洗干净？ 如何清洗红领巾？	怎样清洗不同的小件衣物？
	学习物品整理	不同的课本，你会选择哪种方法装订？ 如何利用废弃物包书皮？ 如何选择简单的材料制作一份小手工？	在最短的时间里怎样把铅笔削得又快又尖？ 如何对自己的学习用品进行分类整理和保管？

	清扫卫生	如何把被子叠整齐？ 怎样清洗不同的茶杯？ 如何快速给垃圾分类？ 不同家具上的灰尘怎样擦试？	如何整理床铺？ 不同的餐具如何清洗？ 如何清扫不同的房间？ 如何把地板拖得又快又干净？
	家居整理	如何整理自己的书柜？	怎样整理自己的房间？
	厨艺帮手	如何搅拌鸡蛋？	怎样挑选适合食用的蔬菜？ 不同的蔬菜，如何清洗干净？
高年段	个人管理	如何选择合适的洗发用品清洗头发？ 怎样选择合适的洗澡用品洗澡？ 不同的天气情况，我们怎样梳头？	如何使用吹风机把头发吹干？
	衣物清洁	如何穿针引线？ 衣裤的纽扣掉了，怎样解决？	怎样帮助父母清洗不同的衣物？
	学习物品整理	如何整理不同的学习资料？	如何对自己的学习资料分类整理？
	清扫卫生	怎样晒被子？ 如何根据衣物的不同种类叠放收纳衣物？ 不同的玻璃窗，如何擦拭干净？	如何清理厨房？ 浴室如何保持清洁？
	家居整理	如何整理自己的学习用品或生活用品？	如何整理并保持房间的整洁美观？
	厨艺帮手	如何使用电饭锅做饭？ 加热冷饭冷菜，你会怎么做？ 如何使用煤气灶？	不同的蔬菜，如何清洗干净？ 根据不同的情况，如何摆放碗筷？ 怎样制作一道父母喜欢的菜肴？ 我们怎样辨别变质的食物？
	安全卫士		如何安全的使用家用电器？ 怎样安全正确地收取快递？ 如何在一定的时间内制作一份简单的早餐、午餐或晚餐？ 在规定的费用范围内，如何采购合适的生活物品？ 怎样饲养宠物？ 怎样照顾家庭绿植？ 如何使用常用的家用电器完成一项家务劳动？ 在规定的时间内，如何有序安排家用电器的使用顺序？

5. 项目实践的基本流程

- **聚焦可行动的内容**

小鬼当家之衣橱整理师

天气转凉，由夏入秋，转眼我们又来到了换季的季节，打开衣橱看着里面的衣服杂乱无章，衣满为患，你能快速地找到所需要的衣服吗？你是否对找寻换季衣物束手无策呢？

怎样让我们衣橱收纳更多的衣物？

开展一次调查研究，了解衣橱的不同种类和内部的空间布局，探究不同衣物的创意收纳方法，在有限的空间内创造性的设计空间布局，最大限度地减少衣物对空间的占有率，让衣橱收纳更多的衣物，让衣物在衣橱里摆放得井井有条，让我们对衣物的所在之处尽在掌握！

- **家庭调研**

如何给不同的衣物分类？

核心知识：运用统计图统计数据，分析数据得出结论

工具使用：统计图、衣物分类图示

探究过程：统计家庭所有衣物的种类，并尝试根据衣物的数量、款式、长短、功能等进行分类。

成果展示：衣物分类科学画报

- **课堂指导**

1. 如何设计规划衣橱的不同区域，让衣橱可以放入更多的衣物？

核心知识：空间的使用方法

工具使用：衣橱空间分布图、衣橱活动工具

探究过程：

（1）科学画报：国内外衣橱等空间创意使用的方法。

（2）根据衣橱空间分布图设计衣物的摆放区域。

（3）对一些空间的利用提出创造性使用的方法。

（4）运用衣橱空间活动工具，设计衣橱空间的创意使用方法或创造性布局。

成果展示：衣橱空间分布草图

2.怎样收纳衣物，可以缩减衣物的收纳空间？

核心知识：空间使用率

工具使用：不同种类的衣物、设计草图

探究过程：

（1）收集调查资料：衣物的创意收纳方法。

（2）根据衣物的分类，对不同种类的衣物设计不同的收纳方式。

成果展示：不同衣物的设计草图、不同衣物的收纳方法动态、静态展示

● 家庭实践

1.如何设计分割家庭衣橱的空间布局？

核心知识：衣橱的空间使用方法

工具使用：衣橱空间分布图

探究过程：

（1）根据家庭所拥有的衣橱空间进行重新设计规划和空间分布。

（2）对一些衣橱空间的利用提出创造性使用的方法。

（3）对比实验：同一个衣橱不同空间利用方法放入衣物的数量比较。

成果展示：衣橱空间分布草图、衣物数量比较实验记录单

2.如何在家庭衣橱里放入更多的衣物？

核心知识：衣橱空间使用率

工具使用：不同种类的衣物、设计草图

探究过程：

（1）设计草图：家庭衣物的创意收纳方法。

（2）根据衣物的分类，对不同种类的衣物设计不同的收纳方式。

（3）对比实验：不同收纳方法同一个衣橱放入衣物的数量比较。

成果展示：不同衣物的收纳方法动画收纳展示、规整后衣橱的使用空间照片、衣物数量比较实验记录单

● 深入研究

特殊的衣橱，衣物如何收纳？

核心知识：特殊的衣橱

工具使用：不同特殊衣橱的收纳设计草图

探究过程：

（1）科学画报：特殊的衣橱（旅行衣橱、酒店衣橱等）。

（2）根据特殊衣橱的作用，选择收纳的衣物并进行分类，对不同种类的衣物设计不同的收纳方式。

成果展示：特殊衣橱的空间规划图、特殊衣橱收纳衣物的种类、规整后衣橱的使用空间照片

- **出项反馈**

出项展示：衣橱空间收纳的创意分割或使用方法科学画报

衣物的创造性收纳方法

衣橱收纳衣物的动态、静态成品或模型展示

评价反馈：衣橱空间收纳衣物数量的数量评估

衣橱衣物创意收纳方法技能的评估

衣橱整体空间收纳的视觉效果评估

6. 恰当的评估改进

开展家庭生活的劳动教育评价指标，可以对家庭劳动教育的内涵和外延有一个评判的标准，让孩子参与劳动的同时有明确的进步和前进的学习目标。

此模块的学习内容，主要以角色互评作为评价方式，其中角色为参与到这个劳动活动中的所有成员，包括学生自己、家人、朋友等，并以角色互评所得出的结果，来对应其相应的等级赋分。自评即自我评价，通过自评量表的方式让学生对相应阶段的自我表现有一个客观的评价；互评即相互评价，相较于自评客观性更强。通过让学生从被评价者成为评价的参与者，让学生心中有目标，同时通过互评与自评促使学生再次审视项目过程，加深对问题的理解。此外在互评的过程中，能够主动从他人身上取长补短，对接下来的研究学习有积极的作用。

当我们以角色互评作为家庭生活模块课程的主要评价方法时，就注定了家庭

"小鬼当家之衣橱整理师" 劳动教育评价				
评 价 标 准			自评 点赞卡 1—5张	互评 点赞卡 1—5张
劳动技能掌握	学会了一到两项衣物的收纳技能或方法，并运用这些技能收纳整理衣橱。	熟练掌握两项以上的衣物收纳技能，能充分规划利用衣橱空间，使衣橱能收纳更多的衣物。	对衣物收纳或衣橱空间使用方法提出创造性改进意见或建议，尝试运用新的收纳方法整理衣橱，衣橱规整具有一定的视觉效果。		
劳动习惯养成	自己的事情自己做，家里的事情主动做。	与他人合作完成劳动，劳动结束后能整理劳动现场。	按劳动要求完成劳动项目，提升劳动项目视觉效果，珍惜劳动成果。		
劳动能力提升	能在规定时间内完成衣物和衣橱的整理。	能合理安排劳动项目，能完成劳动项目，并在劳动过程中有建设性意见或建议。	能有创意的衣橱空间规划和衣物收纳技能，提升衣橱使用效率。		
劳动情感培养	喜爱劳动，体会父母照顾家庭完成家务的辛苦。	能帮助父母一起完成家庭衣物的收纳和衣橱的整理。	帮助父母完成家庭劳动，并坚持定时定期规整衣橱，保持劳动成果。		
劳动创造改进	能尝试提出自己的想法。	能用创新的思维方式改进劳动技能或劳动方法，并用草图表示自己的想法。	能听取他人意见或建议改进自己的方案，并不断调整，直到劳动技能或方法适合或达到劳动效果和标准。		
	在本次家庭劳动过程中，我学会了_____劳动技能；并且对_____进行了创造性的改进。 我一共获得了（　　　　）张点赞卡。 我的劳动心得：_____ _____ _____			

生活模块课程的共创性，或者也可以称为合作性。与个人自主学习模块不同，家庭生活模块需要家人的辅助，可以是劳动技能的辅助、劳动知识的讲述、也可以是共同挑战劳动难题等，而在项目开始应首先明确角色分工与相对应的职责和义务，以保证项目结束后评价的完整性和客观性。

⊙ **创新实探**

如何让旅行箱装下更多的物品？

一年一度的"五一"小长假马上到来，这次"五一"假期，你的父母有没有安排你来一次说走就走的旅行呢？想到旅行，你一定很兴奋吧！在繁忙的学习生活中，能有几天的时间彻底放松自我，多么惬意啊！

旅途的长短与目的地的特点是否决定了你需要装箱的生活旅行物品的种类和数量呢？

怎样合理、有创意地收纳旅行箱，才能让你的旅行箱装下更多的物品？

收集分析旅行目的地的地理环境和气候特点，民俗风情；

记录需要的生活旅行物品的种类和数量，运用思维导图对物品进行归类；

创意设计不同物品的收纳方法，最大限度地减少空间占有率，运用计算思维对空间大小提出创意的空间分配方法，提升旅行箱的装载能力。

一图读懂

• **观察发现**

在繁忙的学习生活中，能有几天的时间外出旅行，彻底放松自我，你一定非常期待！

那还等什么呢？赶快打点行装，准备出发吧！

外出旅行，你需要带哪些物品呢？哪些因素会影响你需要装箱的生活旅行物品的种类和数量呢？

• **建立联系**

数学：计算空间大小、轴对称图形、不规则图形

科学：物品的分类、不同地点或地区的地理环境、气候条件知识

道法：不同地点的风土人情

工具运用：思维导图、立体几何图形的大小计算、轴对称图形的形成方法

● 聚焦问题

怎样合理、有创意地收纳旅行箱，才能让你的旅行箱装下更多的物品？

● 探究解决

社会性实践——调查不同地点或地区的风土人情；不同旅行箱空间摆放物品的常用方法

探究性实践——轴对称图形的原理和形成方法；不同物品的收纳方法；旅行箱如何摆放可以节省空间

技术性实践——物品收纳方法的草图绘制；空间大小计算方法和测量方法

审美性实践——旅行箱的合理摆放

● 成果呈现

个人成果——思维导图、常用旅行物品的种类和数量、物品的创意收纳草图、轴对称图形的设计

团队成果——不同地点或地区的科学画报信息分析、不同尺寸旅行箱空间的计算过程、物品创意收纳展示、旅行箱的创意收纳方法、空间收纳方法研究报告、TED 展示、多媒体制作

● 创意评价

总结评价——创新表现　项目展示　探究过程　创造习惯

阶段评价——

第一阶段：不同地区或地点的信息调查研究分析

第二阶段：物品收纳创意设计

第三阶段：物品创意收纳的空间利用率研究报告

评价"如何让旅行箱装下更多的物品？"

"如何让你的旅行箱装下更多的物品呢"是在四年级开展的创造性劳动项目。融合多学科知识点：数学中计算空间大小、轴对称图形、不规则图形等知识点；科学中物品的分类、不同地点或地区的地理环境、气候条件等知识点；道法中不同地点的风土人情、衣服文化等知识点。

项目包含社会性实践、探究性实践、技术性实践和创造性实践四个部分，以一个 24 寸行李箱作为研究对象，融合个人自主探究学习和家庭生活模式两个学习模块方法展开项目。研究内容具体涉及：调查不同地点或地区的风土人情、不同旅行箱空间摆放物品的常用方法、旅行物品品类归纳、机场托运要求、轴对称图形的原理和形成方法、不同物品的收纳方法、旅行箱如何摆放可以节省空间、物品收纳方法的草图绘制、空间大小计算方法和测量方法等内容。

- 项目成果展示评价表

本项目主要分为两个评价方式，第一个评价是针对个人自主探究活动的勋章激励制度，第二个评价是针对家庭生活模式角色互评的评价方式，将两者综合评价作为本项目的最终评价表。

在针对个人自主探究活动的勋章激励制度中，具体表现为两个勋章：家庭劳动勋章与劳动创造勋章。家庭劳动勋章细分为劳动技能掌握、劳动能力提升和劳动习惯养成，而劳动创造勋章则细分为行为的创新、工具的创新和环境的创新。以 5 段式打分，来根据量表自评研究过程和研究结果的分数。

其二的评价，针对家庭生活模式的角色互评来完成评定衡量。项目共分为三个阶段。第一阶段：不同地区或地点的信息调查研究分析；第二阶段：物品收纳创意设计；第三阶段：物品创意收纳的空间利用率研究报告。每一阶段根据量表以 5 段式打分的方式进行，本项目中包含的角色为作为研究主体的学生团队、研究合作者的行李箱工作人员或同伴、行李箱的使用者家长，三者交换角色，互相对其他两个角色进行客观的评价。

- 一个学生的实践故事

在四年级三班的创造性劳动的课堂上传来激烈的讨论声，"可以用更大的行李箱""可以少带点儿衣服""可以轻装俭行""可以用布制的行李箱"……原来大家正在研究一个创造性劳动项目——"如何让你的旅行箱装下更多的物品"。以春节黄金周为旅行时间长度，如何在 24 寸的行李箱中装入更多的物品呢？这是对小明的一次考验，也是一次难得的证明自己的机会，平时都是爸爸妈妈帮忙整理行李箱，小明甚至都分不清行李箱的尺寸，因为爸爸妈妈总觉得他还小，只会添乱，终于

勋章		1分	2分	3分	4分	5分
家庭劳动勋章	劳动技能掌握	学会了一项劳动技能或方法，并运用这些技能和方法参与家务劳动。	学会了两项以上的劳动技能或方法，并运用这些技能和方法参与家务劳动。	熟练掌握两项以上的劳动技能，并顺利完成家务劳动，劳动效果良好。	对劳动技能或方法提出改进意见或建议。	能够运用新的劳动技能或方法。
	劳动能力提升	能够看懂、理解他人是如何进行劳动的。	能够通过模仿，粗略地完成指定的劳动内容和劳动项目。	能够在别人的帮助下，完成指定的劳动内容和劳动项目。	能够独立自主地完成指定的劳动内容和劳动项目。	能够帮助和指导他人成功完成指定的劳动内容与劳动项目。
	劳动习惯养成	能够照顾自己的起居等基本生活，并养成自己的事情自己做的习惯。	家里的事情主动做，具有帮助做家务的主动性和习惯。	按劳动要求完成劳动项目，并拥有自我保护意识。	与他人合作完成劳动，劳动结束后能整理劳动现场。	能够指出错误的劳动习惯，并珍惜劳动成果。
劳动创造勋章	行为的创新	能够模仿专业劳动者的劳动行为，并多次参与劳动。	能够通过观察和访谈等方法了解该劳动行为的特点。	能够提出一个具有发展性的探究问题。	能够提出多个具有发展性的探究问题。	能够针对每个问题指定一条科学可行的研究路径。
	工具的创新	学会使用指定劳动的专属劳动工具。	掌握指定劳动专属劳动工具的使用技巧，熟练使用。	能够发现这个劳动工具使用中存在的一到两个问题。	能够发现使用这个劳动工具过程中存在的三个以上的问题。	能够针对每个问题提出相应的创造性解决策略。
	环境的创新	能够识别出特定的劳动场所。	能够在真实的劳动环境中进行劳动。	能够发现这个劳动环境中存在的一到两个问题。	能够发现这个劳动环境中存在的三个以上的问题。	能够针对每个问题提出相应的创造性解决策略。

		评价标准	研究者	合作者	使用者
第一阶段	1分	能够阅读并理解一个地区的基本地理、气候、文化信息			
	2分	能够阅读并理解出两个及以上地区的基本地理、气候、文化信息			
	3分	能够用自己的语言复述出两个及以上地区的基本地理、气候、文化信息			
	4分	能够提炼出所选地点相似之处与不同之处			
	5分	能够通过对所收集到的信息的比较分析，发现具体的规律特点			
第二阶段	1分	能够掌握基本的外套、衬衣、裤子、帽子、袜子、领带、皮带等衣物的收纳技巧			
	2分	能够掌握同一种衣物的不同收纳、折叠方式，及其对不同场合的适用性			
	3分	能够根据天气、地理、出行日期估算出所需衣物的数量和种类			
	4分	能够根据使用者的使用需求，合理规划24寸行李箱的空间布局			
	5分	能够基于问题和需求提出创造性的物品收纳方式和解决策略			
第三阶段	1分	能够多次复原每一种所需衣物的折叠、收纳方式			
	2分	能够计算出这样折叠收纳衣物，最多可以容纳多少数量的衣物			
	3分	能够用图纸和文字表达清楚所设计的创新收纳方案，以及其所解决的问题具体内容			
	4分	通过比较传统收纳和创新收纳方案，比较空间利用是否有提升			
	5分	能够反思评估这样的创新收纳解决方案的局限性，并提出进一步探究的建设性意见			

等到了证明自己也可以，小明跃跃欲试，暗下决心要比爸爸妈妈做得更好。

按照课程的研究线索，小明开始了第一阶段的研究：不同地区或地点的信息调查研究分析。他和同伴选择了哈尔滨作为旅行的目的地，这是一个具有挑战性的地点，春节时的东北正是最冷的时候，需要在行李箱中装进更加厚重的衣服和保暖物品。首先他们上网了解了哈尔滨的基本地理信息，以及当地在春节时的平均气温，成长在上海的小明完全无法想象零下三四十度的天气下要如何生活，去那里旅行该带什么呢？最开始他们就犯了难。后来通过论坛资料和采访父母的朋友，才列出了所需要的物品清单。制作好哈尔滨的地理信息与行李信息研究报告后，就进入了研究的第二阶段：物品收纳创意设计。小明和小伙伴按照清单回家寻找可用的物品，然后尝试将这些物品放进一个 24 寸的行李箱里，结果发现一件羽绒服就几乎塞满了行李箱。再次遇到难题后，他们提出了两个解决策略：其一，考虑到春节去哈尔滨时已经很冷了，可以把一部分衣物穿在身上；其二，他们研究后认为羽绒服充满了空气，想要使用抽真空的装置压缩羽绒服的体积。按照这样的方法他们对每一个物品都提出了各种各样的创意设计策略。第三阶段，要计算空间利用率了，他们首先测量计算出行李箱的容积，然后运用创意设计方案将所有物品压缩到最小空间，来计算出空间的利用率。但是小明他们在研究报告中也补充道，为保证最大的空间利用率，他们选择使用抽真空的方式来解决多件棉衣的收纳问题，但是当需要穿着时，发现棉衣很难恢复到原来的样子，所以抽真空应该设置一个不损伤衣服的装置。

最后到了评价阶段，小明对个人自主探究模块的评价如下：在家庭劳动勋章部分，他为自己的劳动技能掌握情况打了 4 分，虽然他十分想要运用新的劳动技能或方法，但他所提出的无损伤抽真空技术的行李箱很难找到，所以无法使用到这个劳动方法；在劳动能力提升和劳动习惯养成部分，他为自己打了 5 分，不仅能够帮助指导他人高效地整理收纳行李箱，还能够指出错误收纳物品的劳动行为。在劳动创造勋章部分，他为行为的创新打了 4 分，他认为他们也走了很多弯路，这一条研究路径可能不是最科学的；在工具的创新和环境的创新中他都为自己打了 5 分，能够针对每一个发现的问题提出相应的创造性解决方案。

在针对家庭生活模式的角色互评的环节中，小明的父母作为行李箱的使用者，受邀来对整个项目进行打分评价。他们认为小明组能够提炼出哈尔滨与上海的气候、地理、文化、生活习惯等方面的异同点，但是并没有具体发掘出哈尔滨背后的规律特点。而在第二阶段与第三阶段都给出了 5 分的评价，他们认为小明组提出的压缩式行李箱是一个具有创造性的解决策略，同时也考虑到了压缩对衣物的损坏问题以及方案的局限性，虽然没有给出明确的改进意见，但是这种对自己方案的反思精神值得肯定。

四 社区服务模块——"比心服务"

1.新型的社区服务提供劳动教育的广阔平台

• 社会体系中，劳动者无处不在

劳动创造了世界，劳动为我们带来幸福的生活，劳动推动着人类社会文明不断迈入更文明的阶段。正因为有了劳动，我们的社会得以飞速发展，我们建造了高楼大厦，铺设了高速公路，修建了现代化学校，构建了先进的文明社区，形成了智慧型家庭，打造了现代化社会……在这样一个发达的社会体系里，处处体现劳动者辛勤工作的成果。在大力提倡学校加强劳动教育的同时，如何将学校、社区、社会相结合，提供开展劳动教育的广阔平台，是广大教育工作者急需研究的一个重要内容。

如果说家庭是组建社会的单细胞，那么社区就是构成社会的多细胞群体，把劳动教育与社区服务相结合，用劳动开展服务，将学校转换社区，为劳动教育开设新的服务体验基地，增加学生校外劳动服务体验，帮助学生走向社会，服务社会，学习做人，学会做事，增强社会责任感，培养社会服务意识。

• 劳动价值观的培养

热爱劳动，尊重劳动，崇尚劳动，诚实劳动，尤其还需要培养学生的社会责任感。如果我们将学生不会劳动视作能力问题的话，那么学生不爱劳动、不尊重劳动就是一种价值观问题。潜藏在这种教育方式背后的、更为深层次的应当就是价值观的培养。对于价值观的培养，不仅是劳动教育的关键与核心，还是现阶段劳动教育的鲜明亮点。

• 劳动意识的培养

劳动中的协作意识和责任意识的培养是新时代的要求。以线上购买外卖为例，一顿美味大餐的诞生，不仅需要主厨的精心制作，也需要快递公司的工作人员送货上门，以及网络平台背后的技术人员协调管理。一件传统意义上单个人完成的劳动，在今天已经转变成了需要汇聚多种类型人员的劳动。这不仅仅是一种劳动

形式上的转变，更为重要的是对社会架构、经济发展模式、人的全面发展的重塑和再认识。"不谋全局者，不足谋一域"，我们要从新时代特质出发，才能更好地培养学生的现代劳动意识。

- 劳动知识和能力的培养

加强改进和创新劳动，提高劳动效率，保证劳动成果质量的劳动知识和能力方面的教育。例如，在现在智能家居中，扫地机的工作原理和操作，煤电水费的自动扣款缴纳，果汁机的远程预约操作等都需要有创造性的劳动、智慧的劳动。现在"劳动"不仅包含体力劳动和脑力劳动，还包含智慧劳动或智能劳动。

2. 社区服务项目化，塑造完整"人"的关键要素

- 新型的社区服务项目化要义

社会学上对社区服务的定义是一个社区为满足其成员物质生活与精神生活需要而进行的社会性服务活动。百度词条里对社区服务的定义是指政府、社区居委会以及数字社区等其他各方面力量直接为社区成员提供的公共服务和其他物质、文化、生活等方面的服务。

由此可见，优质的社区服务对整个社区的精神文明建设和物质文明提升有很大的推动作用。社区服务是一个广泛的概念，要完成一个社区服务，需要合理的服务规划和社区服务体系，需要劳动群体共同完成的劳动服务项目。

- 社区服务项目化的目标要求

从 1986 年民政部倡导社区服务以来，社区服务的体系日趋完善，服务的内容也涵盖了整个社区的衣食住行，一个具有优秀社区服务的社区处处可以体现创新型社区的服务模式，整个社区的精神面貌和道德舆论导向都呈现积极向上的正面导向。因此，优质的社区服务是构建新型社区的重要组成部分。

（1）开展社区服务，可以将劳动个体构建成劳动群体服务模式，培养学生团结合作的能力，增加与他人的协调沟通能力，提升与社会的交往能力。

（2）开展社区服务，通过社区服务的不同劳动项目，了解社区结构，帮助学生提早接触社会，了解社会。

（3）开展社区服务，树立"我是社区一分子，我为社区共服务"的意识，增

强社会责任感，培养学生爱社区，为自己生活的新型社区自豪。

（4）开展社区服务，对社区服务提出创新的意见或建议，培养学生分析思考的创造性思维，参与打造创造型社区。

- 选择有意义的项目

将劳动融入日常教育活动，成为现代社会变革进步的最有效方式之一。因此，我们要充分认识到劳动教育在社区开展对社区发展产生的推动作用，从朝夕相处的社区生活开始，学习劳动，体验劳动，改变劳动，创造劳动。社区的进步，社会的发展，国家的发达，都需要将劳动作为重要的推手之一去推动，发挥社区劳动的正能量，营造崇尚劳动的氛围。

"比心服务，放'星'到家"是一个让学生去各类社区进行劳动服务的社会实践活动，区别于普通的在校课堂教学，该活动将课堂放到了社会中，改变了单一的学习方式，不仅让他们通过参加社区服务劳动得到知识的积累，还从生活中获得了一些社会经验、实践能力，帮助他们增强社会责任心、提高人际交往能力。

3.明确项目学习中的收获

- 清晰想实现的目标

学会陪社区孤寡老人劳动谈心，每周定时上门看望孤寡老人。

能清扫小区地面上的垃圾，熟练使用卫生工具，学会基础的打扫工作。

帮助物业和居委会一起张贴防盗防火灾的宣传海报，初步了解预防火灾的相关知识。

与他人组建社区护绿小分队，向社区居民宣传绿化保护方法，设计爱绿护绿标识牌。

能帮助居民做好垃圾分类，并能向对垃圾分类还不够了解的居民做一些知识的普及。

帮助居委会向居民分发口罩，为居民测量体温，学会服务他人。

通过社区服务劳动教育，学习社区服务需要掌握的相关劳动技能、劳动方法和相关劳动中的保护措施，知道社区服务的基本项目内容以及如何与社区居民、物业等社区成员合作完成社区服务劳动。

- 简洁明快的项目口号

比心服务　放"星"到家

- 锚定学习内容

（1）如何为你生活的社区提供一项社区服务？

通过采访调查了解社区的地理位置、组成部分、物业功能、业主特点等信息，了解完整社区的结构体系。

通过与物业交谈等方式，统计社区服务岗位和服务项目的内容，选择自己喜欢的服务类型和服务项目完成社区服务，体验劳动过程，培养学生自我管理、自我服务的品质。

通过寻找服务项目的改进措施或方法，培养学生的创造性思维和创新解决问题的能力。

（2）创造性社区服务项目分类

社会服务的内容体系有很多不同的分类标准，可以按照社区的主要功能、社区的规模大小、社区的形成方式、社区的综合标准来分。

不同年龄段的学生劳动能力不同，根据学生的学习特点，同一个社区服务内容可以有不同的劳动标准，针对不同年龄段提出不同的劳动标准，通过积极参加社区服务让学生熟悉社区地理环境、人文景观、社区特色、社区居民特点等，将社区服务的标准细分为可以参考的细小指标，帮助学生参与社区服务，掌握社区服务项目的一些基本技能和方法，从生活的社区开始，从身边的小事做起，养成"社区是我家，一起爱护它"的意识和习惯。

		必达项目	选达项目
低年段	安全卫士	火灾来了怎么办? 地震来了怎么办? 如何运用合适的报警电话完成报警?	面对突发事件,怎样沉着应对? 社区如何防盗? 社区发现可疑或陌生人员怎么办?
	环境美化	怎样美化社区? 楼道怎样保洁? 怎样为社区设计不同区域的标识牌?	
	服务他人	如何为社区分发报刊杂志? 如何分发口罩? 社区垃圾如何分类? 如何报修社区损坏的设施?	如何成为一名合格的社区志愿者? 怎样为社区孤寡老人提供一次服务?
	服务协调		如何做好社区活动的小志愿者?
高年段	安全卫士	社区公用区域如何安全用电? 如何了解社区外来人员信息? 外来车辆怎样安置? 遇到火灾,如何快速处置? 社区如何预防传染病?	怎样制订社区楼组安全巡视方案,提高社区安全系数? 台风天气,如何提醒居民防灾? 如何预防雨水倒灌? 面对突发事件,怎样沉着应对? 如何选择合适的方法提醒社区居民需要注意的事项?
	环境美化	如何布置墙报壁报,宣传社区服务? 怎样美化社区?	如何优化社区生态环境? 如何合理安排社区不同功能区域的地理位置?
	服务他人	如何成为一名合格的社区志愿者? 怎样为社区孤寡老人提供一份服务? 社区快递柜如何合理分布? 如何清理社区小广告? 如何充分利用社区绿化的不同功能? 如何安全地使用健身园地? 如何提高社区停车场的使用效率? 如何帮助社区敬老院开展卫生保洁? 社区读书互助活动怎样开展? 怎样向居民宣传节约用水?	怎样提升社区快递暂存点的服务质量? 怎样帮助弱势群体开展快递到家服务? 不同的节日,如何安排准备一场文艺汇演? 作为一名小辅导员,如何参与社区社团课程? 社区辅助设施可以怎样改进? 如何合理规划社区残障人士的行进路线?
	社区宣传	如何宣传社区精神文明? 社区各类海报怎样设计宣传? 如何文明饲养宠物?	社区公益活动如何参加? 如何制作文明宣传视频?

4.项目实践的基本流程

● 聚焦可行动的内容

火灾来了之社区逃生

——比心服务　放"星"到家

你看到过火灾吗？你了解火灾吗？在我们的生活中，火灾已成为威胁公共安全、危害人民群众生命财产的一种多发性灾害。

此时正是秋高气爽、风干物燥、火灾高发的季节。我们该怎样预防火灾的发生呢？如果在社区的公共区域遇到火灾，你是否会束手无策，惊慌失措？你知道火灾的报警电话吗？你会正确地使用灭火器吗？你了解不同的火灾类型和灭火方法吗？在社区遇到火灾如何逃生？

火灾来了怎么办？

收集资料了解火灾的不同种类，选择合适的灭火方法，调查社区楼组的建筑结构，合理规划社区逃生路线，学习灭火器的使用方法，制作宣传视频或海报，制定一份社区火灾逃生指导手册，举办一次火灾逃生讲座向居民宣传防火基本知识，做一次防火小小安全员。

● 社区调研

1. 社区公共区域如何分布？

核心知识：社区公共区域

工具使用：社区地图

探究过程：

（1）调查：社区有哪些公共区域，这些公共区域有哪些功能。

（2）根据公共区域的地理位置，绘制社区地理分布平面图

成果展示：社区公共区域平面图

2. 社区的建筑物如何分类？

核心知识：建筑物结构

工具使用：统计图、社区沙盘

探究过程：

（1）统计社区不同建筑物的结构和数量。

（2）根据不同建筑物的特点进行分类。（高层、底层、地下等）

（3）根据不同建筑物的分布，制作社区建筑物分布沙盘模型。

成果展示：统计图、社区沙盘

3. 社区的道路系统如何组成？

核心知识：道路　人流量　通行能力

工具使用：社区道路分布图、社区道路通行能力调查小报告

探究过程：

（1）调查并测量社区道路的宽度和长度，并做好相关数据的记录。

（2）根据测量结果，绘制社区道路分布图。

（3）根据人流量和道路通行能力的测算公式，测算小区道路的通行能力，制作社区道路通行能力调查小报告。

成果展示：社区道路分布图

• 课堂指导

1. 发生社区火灾，如何选择合适的灭火方式？

核心知识：火灾的种类　不同火灾的灭火方式

工具使用：灭火器的使用

探究过程：

（1）收集资料：世界发生的重大火灾以及造成的严重后果。

（2）信息调查：火灾有哪些不同的类型？

（3）信息调查：你知道火灾的报警电话吗？我们应该怎样报警？

准确的地址、火灾的情况、现场人员情况等

（4）收集资料：观看相关视频并制作科学画报：不同的火灾，我们怎样选择合适的灭火方式？

成果展示：科学画报　相关媒体视频

2. 如何正确使用灭火器？

核心知识：灭火器

工具使用：灭火器的使用

探究过程：

（1）收集资料：灭火器有哪些不同的种类，灭火器的结构和灭火原理。

（2）技能掌握：常用灭火器的使用方法。

（3）制作视频：常用灭火器的使用方法。

成果展示：使用灭火器的动态演示

3.发生社区火灾，如何引导居民逃生？

核心知识：社区区域　社区建筑物

工具使用：社区地图

探究过程：

（1）讨论研究：在社区建筑物中如何逃生？

科学画报绘制不同建筑物的逃生方法。

高层：不乘坐电梯，用湿巾纸或手帕掩住口鼻，沿逃生通道依次逃离，或前往天台等待救援。

底层：用湿巾纸或手帕掩住口鼻，沿逃生通道依次逃离。

地下车库等：用湿巾纸或手帕掩住口鼻，沿通道依次逃离。

（2）讨论研究：社区道路包括哪些设施？

（逃生通道、车库通道、步行通道、健身通道等）

（3）怎样合理利用社区道路逃生？

绘制社区道路逃生路线。

根据社区逃生方式绘制社区火灾逃生指南。

成果展示：逃生路线图、逃生指南

● 社区实践

1.如何开展一次社区火灾的灭火演练？

核心知识：灾害演练

工具使用：灭火器

探究过程：

（1）与消防中队合作，完成一次社区火灾的灭火、逃生演练。

（2）根据演练过程和结果修改社区逃生指南。

2. 如何举行一次社区防火逃生讲座？

（1）制作相关 PPT

（2）准备讲解文稿

（3）演示灭火方式

成果展示：社区火灾演练、社区防火逃生讲座

● 深入研究

1. 如何预防社区火灾的发生？

核心知识：预防社区火灾

工具使用：社区火灾预防调查报告、宣传海报

探究过程：

（1）调查：发生社区火灾的种类。

（2）研究：社区为什么会发生火灾？

调查：社区有哪些地方存在火灾的安全隐患？

（3）调查：逃生通道的正确使用方法。

逃生通道有没有被占用的情况？

如果有，如何整改？

如何与居民沟通整改要求，取得居民谅解？

（4）技能掌握：楼道内灭火器的使用方法。

成果展示：社区火灾预防调查报告、防火宣传海报、社区防火逃生指南

2. 火灾来临，无法离开火灾现场，我们如何创造性地使用周边物品，等待救援？

核心知识：物品的创造性使用

工具使用：身边常见的物品、材料或工具，思维导图

探究过程：

（1）我们社区有哪些公共区域？

（2）如果这些公共区域发生火灾，但是我们没有办法第一时间离开火灾现场，我们应该怎么办？

（3）思维导图：不同的公共区域可能会有哪些常见的物品或工具？

（4）头脑风暴：我们怎样创造性地使用这些物品或工具，帮助我们延长躲避的时间？

（5）在躲避的过程中，如何创造性地使用工具或物品及时给救援队发出信号？

成果展示：物品的创造性使用思维导图

3. 火灾中，残障人士或行动不便的居民怎样逃生？

核心知识：残障人士

工具使用：思维导图，社区逃生指南

探究过程：

（1）信息收集：什么是残障人士？有哪些残障类别？

（2）调查：社区里有哪些残障人士或行动不便的居民？

（盲人、肢体残疾者、帕金森症患者、腿脚不便者等）

（3）分类：根据残障人士或行动不便的居民的特点按照逃生障碍分类。

（4）头脑风暴：选择一类逃生障碍的人士，他们怎样逃生？

同理心体验：行动有障碍的体验

绘制逃生模型草图

研究讨论：不同行动障碍能力的逃生方法

（5）修改并完成社区逃生指南附页

成果展示：逃生方式设计草图、社区逃生指南附页

- 出项反馈

出项展示：不同火灾的类别和灭火方法科学画报

社区逃生指南

防火宣传海报

社区防火逃生小讲座

评价反馈：不同火灾灭火方法正确选择的评估

不同灭火技能掌握的评估

社区防火逃生宣传和小讲座的评估

物品创造性使用的评估

5. 恰当的评估改进

了解社区服务的不同标准，对自己的服务内容和服务成果制定考核的标准，向社区居民或业主介绍自己的创新性社区服务项目，争取获得更多居民或业主的赞同。

劳动技能掌握	掌握相关社区可能发生火灾的原因，不同火灾的类型和灭火的常用技能，并熟练操作灭火器。	能向其他居民或业主展示并指导使用灭火器的使用技能，对社区预防灭火和逃生方式有创造性建议。	能创造性使用不同的物品或工具延长火灾中等待救援的时间，提高火灾生存几率；为社区居民举办一次社区防火逃生讲座，获得好评。
	☆☆☆☆☆	☆☆☆☆☆	☆☆☆☆☆
劳动习惯养成	按时完成社区防火宣传服务。	与他人合作完成社区防火宣传服务，做到服务有准备，服务有质量，服务有标准。	能帮助他人完成社区防火讲座服务，充分展示社区主人翁形象。
	☆☆☆☆☆	☆☆☆☆☆	☆☆☆☆☆
劳动情感培养	喜爱社区服务，体验社区服务的特点和物业人员的工作辛苦。	能帮助社区居民、物业一起完成社区服务项目，体现群体服务的特点。	善于与居民或业主沟通交流，急居民所急，体验残障人士等在生活中的不方便，想居民所想，制定完善的防火逃生指南。
	☆☆☆☆☆	☆☆☆☆☆	☆☆☆☆☆
劳动创造改进	能完成社区服务，并在他人的指导或建议下体验社区服务存在不方便的地方。	能对社区服务不方便提出改进意见或建议，并尝试改进，在改进过程中承担主要设计或制作工作。	能积极参与社区服务改进工程的设计，并向社区创造性地介绍团队的改进措施或方法。
	☆☆☆☆☆	☆☆☆☆☆	☆☆☆☆☆

⊙ **创新实探**

如何提高社区停车位的使用效率？

当今社会，城市的现代化程度越来越高，科技越来越发达，人们的工作节奏也越来越快。社会现代化飞速发展的同时也带来了很多问题。如停车难的问题，引起学生们的关注。

通过调查绘制小区地理位置分布图，分析小区绿化带、健身区、游乐园等配套设施的占地方位和占地面积的相关信息，评估配套设施的合理性，规划设计社区最大限度的停车区域；调查记录小区私有车辆的信息，利用数据统计分析私有车辆的车型、占地面积、数量以及特有车型的出入通道和新能源车的占地情况，结合社区业主或居民的居住地理位置，合理安排不同车辆的停车位；调查小区周边公用停车位以及周边单位或公司的车辆信息，测算错峰错时停车方案，提高社区停车位的使用效率，缓解社区停车矛盾，培养学生的计算思维，团队合作能力，综合信息收集与分析能力，创造性解决问题的能力。

一图读懂

- 观察发现

社会现代化飞速发展的同时带来了很多问题。生活小区停车位日益紧张，每每爸爸妈妈下班回来，小区车位真是一位难求，特别对于一些老旧小区，停车矛盾更是日益紧张。

如何提高社区停车位的使用效率？

- 建立联系

数学：计算面积大小

　　　网格图记录车辆相关信息

　　　时间的分配

科学：社区地理位置平面图

劳动技术：模型沙盘的制作技能

美术：社区配套设施分布设计

工具运用：思维导图

　　　　　模型沙盘制作工具

　　　　　平面图形的大小计算

　　　　　绘制社区地理位置平面图

- 聚焦问题

怎样合理设计社区停车位，充分利用周边设施增加社区停车使用效率？

- 探究解决

社会性实践——调查社区及周边地区的地理环境和人员分布、了解社区居民及周边上班族对停车问题的需求

探究性实践——不同车型对停车设施的需求、社区配套设施的合理化布局、错峰停车对提高停车效率的作用

技术性实践——最大限度开发社区停车区域、面积大小计算方法和测量方法、时间使用的排列组合

审美性实践——社区停车位与配套设计的合理化分布

- 成果呈现

个人成果——社区车辆信息统计表、社区车辆停车区域计算表、周边地区车辆信息统计表、周边地区停车区域登记信息表

团队成果——社区车辆信息调查报告、社区停车区域分布图、社区停车区域分布沙盘模型、提高社区停车位使用效率的研究可行性报告

- 创意评价

总结评价——创新表现　项目展示　探究过程　创造习惯

阶段评价

第一阶段：社区停车区域设计沙盘模型

第二阶段：社区停车区域的研究分析

第三阶段：社区停车位规划设计评估报告

五　校企合作模块——"资格实习生"

1.学习型社会中的校企合作

- 校企合作，共赢发展益处多

当今社会是一个飞速发展的科技型社会，社会职能已经从一开始的制造业向服务业转变，社会的职业体系结构也在不断地调整，对科研型人才、技能型人才、

服务型人才提出了更高的要求。一个社会企业可以最直接地反映出新技术、新市场，映射出时代发展的印迹，产教融合、校企合作可以提供一种新的劳动教育方式，走进企业，提早了解不同社会职业的需求和工作状态，从了解不同职业到尊重不同职业、热爱不同职业是校企合作培养创新型劳动服务人才的可持续性发展方向。

校企合作的劳动项目学习过程更开放，更富有活力，在两者的相互走进与走出的近距离接触中，学校获得了新的教育资源，尤其是专业领域的专业资源，学生们所进行的创造性劳动更加真实和贴近生活，借助企业的支持为一些劳动问题的解决寻找到了更为科学的方法，教师开阔了教育视野，获得了专业支持，更有底气做学生创造新劳动的导师。同样，企业在这个过程中也找到了社会服务的一条通道，实现了反哺社会的角色价值。

- **校企合作培养创新型劳动服务人才**

教育，是要培养具有创造性思维能力、掌握先进技术和具有一定研究力的对社会有用的人，因此我们培养的人才必须能适应学校的需要，社会的需要，国家的需要。充分发挥学校与企业合作模式的作用，开拓培养学生劳动意识、劳动能力和劳动习惯的教育基地，让每位学生具有一定的职业意识，掌握一定的职业技能，提早了解社会职业的主体结构，对形成正确的世界观、价值观起到良好的促进作用。

- **校企合作中的职业实习**

对于我国的学生来说，职业体验已经不是一个陌生的词语，在很多大型商场都有开设不同的职业体验场所，跟着老师、父母、同学来一次职业体验，已经成为大部分中小学生假期必不可少的一部分。但是，这仅仅是学生穿上不同职业服装开展活动的一种模拟场景形式，对于真正的职业体验来说，必须包括入职仪式、入职培训、技能考核、现场学习、实习评估、心得小结等一个完整的环节实践过程。

真正的职业体验必须进入一个真实的场景，在导师的指导下真实地掌握操作技能，尝试真实地解决劳动过程中的问题，从而才能产生真正的职业体验。

由此可见校企合作的职业体验模式符合未来学生职业发展的需要，能帮助学生提高就业竞争力，从小具备一定的技能掌握，接受不同职业对劳动的要求，对服务的需求，感受不同职业带来的成功和快乐，体验自身价值存在感。

2. 校企合作项目化

• 校企合作项目化要义

校企合作的方式有很多，根据小学生的特点，可以走出学校，前往企业参观学习、实践劳动、职业体验，比如"那些东西是怎么做出来的啊"这种问题一定多次纠缠在每个孩子的心头，如果让学生参观一次工厂，当一次制作者，就可以亲身了解这些东西的"前世今生"。也可以将企业人员请进课堂，向师生介绍企业的特点、理念、技术，或者把一些相关的产品体验引入校园。

校企合作资格实习是学生进入社会的准备课程，对将来需要面临的社会需求和工作特点提前有清晰的了解和认识，帮助学生提早接触社会，了解社会，对自己的未来发展形成较为清晰的目标和发展方向，了解创造性劳动在社会各行各业的存在需求和重要地位，锻炼学生个性，发展学生能力，培养学习兴趣，提升学生应对不同岗位需求和职业需要的适应能力，帮助学生找到学习和努力的方向，学会尊重他人，与他沟通合作，与社会融合。

本项目针对小学生职业体验结合了学习与实践的理论精华，在课堂的学习之余，担负起培养学生们未来职业规划、适应社会竞争的教育重任。除此以外，在项目进行过程中，学生还能了解社会运作的规律，感受到自己在社会活动中应当承担的责任。而且在实践的同时，通过角色扮演这一过程，巧妙地将学习与实践结合起来，使得项目过程形式更加灵活多样，便于学生们理解和消化。

• 校企合作模块的目标要求

开展校企合作劳动服务模式，可以为学生提供提早接触社会职业劳动服务的机会，明确自己的学习方向和努力目标，培养学生正确的世界观和价值观。

（1）通过校企合作劳动服务，了解不同职业需要的不同工种以及不同技能的掌握要求，培养学生吃苦耐劳、坚持不懈的精神。

（2）通过校企合作劳动服务的体验，提高学生独立解决问题的能力、与他人沟通合作的能力和适应社会的能力。

（3）在校企合作开展劳动服务的模式中，企业可以第一时间了解未来的技术人才对知识和技能的掌握程度，根据在劳动服务过程中的观察与调研，对学校提出新的培养要求，与学校的校内教育体系形成对接，提早干预学校培养方向的制定，未雨绸缪，让企业对人才的需求紧跟社会发展的趋势。

（4）学校可以根据校企合作的效果反馈，及时调整合作劳动服务的内容，规整对学生劳动服务的培养和要求。

3. 明确项目学习中的收获

• 清晰预期目标

提高个人与他人、团队的沟通能力，感受真实的工作环境和工作状态，学习整个工作环节和流程。

通过职业实习，对自己学习的知识和技能有综合的总体评价，了解自己对知识技能的掌握情况和实际运用能力。

发现在职业实习过程中的问题，能尝试提出创造性改进的方法，培养创新思维和实际解决问题的能力。

了解不同职业的需求，对自己未来的学习方向有总体的认识，学习开始规划未来的努力方向。

知道寻求职业的基本流程，能运用不同的方式使自己脱颖而出，引起招聘者的注意。

了解整个社会常见职业的构成体系，丰富社会实践经验，为日后进入社会打下基础。

通过职业实习培养组织纪律观念，形成认真负责的劳动态度，团结协作的精神和精益求精的品质，体验职业劳动带来的乐趣。

• 厘清项目意义

"资格实习生"创造性劳动项目是一个帮助小学生在不同的阶段了解职业、认识社会的职业体验项目。小学生处在人生观、世界观和价值观初步形成的阶段，对社会和职业有一定的认识和憧憬，但缺乏更加深刻的认知和理解，需要在社会实践中进一步了解和认知，以更深层次地理解不同职业，以帮助他们树立正确的人生观、价值观和世界观，从而初步建立人生的理想目标及人生发展规划。

本活动具有较强的实践性，根据不同年龄段学生的特点，树立了不同的活动体验目标，能让所有学生都能有所收获。

- 锚定学习内容

常规的职业分类可以呈现社会职业需求和社会运转模式的基本构架，但对于小学生来说，这个分类体系比较抽象，尚不能完全理解不同职业的基本需求的主要体验实习内容，创造性的劳动教育需要创造性的劳动项目，因此，对校企合作模式的职业分类我们也可以尝试创造性的分类方法，根据学生的心理特点、个人特质和兴趣爱好来进行分类，为小学生提供适宜的、较为形象易理解的方式。

常规校企合作职业实习的分类方式：

专业技术人员：超市收银员、理货员、保洁员

办事操作人员：小区物业、保安

生态养殖人员：小动物饲养员、园艺师

国家公务人员：地区办事处文员、军人、警察、交警、交通协管员

食品制作人员：厨师、配菜员、点心师

医疗卫生人员：医生、护士、护工、配药师

服务行业人员：酒店服务员、图书馆管理员、书店服务员、博物馆管理员、讲解员

文艺工作人员：主持、广播、配音、演员、歌手、舞蹈家、摄影师、产品设计、平面设计、装帧设计

文职工作人员：教师、教师助理

根据这些分类中的职业角色，设定各种相关的角色职责和具体行为，形成若干小项目，再用问题方式呈现，鉴于职业实习有较高的"技术含量"，因此在项目的设计上格外关注了学生的年龄差异，比如在一二年级，就把大模块分为两组下属项目，"技能掌握"和"事物管理"，而到了高年级则增加了"科学研究、艺术表现、经济管理、社交互动"四组内容。

		必达项目	选达项目
低年段	技能掌握	如何完成一次肯德基销售服务？ 怎样冲泡一杯奶茶？ 怎样包出好看美味的馄饨？	怎样运用不同的材料制作一道家常菜？ 如何种植一棵太阳花？ 如何协助警察叔叔管理道路交通？ 怎样整理超市的货架？ 如何对超市不同区域的地面进行保洁？ 如何完成一次信件投递？
	事物管理	如何在规定的时间内快速完成一篇文章的打字工作？	怎样选择合适的记录方法完整地记录某些重要内容？ 办公室文件资料如何管理？ 如何协助公司经理完成日常工作安排？ 如何成为一名合格的图书馆管理员？
高年段	技能掌握	如何修理一张椅子？ 快递怎样送到我们手中？ 如何用照片记录不同的事件或景物？ 怎样制作一件木制品？ 如何制作一道美味佳肴？ 如何照顾病人？ 如何完成一次家庭保洁？ 怎样成为一名合格的消防员？ 怎样制作一份点心？ 如何完成一次垃圾运送？ 如何为低年级同学化妆？	怎样饲养一只宠物？ 怎样喂小朋友吃药？ 如何为低年级小朋友剪一次头发？ 如何为低年级小朋友检查一次牙齿？ 地铁车站怎样安检？ 如何给病人看病？ 如何照顾养老院的老人？
	事物管理	作为秘书，每天如何安排项目经理的工作？ 如何成为一名优秀的图书馆管理员？	如何清晰地记录并计算一天的财务收成？
	科学研究	如何上好一节课？	
	艺术表现	怎样为指定区域设计艺术品？ 如何播报新闻？ 怎样设计一个广告？	怎样导演一部话剧？ 如何完成一件雕刻艺术品？ 如何创作一个舞台剧剧本？ 如何完成一场舞台剧？
	经济管理	如何采用不同的方式推销你的商品？ 如何管理一家肯德基加盟店？	怎样成为一名法官？ 如何规划一次整体项目？
	社交互动	如何向游客介绍景点？	

从以上的校企合作职业实习分类来看，根据学生的年龄特点和心理特质，让学生自主选择喜欢的、合理的职业体验，可以激发学生对职业实习的兴趣。即便是同一模块之下，提供给不同群体的项目清单需要和行为主体的劳动意识、劳动能力相匹配，由此创造的灵感才可能出现，真正的劳动才可能发生。

职业实习不仅仅是学生的个人体验行为，需要学校与企业的大力配合，针对不同年级的学生特点设计不同的职业实习内容，让职业实习成为一个系统化的劳动教育项目，在体验职业的工作、学习相关技能的同时，提出自己创造性的意见或建议，是实施创造性校企合作职业体验的灵魂。

4.项目实践的基本流程

- **聚焦可行动的内容**

校企合作开展创造性劳动教育的模式有很多，比较常见的有企业见习或实习，这类模式需要家长提供一些可以开展实习培训的基地，开拓学生参加职业实习的种类，让学生通过职业实习劳动有感性的认识。

资格实习生之小小推销员

商店里的商品琳琅满目，店里的顾客也络绎不绝，看着来来往往挑选商品的顾客，你了解他们的需求吗？哪些商品是适合他们使用的呢？

作为一名实习推销员，怎样把合适的商品推销给顾客？

你了解商品推销这个职业的工作要求吗？本次校企合作的职业实习中你将为自己设计推销员工作的求职简历，录取后将通过入职培训，了解掌握推销员的工作内容，制作产品介绍，对商品的性能、外形特点、特殊用途进行描述，与顾客沟通，了解顾客的爱好，采用有创意的方式向顾客推销商品，根据你的推销记录接受店长的考核，你有资格获得店长颁发的职业推荐书吗？努力吧，少年！

- **求职培训**

1.如何了解推销员的工作内容？

核心知识：推销员

工具使用：科学画报

探究过程：

（1）采访调研：推销员的工作内容有哪些？

（2）科学画报：推销员的工作内容。

成果展示：科学画报——推销员的一天

2. 如何制作一张推销员的求职简历？

核心知识：求职简历

工具使用：电脑制作软件

探究过程：

（1）收集信息：求职简历包含哪些内容？

（基本信息：姓名、性别、年龄、民族、籍贯、政治面貌、学历、联系方式，
以及自我评价、学习经历、曾获荣誉、求职愿望、对这份工作的简要理解等）

（2）设计制作求职简历。

（3）展示自己设计的求职简历，并根据导师或同学的意见进行修改。

成果展示：求职简历

3. 如何参加推销员的入职培训？

核心知识：入职培训

工具使用：职业视频

探究过程：

（1）观看视频：推销员的工作。

（2）参加入职培训：跟着培训员学习如何做好一名推销员。

（3）与其他入职同学相互模拟推销过程。

成果展示：推销员的工作展示

● 课堂指导

1. 如何对商店的商品分类？

核心知识：商品

工具使用：商品分类图

探究过程：

（1）统计商店里的商品种类和数量。

（2）根据不同的分类标准对商品进行分类。

成果展示：商品分类图

2. 为什么有些商品比较受欢迎？

核心知识：商品

工具使用：数据统计图、调查问卷

探究过程：

（1）与进入商店的顾客沟通或访谈，了解顾客喜欢哪些商品，并完成调查问卷。

（2）根据调查问卷完成受欢迎的商品统计，选出若干受欢迎的商品。

成果展示：数据统计图、调查问卷

3. 如何按照购物需求对商店里的顾客分类？

核心知识：顾客　需求

工具使用：访谈问卷　顾客需求科学画报

探究过程：

（1）观察顾客的外貌举止，并简单访谈，了解顾客光临商店的原因。（购买商品、散心、新品上市等）

（2）根据访谈结果对不同购物需求的顾客进行数量上的分类。

成果展示：访谈问卷　顾客需求科学画报

4. 如何为受欢迎的商品制作商品简介？

核心知识：商品简介

工具使用：绘制平面产品的相关工具

探究过程：

（1）了解商品的特点，撰写简单的文字介绍。

（2）绘制商品图或照片，设计商品介绍图。

成果展示：商品简介

5. 如何提高顾客对普通商品的注意力？

核心知识：注意力

工具使用：商店商品摆放分布设计图

探究过程：

（1）整理不太受欢迎的商品名册。

（2）调查：顾客进入商店后最容易观察或注意到的商品摆放区域。

（3）设计商品摆放区域草图，调整商品摆放位置。

成果展示：商店商品摆放分布设计图

● 职业实践

1. 如何将商品推销给顾客？

核心知识：推销

工具使用：肢体语言　语音语调

探究过程：

（1）讨论研究：如何推销商品？

（2）实战演练：向顾客完成商品的推销过程。

（3）记录自己工作完成状态的心得体会。

成果展示：商品推销动态演示

● 深入研究

1. 如何采取创造性的方式推销商品？

核心知识：材料和工具的创造性使用

工具使用：思维导图

探究过程：

（1）头脑风暴：有哪些创造性的推销方式？

（唱歌、朗诵、肢体语言、其他物品辅助等）

（2）重新设计模拟创造性推销方式。

成果展示：思维导图

2. 如何改变推销方式，提高商品的推销成功率？

核心知识：推销的方式

工具使用：思维导图、研究报告

探究过程：

（1）记录推销成功的商品数量和推销的方式。

（2）讨论研究：为什么有些商品没有推销成功？原因在哪里？

（推销方式？商品特点描述不清？顾客需求与商品信息不对称等）

（3）怎样改变推销方式，提高商品推销的成功率？

（4）研究报告：不同推销方式与商品推销成功率的分析。

成果展示：思维导图、研究报告

● 出项反馈

出项展示：入职简历

商店商品的摆放设计图

推销方法思维导图

推销产品的动态模拟演示视频

不同推销方式与商品推销成功率分析的研究报告

评价反馈：入职简历的设计制作

商品推销方法的创造性使用

商品推销的成功率

研究报告撰写表述

5.恰当的评估改进

在真正的职业实习过程中，学习能力已经不能成为评价整个创造性劳动服务的唯一标准，我们需要在职业实习过程中对实习生的沟通表达能力、团队合作能力、创造性解决问题能力、组织领导能力等进行综合评估，全方位地考察职业实习生在职业服务中的表现。

根据每个评价的标准生成职业实习生的资格推荐表，你的资格推荐表长什么样呢？

"资格实习生"劳动教育评价		
评 价 标 准 在符合的标准内打"√"		
劳动技能掌握	学会了一到两项推销物品的技能或方法，并成功完成物品的推销。	熟练掌握两项以上的物品推销技能，能充分设计规划商店的商品布置，提升推销成功率。	对推销商品有创造性改进意见或建议，尝试运用新的方法进行推销，并获得顾客好评，推销成功率高。
	（　　　）	（　　　）	（　　　）
沟通表达能力	能与培训师沟通，对入职培训呈积极态度，尝试完成向顾客推销商品。	能与不同类型的顾客沟通，尝试用不同的推销方法完成推销。	能采用创造性方法完成推销，并成功吸引顾客的注意，对没有购买倾向的顾客尝试沟通，能激发顾客购买意愿。
	（　　　）	（　　　）	（　　　）
团队合作能力	能与职业实习场所或范围内的实习生相互沟通合作。	能积极与他人进行交往和了解，熟悉每位共同实习人员的兴趣爱好，形成工作默契。	能与其他实习人员在实习过程中相处融洽，相互配合完成实习工作。
	（　　　）	（　　　）	（　　　）
组织领导能力	能与实习生组成合作团队一起完成实习工作。	能在团队中对工作的完成有指导性意见或建议，团结团队，提高工作的完成率。	能对团队完成工作起到引领的作用，成为团队的核心队员，在实习过程中起表率作用。
	（　　　）	（　　　）	（　　　）
解决问题能力	能尝试提出自己的想法。	能用创新的思维方式改进劳动技能或劳动方法，并用草图表示自己的想法。	能听取他人意见或建议改进自己的方案，并不断调整，直到劳动技能或方法适合或达到劳动效果和标准。
	（　　　）	（　　　）	（　　　）

我的资格推荐书
劳动技能掌握：
沟通表达能力：
团队合作能力：
组织领导能力：
解决问题能力：
实习综合评价：

⊙ **创新实探**

如何向游客介绍旅游景点？

现在旅游社开始召集暑假小导游，请为自己设计制作一份导游求职简历，面对面试官全面展示你的风采，跟着培训师完成导游入职培训，研究景点的风土人情，分析游客的情况特点，设计合适的旅游路线，完成一次小导游职业体验，行程结束后请游客对自己的服务进行评价，看看自己能否获得一致好评。

一图读懂

● 观察发现

一年一度的暑假马上来临了，每年的假期你是怎样度过的呢？有没有跟随父母、老师或同学前往不同的旅游胜地放松度假呢？在旅游途中热情的导游如何为你讲解景点的风土人情？如何带领你游山玩水？如何为你设计适合你的旅游路线？

● 建立联系：

数学：合理路线规划

科学：物品的分类

　　　　不同地点或地区的地理环境、气候条件知识

道法：不同地点的风土人情

工具运用：思维导图

　　　　合理路线的计算

● 聚焦问题

如何向游客介绍你旅游景点？

● 探究解决

社会性实践——调查不同地点或地区的风土人情、合理路线的规划、与不同游客的协调沟通、景点的介绍文献资料

　　探究性实践——规划旅游路线、求职简历的设计制作、导游的工作职责

　　技术性实践——合理路线的测量方法

　　审美性实践——旅游景点的宣传资料、求职简历

● 成果呈现

个人成果——思维导图—旅游景点分布、路线的设计规划图、景点的介绍

团队成果——旅游景点的路线规划图

● 创意评价

总结评价——创新表现　项目展示　探究过程　创造习惯

阶段评价——

第一阶段：景点文献资料设计撰写

第二阶段：旅游线路的合理规划

第三阶段：游客对完成职业导游的评价

第六章　群策群力，让劳动成为最时尚的活动

　　学校和家庭不仅要一致行动，向儿童提出同样的要求，而且要志同道合，抱着一致的信念，始终从同样的原则出发。

——苏霍姆林斯基

导读：

» 家庭、学校、社会一个都不能少

» 创造性劳动视角下的教师是谁？

» 新技术造就新劳动

» 劳动、创造与幸福

第一节　社会和家长也要做点事儿

要想培养面向未来的创新劳动者，需要在各个层面变革。创造性劳动教育，不仅仅是学校一方的任务，而是与家庭、社区、企业、社会构建成为一个团队，共同支持孩子探索世界和创造未来。尤其是在劳动教育中，孩子需要干真活、出真汗，这就更加需要在生活的点点滴滴中，在家庭的日常生活劳动中，在社区的服务性劳动中，在企业的生产劳动中，学习、探索与创造。所以在未来的创造性劳动教育中，需要家庭、学校、社区、企业、社会一起群策群力，让劳动成为一个最时尚的活动。

创新时代与现有教育体系正在全速相撞，我们急切需要推动教育利益各方团结在一起，形成教育合力，共同面对未来对我们的孩子提出的要求和挑战。家校合作、校企合作、学校和社区合作的模式会将与劳动教育问题最紧密相关的人纳入一个圈子，为教师和学生赋予"权力"，让他们充分体验，参与劳动实践，不断自主设计与创新。

一　父母也是劳动教育的老师

父母是一种职业，是孩子的第一教育者，潜移默化地实现文化和技能的传承。家庭劳动教育缺失对学生正确劳动意识、劳动观的培养有负面影响。教育即生活，生活也是教育，家中处处是劳动的"训练场"，家庭内进行劳动教育有着天然的优势，家庭有必要成为劳动教育的"主战场"，打造创造性劳动的家校合作模式。

家庭与学校共同承担孩子的教育工作，通过教育理念融合、资源整合，建立共同目标，形成协作共同体，全方位提升教育质量和效果。通过家校合作的方式，建立以孩子发展为主要目标和合作起点的学习共同体，与此同时，使得学校、教师和家庭成员都能在这个过程中实现同步发展。这种基于自主合作、具有共同愿景、能够学习共享、坚持全程平等合作的学习型组织，在孩子的教育过程中，具体表现包括当好家长、相互交流、志愿服务、在家学习、参与决策和与社区合作等六种实践类型。

家校如何打赢劳动教育的保卫战？常见的家校合作方式有家长参与、家长干预、家长教师共同合作、教育介入等方式。作为劳动教育来说，家校共育有以下几种类型的合作模式：

- 单向的家校合作，由学校发起并开展面向家长的教育活动，这也是家校合作的初级阶段。通过家长会、微信群等方式向家长宣传劳动教育，号召家长让孩子在家参与劳动，组织家长来学校参观学习等都属于单向的家校合作。这种合作模式家庭的参与度和主动性较低。

- 支持型家校合作，即家长能够主动参与学校组织的各类劳动教育活动中，协助学校和老师，支持学生完成系列活动任务。例如在我们的创造性劳动项目中，学生成果的设计和制作均有家长的参与和帮助，这就是支持型的家校合作模式。

- 参与型家校合作，即家长能够较为深入地参与到学校的创造性劳动项目开发和社会实践活动中，利用自己的经验和资源协助学校共同完成课程和任务的设定和实现。例如，我们某些主题项目就是学生家长作为教师带领孩子完成的，充分挖掘家长的优势也是学校扩大教育资源的方式之一。

- 家校共同体，家长能够参与学校创造性劳动项目相关政策的决定中，与学校建立深度的纽带关系。

这些不同类型的合作模式，是顺应时代发展的创新路径。

对于一个孩子来说，家庭和学校是对他的成长影响最大的两个场所，也是最直接能够介入孩子教育过程的两个场所。家庭劳动教育是使孩子形成基本的生活和劳动能力、劳动意识和劳动观念的重要途径；而学校教育作为家庭劳动教育的补充和延伸，帮助孩子逐步完成社会化的过程，养成创造的习惯和创造劳动素养。劳动教育，家长和学校二者缺一不可，只有二者紧密合作、互相支持、互相补充，才能实现孩子全面德智体美劳全面发展的共同目标。作为家长，要重新审视劳动，与孩子一起投身劳动，让劳动成为亲子活动的新选择。陪伴孩子从基本的生活技能入手，逐渐引领孩子关注家务为生活品质带来的变化，再到高层次的体验家务劳动是彼此之间的温暖亲情……久而久之，当孩子的劳动意识发生积极转变，形成良好的劳动习惯，劳动教育也就能够像呼吸那般自然。

二　社区是劳动教育的天然课堂

劳动教育本身就涉及多个领域和多门学科，综合了劳动环境、劳动形式、劳动工具、劳动时间和劳动强度等要素。劳动教育也不是从来就有、一成不变的，劳动教育产生和变迁的过程，同时也是寻找和建构教育对象的过程，需要依赖整个社会的合作和协调。

学校处于一个社区当中，是社区发展的重要因素和动力。在家校合作之外，学校与社区建立起紧密和良性的合作关系，将成为新时代学校健康发展的助推器；社区支持、参与学校的发展和功能建设，将有效提升社区的教育、文明和经济辐射功能。所以在学校与社区间建立起良好的合作关系，将会对双方的发展产生积极的推动作用，这将会共同促进学生和社区居民的全面健康发展。

学校与社区进行劳动教育合作的主要方式有：教学型合作、研究型合作和服务型合作。教学型合作是指社区支持学校的劳动教育活动，学校可以充分利用所在社区具备的基础设施、文化资源和自然资源等，完善教学活动，使教学与劳动实践等活动有机结合起来；研究型合作是指社区参与一部分学校的劳动教育课程或活动，基于社区所具备的资源，共同建立研究型主题，推动教学发展；服务型合作是指学校对社区所进行的直接性服务，例如学生进社区做志愿者服务等。

学校与社区相互独立，又有紧密的联系，学校通过传授劳动的知识和技能，培养学生正确的劳动观和劳动意识，而社区能够培养学生的劳动动手能力，扩大眼界，给予学生应用知识的机会。二者的紧密结合是促进学校劳动教育发展的重要途径，也是构建学习型社区的有效途径。通过学校与社区的合作互动，不仅使学校更加贴合社会、赢得更多的社会支持，同时学生参与社会公益活动或社区服务项目，在项目过程中设身处地地理解他人，做到尊重自己和他人，通过自己的知识和技能积极回应他人和社会的需要，也能够为社区的建设发展增加活力。

三　企业更是丰富的劳动教育资源库

随着经济社会发展，劳动形态发生巨大变化，最直接影响的便是企业。劳动教育要与新技术、新产业、新业态相呼应，产教融合，改进劳动教育方式可以通过与企业合作来实现。校企合作是学校与企业之间建立的一种合作方式，广泛应用于高等教育中。在中小学的应用中，主要是通过校企合作，提高学生的问题解决能力和创新能力，在实践中促进学生对于学科知识的深刻理解。

学校与企业合作进行劳动教育的方式主要有"走出去"和"引进来"两种。"走出去"是指学校组织学生走出学校，前往企业参观学习、实践劳动、职业体验等；"引进来"是指学校结合自己的劳动教育目标和内容，将企业的先进技术、理念、方法、实践活动引入校园，作为教学活动的支持力量，建立实践基地和实验室，组织体验活动。另外，学校也可与企业共同研发基于学校和企业特点的劳动教育校本课程，且校企合作是基于国家政策的，企业给学校提供教学资源和专业服务，学校购买企业教学资源和服务。这样做的优势是可以将最专业、最实用的知识和技能直接传授给学生，弥补了教师专业知识的缺乏。

在教学内容和课程活动中，融入企业合作的主题和元素，能够帮助创造性劳动教育更加贴近日常生活和生产活动，让学生能够重视知识的实践性；对于学生而言，多样化的校企合作，有助于学生尽早建立起对于职业生涯的认知；对于企业而言，能够建立起社会服务的功能通道。

四　"家校社"合作为创造性劳动教育助力

习近平总书记在全国教育大会上明确指出："办好教育事业，家庭、学校、政府、社会都有责任。"协同育人是中小学教育工作的重要实施途径，学生的健康成长离不开家庭、学校和社区的共同影响，建立协同育人的机制，是使孩子接受完整的教育的重要保障，三者不仅需要承担起下一代的教育责任，还需要建立合作网络，加强彼此之间的联系与合作，充分发挥教育合力。在小学劳动教育中，家庭、学校和社区都发挥着重要作用，家一校一社三位一体的合作教育是国外教育改革的成功实践，区别于以学校为核心的传统教育，通过整合家庭、学校和社区各方的资源，建立起三位一体的教育生态，帮助学生全面发展并促进终身学习的建立。

家庭和社区是有待开发的资源，促进学校与家庭和社区这两者之间的合作与联系，最终目的在于促进学生的健康发展。所有的教育者、家长以及其他公民也都要认识到，"家校社"合作是教育发展的必然，是促进学生、教育和社会发展的必要举措，在后现代社会，只有把各种力量结合起来才能更好地完成教育工作。只有社会广泛认识到"家校社"合作的重要性和必要性，才能形成积极的"家校社"合作氛围，推动一系列与之相关的活动的开展。

五　学校是"家校社"合作模式的搭建者和桥梁

在构建创造性劳动教育的"家校社"合作模式中，学校既是搭建者，也是沟通三者的重要桥梁。相比之下，拥有较多资源的学校应当发挥积极主动的作用，充分利用自身优势，鼓励和促进家长和社区的参与，从而更好地促进学生发展，达到劳动教育的目标。

首先，学校应当充分认识到家庭和社区在劳动教育中发挥着不可替代的作用，是重要的潜在资源，亟待得到充分的挖掘和利用。特别是家长，作为儿童的家庭生活的陪伴者和第一任教师，他们对待劳动的观念和劳动意识等都对儿童的劳动素养具有潜移默化的影响。因此，学校作为社会公共机构，有责任积极主动地与家长和社区建立有效联系与合作，充分利用家庭和社区资源，全方位促进学生劳动素养的形成。

其次，与家庭和社区建立信任关系。信任是建立任何有效合作的前提，对于"家校社"合作来说，建立家庭、学校和社区之间的相互信任，既是手段，也是目的。学校应当努力创设一种欢迎家庭和社区参与学校劳动教育的氛围，消除家长和社区成员的顾虑，明确三者的共同追求目标，建立互相信任的沟通关系，为家长和社区志愿者参与学校教育提供机会和平台。例如，学校可以邀请从事不同行业的家长走进课堂，向学生介绍自己的职业；家长课堂中请家长作为项目的共同设计者和教师；与社区成员合作开展实践活动，等等。当合作项目与行动关注于在学校、家庭和社区之间建立互相尊重与信任关系时，他们能够更有效地构建家庭、社区与学校之间的合作。

第二节　教而优则创新

教而优则创新。教师在出色完成基础教学任务之余要做到始终坚持创新精神，不断优化创造性劳动教育的教学内容与教学形式，实现教师角色的转变、教学目标的转变、师生关系的转变，进而实现共创。其次，家长和学生本身也可以承担C位的角色，作为项目的支持者、知识的输入者和评审者，构建项目成员间亦师亦友的伙伴关系。此外，多方参与、壮大志愿者队伍，共同推进创造性劳动教育的积极发展。

一　教师的创造性劳动

1. 教师角色的转变

在传统的教育活动中，教师一般扮演着一个讲授知识、掌控课堂、应用资源的角色，而在创造性劳动的教学活动中，要推动学生的创造性思考，首先要做出改变的就是教师。只有教师的角色转变为一个项目的组织者、课题的领航者和内容的创造者，才能使创造性劳动课堂真正充满创造的活力。

从讲授者转变为组织者。在创造性劳动教学中，讲授将不再是教学的全部，而是要把说话的权力赋予学生，培养学生的独立性和自主性，引导学生质疑、调查、研究，在实践中学习，促进学生在教师指导下主动地富有个性地学习，这时教师是一堂课程、一个项目的组织者，让学生成为课堂的主体。

从掌控者转变为领航者。传统的教学方式，学生的认识是在教师给定的范畴内去认知，教师对学生学习过程进行全程掌控，掌控课堂纪律、课程进度、知识掌握程度、习题难易程度……而在创造性劳动教育课堂中，教师应成为课题的领航者，把控研究方向，而非限制研究结果，让学生自主探索，并时刻关注，及时给予指导，真正授人以渔。

从应用者转变为创造者。另一个转变是教师需要从资源的应用者转变成为资源的创造者，不仅仅是课本和参考书籍，在创造性劳动教学中，需要教师为项目探究创造资源，包括跨学科的知识来源、必要的田野调查、多样的实践手段等。

2. 教学方式的转变

教师需要实现教学方式的转变，创造性劳动项目是以个人或小组为单位进行的一种项目化学习活动，教师的目光需要真正落在每一个团队中，甚至每一位团队成员的身上，充分把握指导与自由的平衡。

把握指导的时机。把握恰当的指导时机是教学方式的转变之一，这要求教师在创造性劳动的任务教学中，与学生建立深度的联系，密切关注学生的需求，收放有度的指导，激励学生自主克服困难，又适时指出前进的方向。

因材施教。创造性劳动通过项目化学习的方式给因材施教的实施提供了可能性，甚至可以说因材施教是项目化学习的优势与特点。在传统的班级教学中，讲授时需要照顾几十人的平均接受水平，只能在课后进行个别辅导；而在创造性劳动项目中，需要因材施教，给不同的团队、不同的成员制定不同的任务目标，同时每个团队成员探究方向的差异也要求教师丰富自己的知识储备，能够实施因材施教的教学方式。

充分等待与积极反馈。充分等待与积极反馈是指聆听学生的疑问，并及时给出反馈，以此达到鼓励学生主动思考、提出疑问的探究精神，同时充分等待是给予学生充分的思考时间、操作时间以及犯错的时间，而不是着急地在一开始就给出答案或者暗示答案。

3. 教学目标的转变

教学目标是指在教学活动中所期待得到的学生的学习结果。教学目标是教学过程的重中之重，所设计的课程纲要和所进行的教学活动都是始终紧密围绕教学目标而实施的，包含三个维度：知识与技能、过程与方法、情感态度与价值观。

目标分级的转变。我们以教学目标来设定和评估学生的学习成果和教学水平，而在创造性劳动项目化学习任务中，由于学生的认知差异，项目对每个学生的学习要求和学习成果的预期是不同的，相应的，教师要采用所对应的教学方式，来适应不同任务、不同学生的教学要求，所以创造性劳动项目中的教学目标也应依照该课题组内学生水平和成果要求的不同而分级设定。

将目标融入项目。将目标融入项目是指在目标分级的基础上，紧贴项目内容和项目实施过程，来设定相对具体的教学目标。项目化任务的学习探究过程往往是由多个环节和模块所构成，每个环节对应着不同的教学方式、每个模块也对应着不同的能力表现、每个项目也有不同的侧重核心，所以在教学目标的设定中，以项目为依托，将目标化解于项目之中，这对项目的顺利完成有积极作用。

契合个人成长。此外，教学目标需要契合每一个学生的个人成长状况。以育人为目标的教学活动，需要关注到每一个具体的学生，并以发展的眼光来看待学生的成长。这就要求教师在创造性劳动项目的教学目标中，尽量考虑学生个体的成长轨迹，为每个人设定相应的标准，并对教学内容进行调整，向着终身学习的发展目标而努力。

4. 师生关系的转变

师生关系是指在教育教学的过程中教师与学生之间所形成的相互关系。它是为了实现教育目标而存在的一种特殊的社会关系和人际关系，包含教育关系、心理关系和伦理关系三个方面，其中教育关系是基础与核心。不同的历史时期、不同的文化特点、不同的教育理念都有相应的师生关系，对于创造性劳动项目来说，良好的师生关系将会深刻影响教育教学结果，尝试去做一个陪伴者、倾听者并努力成为团队中的一员，将会给课堂带来不一样的惊喜。

做一个陪伴者。萧伯纳曾说："我不是教师，只是一个你可以问路的旅伴。我指向前方——在你的前方，也在我的前方。"一个项目化课题的探究过程，正如一场知识的旅行，教师不是游戏的设计者，而是要做一个陪伴者，耐心地陪伴学生成长，指引他们找到前进的方向。

做一个倾听者。做一个倾听者，看似非常容易，其实不然。有时你以为你在认真倾听，其实你只是在等待机会反驳对方或发表自己的意见。而一个真正的倾听者，是能够全身心地感受对方所表达的信息，做到用心、共情，做出完整的判断后及时给出积极的反馈。

成为团队中的一员。项目化学习的过程，也是一个教学相长的过程，学生作为探究的主体，推动着探究的进行。教师成为团队中的一员，不仅能够及时判断出学生状态和介入时间，而且能够让学生建立学习的主人翁意识，增加学习的主动性。

5. 实现共创

共创顾名思义共同创造，共同创新。随着经济技术的发展，传统的个人创作模式已经无法满足快速增加的需求缺口，越来越多的行业将共创纳入了核心的创造方法，以协同创新推动产业创新和发展。

什么是共创? 共创即在合理的分工下，通过多方协作实现创造性的目标。共创模式在创造性劳动项目中，表现为学生与学生的共创、教师与教师的共创、教师与学生的共创、校内校外的共创等方面。在教学目标之下，整合多方资源，充分使用共创的方式方法，利用共创模式实现创造性劳动项目的多元化实施。

共同的挑战。在共创模式下，项目是所有人的项目，项目挑战是大家共同的挑战，为了成功实现共创，所以才需要教师角色的转变、教学方式的转变、教学目标的转变，还有师生关系的转变，只有真正落实以上几点，才能实现教师与学生的共创。同时，与家庭、社区和企业建立良性的合作机制，实现校内校外的成功共创。

每个人的意见都有分量。在创造性劳动项目中，任务通常是需要多人合作完成的，此时必将会有强与弱的声音存在，教师需要仔细观察和聆听，给予每个人发表意见的机会，让每个人的意见都有分量。也许学生因为不善表达或者情绪影响，他的声音不容易被听到，他的意见不容易被接纳，这时需要教师来引导团队形成良性的讨论氛围。

二 家长是 C 位教师，学生也可以是教师

教而优则创新，除了教师本身的改变之外，还应将家长和学生本身纳入创造

性劳动项目的教学支持团队中，让家长发挥 C 位教师的作用，当然学生同样可以
成为彼此的老师。

1. 学生与学生互为伙伴和老师

让学生与学生成为伙伴和老师，充分为他们营造一个持续性的对话空间和畅
通的沟通渠道，通过促进学生与学生间伙伴关系和教师关系的建立，逐步培养起
团队的"成长型思维"。

伙伴的重要性。伙伴来源于古代军队中，十人为火，共灶饮食，后发展为共
同参与某个组织或某个活动的人。伙伴关系是一种理想的社会关系，尤其对于孩
子来说，这样一种平等、开放、合作、尊重的合作关系，将会让孩子感受到安全
感、被重视、被需要，产生对于团队的责任感和归属感。这种关系不仅对项目化
学习的过程非常重要，对于孩子的一生来说都是非常重要的精神财富。

亦师亦友的关系。我们常将良好的师生关系形容为亦师亦友的关系，指的是
有益的教师也可以成为知心的朋友，而朋友同样可以成为值得学习的老师。在学
生与学生之间构建亦师亦友的关系，训练学生自己回答自己的问题，互相指导，
建立起团队解决问题的方法和成长型的思维模式。

2. 训练团队成长型思维模式

思维是人类的一种高级活动，成长型思维是一种认为人可以通过努力改变智
力或能力的思维模式，对人的成长具有积极作用，相较于固定型思维，成长型思
维模式能帮助人发展能力。拥有成长型思维的人做事不易放弃，更能从过程中享
受到乐趣，更容易寻求帮助，更加坚毅。项目化学习是一个训练团队成长型思维
模式的最好场所。

将错误转变为经验。训练团队成长型思维模式的首要是不要害怕犯错、不要
规避错误，而是要通过教师的引导和学生的努力将错误转变为经验，这是错误的
价值。在项目的小结与总结时，教师应仔细应对学生的提案，其中学生所遗漏的
重要观点、表述、阻碍工作顺利进行的障碍、团队中遇到的困境、走过的弯路等，
都是学生在项目中所获得的经验。同时，对于教师而言，这种反思能够帮助教师
优化教学方法，这也是教师所获得的宝贵经验。

成长而不是成功。训练团队的成长型思维，也就是要聚焦于自我和团队的成长中，而不是过于关注最后结果的成功、出彩、出风头。对于不善表达的 A 同学来说，能在团队内勇敢地提出疑问就是一种成长，对于观点强势的 B 同学来说，能够细心聆听他人的意见也是一种成长。A 和 B 的团队逐渐形成平等沟通，积极讨论，学会取舍的合作氛围，对于团队来说就是一种成长型思维的建立。也许他们的团队在这次的课题中表现平平，但是思维模式将会在以后的每一次合作讨论中发挥积极作用。

3. 家长是很好的项目支持者和知识输入者

创造性劳动项目的顺利进行绝对离不开家长的支持，而家长也可以作为项目课题的支持者和知识输入者，深度参与到项目中。无数次实践证明，让家长参与到项目的过程中，是充满惊喜和富有成效的。

作为项目支持者。家长作为项目的支持者，将会从以下两个方面提供支持。首先是对学生参与到创造性劳动项目过程的肯定，这是一种精神上的肯定和支持，意味着认可孩子花费时间参与到一场比较困难的探究旅程中，意味着家长愿意在孩子遇到瓶颈时耐心陪伴，让孩子能够全身心地投入到探究过程中。其次是资源上的支持者，家长深度参与到项目的进行中，可以发挥自身优势，给予项目一定支持，例如企业参观、专家讲座、设备借用等。

作为知识输入者。此外，家长还可以作为知识的输入者参与到创造性劳动项目的过程中来。当家长深度了解项目的要求后，便可以从自身的生活经验和知识储备出发，为项目的知识输入做出一定的补充。例如在"如何成为一名合格的消防员"的劳动项目化探究中，团队成员的家长是一名消防员，他带领同学们参观了消防基地，详细地介绍了消防知识，回答同学们关于消防工作的各种疑问。还有在"快递是如何送到我们的手中的"这个劳动项目化探究中，也是作为快递公司的运营者的一位家长，向同学们介绍了真实的快递工作情况、快递工作中的相关行业知识，并带领同学们参观快递中转站，极大地丰富了同学们对于该项目的知识认知和问题理解。

4. 家长作为项目的评委之一

家长除了可以作为项目的支持者和知识的输入者，还可以作为项目的评委之一参与到项目的评价与评估的过程中来。一方面可以增加项目的评价维度，以第三方的意见来衡量项目的完成状况；另一方面，对于家长而言，能够见证孩子探究成果的汇报，也是见证孩子成长的过程，同时能够通过这样的项目汇报，让家长了解到项目化学习的内容和作用，以促进家长对日后项目的积极参与和支持。

恰当的参与时机与深度。家长参与到创造性劳动项目的过程中，也是家校合作的一种方式。在"如何成为一名合格的消防员"与"快递是如何到我们手中的"两个项目化学习的过程中，家长都是在前期的观察调研和发现问题的阶段参与到课题中的，提供了自己所了解的行业知识和生活工作经验，并提出自己对于项目发展的看法，介于支持型和参与型的家校关系之间。家长参与的时机应以项目探究进程为主，用项目设计六环节的方法，并结合家长所能提供的知识、经验和资源，综合考虑家长介入的时机与深度。

家长赋能的项目价值。家长赋能的项目，不仅能够丰富单个项目的实施途径，将研究视野拓展至学校之外，同时能够进一步促进形成学习型和探究型的家庭氛围。此外，充分让家长赋能探究项目，能够有效建立起创新型家庭社群，构建家校共同体的第四层家校关系，帮助学校建立起项目化学习的良性生态圈。

三　壮大志愿者队伍

广大的志愿者群体解决了社会上不胜负荷的需求，他们不计回报地为社会进步奉献自己的力量，志愿者精神是人类宝贵的精神财富。在教育教学中应引入志愿精神，壮大志愿者队伍，进一步让学生成为一名志愿者，共同促进教育的进步。

1. 什么是志愿者

志愿者就是一群自愿进行社会公共利益服务而不获取任何利益、金钱、名利的活动者，具体指在不为任何物质报酬的情况下，能够主动承担社会责任而不获取报酬，奉献个人时间和行动的人。志愿者也被称作义工、志工或义务工作者。在中国，志愿者更具体指的是，在自身条件许可的情况下，参加相关团体，在不谋求任何物质、金钱及相关利益回报的前提下，在非本职职责范围内，合理运用社会现有的资源，服务于社会公益事业，为帮助有一定需要的人士，开展力所能及的、切合实际的，具一定专业性、技能性、长期性服务活动的人。

志愿者的起源。志愿服务起源于19世纪初西方国家宗教性的慈善服务，然而人类的志愿精神自古就有，从古代的赠医施药，闹饥荒时粥厂林立救济灾民，到如今的各种敬老爱老的志愿者、帮助弱势群体的义工，植树造林，救助流浪动物，到奥运会等各大活动的志愿者，再到一对一帮扶，志愿者们的身影无处不在。

志愿者的分类。志愿者没有一个特定的分类标准，如果按照志愿工作的时间性来划分，则可以简单分为临时性的志愿者和定时性的志愿者；如果按照服务内容来划分，则可以分为专业性志愿者、行政性志愿者和辅助性志愿者；如果按照志愿服务类型来划分，则可以分为教育类、文化类、体育类、福利类等。

志愿精神的意义。志愿精神包含不求回报的奉献精神、与人为善的友爱精神、助人自助的互助精神和积极进步的进步精神。积极参与志愿活动，不仅能够为他人、为社会贡献自己的一份力量，同时在每一次的志愿活动中，都能够让更多的人了解到志愿精神，让志愿精神得到延续。此外，对于个人来说，拥有志愿精神能够满足自我实现的需求，加深对社会的了解，增强社会责任感。

2. 谁可以成为志愿者

在创造性劳动项目中，每个人都可以成为志愿者，参与到项目的过程中，提供专业支持、服务支持、后勤支持、资源支持等志愿服务。

项目学生的家长。学生的家长可以作为志愿者加入到项目中去。例如许多学校所开展的"家长进课堂"的活动就是家长志愿者的成功方式；还有在汇报演出时，家长作为志愿者参与到道具制作和摄影录像的工作中，都能够共同推进项目的顺利完成。

项目相关的专家、专业人员。与项目主题有关的专家和专业人员可以从自身的专业出发，为项目提供专业支持。例如在"如何让环卫工作者更加安全舒适地工作"这个创造性劳动项目中，三位环卫工作者就是项目的志愿者，他们用自身的工作经验和专业知识，让同学们了解环卫工作。

项目外的教师。没有直接参与到项目中的教师，也可以作为志愿者加入项目活动中，尤其是在项目的评估评价阶段，项目外的教师可以作为评委团中的一员，为同学们的探究结果提供建议。

项目外的学生。项目外的学生也可以成为一名志愿者加入到创造性劳动项目中去，就像我们在举办运动会和文体比赛时，除了参赛队员，还需要许多工作人员，例如长跑的陪练员等。高年级的同学作为志愿者还可以帮助低年级的同学完成诸如模型制作、机械切割、电脑运算等任务。

社会的力量。社会的力量也是创造性劳动项目中不可缺少的一环，从某种意义上来说，社会中的每一个人都可以成为项目的志愿者。例如在如何成为一名合格的消防员的项目中，同学们首先在校外做了调查问卷和随机采访，收集来了大家对于消防员这个职业的理解，每一个被访者都参与到了这个探究项目中来。是他们的志愿参与才让孩子们能够顺利完成接下来的研究。

3. 志愿者的合作模式

在创造性劳动项目中，志愿者的合作模式主要有以下五种：专业讲座、成为评委、参观交流、共创工作坊和联合导师团。当然，合作模式可以共同存在，这取决于志愿工作的内容和参与深度。

专业讲座。专业讲座的志愿者合作模式，是在课题确立之前，招募或邀请相关专业的专家，以讲座、圆桌讨论、科普讲解等方式，向同学们介绍某一个主题的知识内容，作为知识资料的输入与补充，帮助学生对陌生领域加深认识。

成为评委。成为评委的志愿者合作模式，是在课题的阶段性小结或最终汇报演出时，制定出评委团的人员组成、评分权重等标准，然后招募或邀请符合条件的志愿者参与到这个过程中。

参观交流。参观交流的志愿者合作模式，是在课题的初级阶段，根据课程目标组织有针对性的交流活动，例如在研究外来物种对环境的影响时，去参观自然博物馆、田间地头，或与曾经做过类似项目的团队进行交流。

共创工作坊。共创工作坊的志愿者合作模式，是在课题的中期，一般以解决某一个特殊问题而由教师组织的共创工作坊。在工作坊中邀请特定行业背景的人群，与学生共同完成任务探究。

联合导师团。联合导师团的志愿者合作模式是更加深入的一种方式，与校企合作相似，作为志愿者加入到导师团中，共同开发和实施整个项目化学习教学。

4.让自己加入志愿者队伍

充分发挥自身优势，养成奉献的志愿精神，让自己加入到志愿者队伍当中去，共同促进在班级中、校园内、社会上形成良好的志愿氛围，为建立学习型社会贡献自己的一份力量。

发掘自身优势。发掘自身优势，才能在志愿工作中更好地贡献自己的一份力量，发挥 1+1>2 的作用。在这个过程中，不仅帮助了被服务者，同时能够帮助我们自己不断与自己对话，不断发掘自身的优势和特点，这也是一个了解自己、认识自己的过程。

奉献的志愿精神。在志愿活动中养成的热爱奉献的志愿精神，和从志愿服务中收获到的来自他人的肯定，将会极大增强社会责任感，并拓展至关心整个社会、服务整个人民的利益。

第三节　新技术加入，为劳动教育带来了什么？

日新月异的新技术推动着社会的快速发展，学校和教育也应紧跟时代步伐，利用新技术的加入，促使劳动教育发生积极的改变。新技术产生了新行业、新工具和新服务，相应的劳动教育的内容也不断被更新，同时在创造性劳动教育中介入新技术，突破空间和时间限制，打破传统的教育形式，在教育评价方面带来了新的变革。

一　新技术支持下的新模式

教育与技术是推动人类历史前进和经济社会发展的两个关键要素，新技术的产生往往会改变教育者与学生之间的交互关系与资源配置。从文字的出现到影像、幻灯片、计算机、互联网的技术发展，不断推动教育的变革。如今新一轮的技术革命正在发生，虚拟现实技术、人工智能技术、5G 通信技术等逐步从从实验室应用于日常生活中，进而融入学校的教育教学中，这将引发教与学的重新定位，促使劳动教育新模式的产生。

1. 新内容

新兴的职业体验。伴随着技术发展，一些职业消失了，也有一些职业开始兴起。曾经大街小巷兜售物品的杂货郎、弹棉花、打铁匠、磨剪刀、补锅补盆等这些正在消失或已经消失的职业，也有过热闹与繁华；如今人工智能工程师、电子竞技工作者、物联网技术工程师、农业经理人、无人机驾驶员等新兴职业开始崭露头角，也给学生带来了全新的职业体验机会。

创新的劳动工具。劳动工具的创新也是技术发展的一个重要成果。从人类祖先利用尖锐的石头进行劈砍切割开始，人类就不断更新着劳动工具，以达到更加高效、省力、安全的目标。后来我们发明了斧头、锯子、电锯、车床、数字化切割，再到机械臂、3D 打印、全自动智能物流分拣系统、无人机配送等帮助我们制造物品时的劳动工具的创新。新技术赋能的创造性劳动教育，将可以沿着时间的发展，感受劳动工具变迁背后所蕴藏的人类的智慧。

2. 新形式

虚拟技术打破空间限制。对于所有老师和学生来说，2020 年上半年必将是记忆深刻的一年。在全民抗疫期间，停课不停学，移动互联网技术赋能学校教育，学生在家用电视、电脑、手机等电子设备听网课，与老师讨论交流，然后通过线上的方式完成作业和订正等正常的教学流程。在高校，大家利用移动互联网技术展开学术讨论、讲座、答辩、云毕业等学术活动。在企业，云会议、云上workshop、居家办公，这一切打破空间限制的变革都是基于技术的发展和完善。

此外，还有 VR 和 AR 技术在教育教学活动中的尝试，戴上 VR 眼镜，世界各地的博物馆的宝贵藏品在眼前展开，让人身临其境；利用 VR 技术和 AR 技术进行三维建模，感受海底、太空、人体内的穿梭等，这些曾经只能用图片或影像的方式经历的体验，如今真真实实地来到了小朋友的面前。

　　一根网线联通世界。一根网线联通世界，助力教育公平。远程教育并不是 2020 年才出现，而是早在十多年前就已经被提出，曾广泛应用于成人学历教育中。如今利用互联网，将城市重点中学的课程以直播的形式链接至乡村，打破地域空间的界限，让每个孩子都能得到平等的教育。这样的同步课堂，也被称为"双师教学"，在我国的许多地区都已推广开来，北京的人大附中就通过这样的模式将课堂传输给广西、内蒙古和重庆等地的学校。

3. 新关系

　　技术与劳动教育互相促进融合。新技术促进了劳动教育教学过程中新关系的产生，激发着劳动教育中的创新性。其中一个体现就是技术与劳动教育的互相促进。早期劳动教育中技术处于被挑选的角色，且可供选择的技术工具十分有限，如今的创造性劳动教育中，由新技术出发的劳动教育逐渐增多，同学们在解决城市垃圾问题时，就会联想到人工智能技术对于路面清洁情况的检测，以此调整环卫工作者的工作区域与工作时间；新技术同时也体现在实验室所公布的阶段性成果中，记忆材料、可以打印小型建筑的 3D 打印机、海洋塑料制造的球鞋等，新技术的产生将技术与劳动教育间的关系进行了融合。

　　多元的合作关系。另一个由新技术所促进的新关系是多元的合作关系。新技术的产生进一步促进了家庭、学校、社区、企业全方位的教育支持和合作。移动互联网使得家庭和学校能够时刻保持联系，缩短了联系时间，也增加了多样化的沟通方式。正是如此，创造性劳动教育才可以在家中与学校同步进行，学生可以在家中劳动，用电子设备记录问题，用即时通信软件与认识的老师、专家保持联系，及时得到反馈。在校园中，与专家、企业、社区等机构进行直播连线，建立线上线下同步的云课堂、云讨论，组织不同地区、不同国家的人共同参与到项目化学习的过程中去，为项目化学习任务增加更多的思考维度。

4. 新评价

　　提供了定制化评价的可能性。新技术的产生提供了定制化评价的可能性。通过人机交互、自然语言识别、多模态融合、深度学习、情感识别、智能教学行为识别等记录下每一位同学在学习过程中的表现、行为、困难等，可以为每一位同学量身定制专属的评价内容，并根据此来实现定制化学习目标与任务内容的目的。这些新技术使学习智能纠错、学情智能监控、可视化教学评价、定制化评价等成为可能。

加强主观评价数据化。人工智能时代的新技术革命，在为教育评价带来挑战的同时，也为教育评价改革提供着重要的支持载体。新技术使学生学习的过程性跟踪、综合性分析评价、精准诊断的途径更加多元，使得评价标准趋于多元，而不仅停留于正误选择，而是能够进一步对主观评价的结果进行数据化和量化的统计，这为新时代教育评价改革提供了机遇。

二 遥望创造性劳动的星空

在新时代的创造性劳动教育中，要求每一位学生、每一位教育者脚踏坚实的土地，干真活，出真汗，也要遥望创造性劳动的星空，积极探索，勇于创新。我们建起家庭、学校、社区、企业之间的联系，分工合作，将创造性劳动项目任务融合进点滴的生活中，共同努力为孩子构建一个创造性的生活学习环境。我们的教师不断转变着自身的角色、调整教学方式、优化教学目标、建立与学生的关系，来推动创造性劳动项目的落地，以真正发挥出创造性劳动项目的价值。同时，我们的家长、学生、志愿者也加入到每一个劳动课题中，各尽所能，构建起项目化学习的可持续发展生态系统。如今新科技的飞速发展不断改变着劳动内容、劳动工具，促使新职业的产生，在这样的支持下，劳动教育也在与时俱进，不断自我更新，从劳动教育内容、劳动教育形式、劳动教育关系到劳动教育评价都正在经历着变革。正是在这种群策群力的努力下，劳动教育才能真正走向未来，成为最时尚的活动。

遥望创造性劳动的星空，我们肩负着时代的使命，这就要求我们大力弘扬新时代的劳动精神，让创造性劳动成为衡量社会活力的重要标准之一，要求我们知行合一，积极探索创造性劳动教育的发展路径，如此才能切实体会到劳动创造真实的幸福的具体内涵。

1. 弘扬新时代的劳动精神

正如习近平总书记指出的："伟大出自平凡，英雄来自人民。"劳动精神是劳动者在劳动中所展现出的精神状态、精神面貌和精神品质。我们应当大力弘扬新时代的劳动精神、劳模精神和工匠精神，深刻理解劳动形态的演变，坚守与劳动精神相统一，让劳动最光荣、劳动最崇高、劳动最伟大、劳动最美丽的观念在青少年的心中扎根，让孩子们能够懂得并践行辛勤劳动、诚实劳动和创造性劳动。

将新时代的劳动精神融入创造性劳动的项目化学习中，将劳动精神融入每一次劳动中、每一堂课程中、每一位同学的心里。在教学中用多种形式来让学生认识劳动精神，例如经过观察、采访、调研、体验等过程，同学们在解决了如何成为一名合格的消防员的同时，认识到了消防精神的伟大、无私和奉献；又如在帮助环卫工作者更安全舒适地工作的同时，同学们切身体会到了环卫工作的辛苦，从心底里尊重环卫工作者。在一系列的创造性劳动项目中，新时代的劳动精神慢慢地在孩子们心中生根发芽，支撑他们成长为一个热爱劳动、艰苦奋斗、具有强烈社会责任感的新时代奋斗青年。

2. 创造性劳动是衡量社会活力的重要标准

遥望创造性劳动的星空，创新的本质是一种劳动实践，创造性劳动是衡量社会活力的重要标准，是推动社会发展的重要力量，是人类发展的根本要素。在社会，创新的技术、创新的产业、创新的服务带来了越来越多的新职业、新行业、新需求；在企业，创造性劳动带来生产技术的革新，极大地提高劳动效率，增加企业收益，刺激企业内部的创新循环，使企业成长为一个创新型、富有活力、充满生命力的企业；对劳动者，创造性劳动融入日常劳动过程中，通过不断积累的劳动经验，改造劳动工具、优化工作流程、传授劳动经验，使劳动者不断成长，成为一个创造性的人。此外，在学校，创造性劳动更是与学科知识、探究方法、课程实践相结合，让学生在劳动的过程中创造，在创造的过程中劳动，从小认同创造性劳动的价值。

3. 知行合一，积极探索创造性劳动教育

知行合一，知中有行，行中有知，既要认识到创造性劳动教育的价值，又要

在实践中积极探索和应用创造性劳动教育。作为学生要做到知行合一，注意手脑结合，学习各学科的理论知识，学习劳动技术技巧，学习劳动精神，同时要将所学真正融入劳动过程中，亲身经历劳动的过程，感受汗水、阳光、泥土，知道如何去劳动，也要做到真正去劳动，知道可以如何改进劳动工具、优化劳动过程，也能真正去改造、去试错、去应用。作为教师更要做到知行合一，学习先进的劳动教育方法，研究创造性劳动项目的案例，认可转变教师角色、教学方法，优化教学目标，改变师生关系，同时也要真正在平时的教学活动中实践。在学习生活中，在语文、数学、历史、地理、体育、艺术、道德与法治等学科中，细心发现劳动教育的素材，因势利导，主动开发创造性劳动课程，在每一天的教学实践中，积极探索创造性劳动教育的新形式。

4. 劳动创造真实的幸福

人类社会伴随着劳动形态的演变而不断发展，我们在劳动中认识了自己，发现了自己，发展了自己。如今幸福的生活离不开人类的辛勤劳动，无论劳动方式如何改变，劳动的形式如何多样，无论未来还会出现怎样的劳动职业，不变的是劳动创造历史、劳动创造幸福、劳动创造美好的劳动价值，不变的是"民生在勤，勤则不匮"这个最朴实的道理，不变的是只有劳动才能创造真实的幸福。

劳动创造物质价值。因为辛勤的劳动，人类驯化了水稻、小麦、蔬菜……我们才得以从狩猎采集的时代走到今天这个信息化、智能化的新时代。通过劳动我们可以强健体魄，不断发展进化身体，提高医疗技术水平，促进身体素养的不断提升；通过劳动我们可以满足人类必需的衣食住行，无论是通过劳动直接获得食物还是间接换取商品，都是劳动带给我们的温饱的保障；通过劳动我们才能发现并合理开发大自然中所有蕴藏的自然资源，合理利用，满足人类的生存生活；此外，我们通过劳动不断创造财富，让人类的生存生活朝着有益、可持续、可发展的方向不断前进。

劳动创造精神价值，劳动的意义不是索取而是奉献。人类起源于劳动，也发展于劳动，我们在劳动的过程中不仅实现物质财富的积累，更重要的是我们在劳动的过程中能够感受到自身的价值，满足自我实现的需求。同时劳动的过程也是一个不断创造精神财富的过程，在辛勤的劳动中形成了爱岗敬业、争创一流、艰苦奋斗、勇于创新、淡泊名利、甘于奉献的劳动精神，这是我们宝贵的精神财富和力量。

劳动创造真实的幸福，劳动的过程也是一个不断创造的过程。在全新的时代环境下，让劳动教育融入生活的点点滴滴，"让劳动光荣、创造伟大成为铿锵的时代强音，让劳动最光荣、劳动最崇高、劳动最伟大、劳动最美丽蔚然成风"，让劳动创造出真实的幸福。

《劳动·创造·幸福》项目笔记

一　最美的手 ①

　　新时代的劳动教育什么样？记者在静安区中小学劳动教育推进会上找到了答案。当屏幕上出现一双双"最美的手"，这群上海五年级的孩子为何红了眼眶？这是静安区和田路小学五（2）班的一节公开课。大屏幕上，出现了一双双或粗糙、或黝黑、或苍老的手。这些画面，全部来自五（2）班"向日葵"课题小组的五位同学完成的课题——"寻找最美劳动者的手"，他们把视线聚焦在身边的普通劳动者手上，拍下了他们心目中最美的手。当画面定格在一双略有焦黑的手，以及消防员逆行冲向火海的背影时，好几个女孩抹起了眼泪。

　　"一餐一食，辛苦所得；一砖一瓦，劳动所获。这一双双普通而又平凡的劳动者的手，改变了生活，创造了财富，赢得了他人的尊重，所以劳动最光荣。"随着班主任路赟的"点睛"，孩子们凝神静听，若有所悟。这是记者在静安区中小学劳动教育推进会上见到的一幕。

　　劳动是什么？当老师在课堂中第一次提出"劳动"这个主题时，和田的孩子们普遍感到疑惑。对于现在的孩子来说，劳动既遥远又陌生，这个词在他们的脑海中呈现的画面大概就是扫扫地、洗洗碗……要么就是语文书中学过的"锄禾日当午，汗滴禾下土"的农民耕种插图。脏兮兮的，还挺累的，劳动能幸福吗？劳动美在哪里？随着科技发展，越来越多的电子产品走进了千家万户，扫地机器人、洗碗机、消毒柜……劳动似乎和孩子们的生活没有很大的关系。在 21 世纪的今天，生活还需要劳动吗？

　　带着这样的疑惑，五（2）班的学生们开始了项目化研究。第一阶段的学习研

---

① 本案例由上海市静安区和田路小学路赟老师提供，由著作者进行了调整。

究，通过查阅资料，观看视频，学生们了解了劳动在中华源远流长的五千年历史长河中，占据着重要的作用。进入第二阶段——项目研究，到底该研究什么呢？劳动的范围那么大。"最美的手"的创意，来自"向日葵"课题小组。在一节语文课上，遇到了"龟裂"一词，网上一搜资料，发现用来解释"龟裂"的，竟然是农民伯伯手上的裂纹。于是，原本就在筹划"寻访最美劳动者"的几个孩子一合计，决定将视线聚焦在普通劳动者的手上。校合唱队的几个主力成员"近水楼台先得月"，和林育骢老师强强联手，以"劳动号子"为课题成立了研究小组。学霸李东昂带着他的好哥们开始了"鞋子除臭好妙招"的课题研究。平时特能惹事的高嘉钦主动请缨，加入了"特殊的劳动者"的研究小组，他们走进消防队，近距离地去了解消防官兵工作生活中的点点滴滴……

　　课余时间，孩子们开始了他们的探访之旅，并用照片记录了眼中的"最美"。在整个研究的过程中，学生们快速地成长着，那些原先在老师眼中始终长不大的孩子做事靠谱了，有条理了。李东昂是年级里众所周知的学霸，但也是鼎鼎大名的"迟到大王"，生活自理能力极弱，除了会学习，其他基本不会。这次，他担任了"鞋子除臭好妙招"课题的组长，所有组员的任务安排、所有研究步骤的设计，包括走进社区进行采访都由他负责。在妈妈的指导下，他事先进行了认真的思考和规划，根据每个组员的特点，布置了相应的任务。特别是在双休日，他独立带队走进洗鞋店，采访洗鞋工人，了解洗鞋的过程，体验他们工作的辛苦。在采访的笔记中，他写下了发自内心的最真挚的话语："今天我们去采访了小区洗鞋店的工人。一进门就闻到了一股难闻的味道，让人忍不住想吐。但洗鞋工人每天在这股味道中洗二三十双鞋，实在让我感到佩服。我们问洗鞋苦不苦，他笑呵呵地说，当然苦啊！但能尽自己最大的能力养家糊口，难道不是很值得吗？这位洗鞋工人让我觉得很了不起。原来，这就是劳动。从现在起，我也要做一个光荣的劳动者，自己的事自己做。"高嘉钦，时时惹事的孩子，但在这次的观摩课上，他主动请缨，朗读消防员的那封信。

　　赖乾乾是"寻找最美劳动者"小组的组长，文静、内向的她是一个爱看书的女孩子。在小组寻访的活动中，心思细腻的她采访了自己的外婆，在她的眼中，外婆就是最美的劳动者，外婆的手是最美的手，虽然摸上去皱巴巴的，很粗糙，但就是这双手牵着她长大，带给她童年的快乐。

小组里其他的同学有的选择了图书馆刘毓真老师的手，因为全靠这双布满灰尘的手，把1万多册藏书一点点从旧图书馆搬到了新图书馆，上架、排列、编码，为他们创造了舒心的阅读环境。有的孩子跟着做茶叶生意的父母回老家，惊讶地发现，每一片茶叶都是炒茶工人冒着100多度的高温，直接用一双"铁砂掌"炒制出来的。有的孩子看见，小区环卫工人"长满粗硬老茧的手感觉就像松树皮一样"，指甲因为没时间修理而发黄，手掌也因长期打扫而开裂、发黑。但是叔叔回答，只要看到居民从漂亮整齐的小路上走过，自己也很开心。有的孩子从来没有留意，水果店里的师傅为何每天戴着厚厚的手套。一问才知他皮肤天生过敏。但是即便如此，脱下手套后，那双手也布满被菠萝等水果划伤的痕迹。但师傅笑着说，"不吃苦，哪有饭吃！"

通过和身边普通劳动者的接触，孩子们发现，劳动不仅仅是简单的家务活和体力活，劳动是一种积极上进的精神，更是承担一份社会责任。在整个采访过程中，很多学生发生了改变，他们自发学起了家务，有的还去找了和劳动有关的古诗词，和大家分享中华民族勤劳朴实的优良传统。

4月28日，静安区中小学劳动教育推进会的主会场上，2班的每个团队用不同的形式向全区的老师汇报了他们各自的项目成果。你听，几位装扮成纤夫的男生正有模有样地拽动着粗麻绳，唱着嘹亮的劳动号子迈步向前……这是研究"劳动号子"的项目团队的表演。通过研究学习，团队成员们不仅对劳动号子的种类以及如何应用有了更深入的了解，特别是纤夫那满手的老茧更让同学们体会到了劳动者的伟大。随着屏幕上出现的一双双或粗糙、或黝黑、或苍老、或变形的手，赖乾乾领衔的"寻找最美的手"团队，用最朴实的语言赞美了他们眼中最美的手。班主任路赟老师又在大屏幕上展示了一双手指变形的手，这双手的主人是中国科学院院士、国家最高科学技术奖获得者吴孟超。这位97岁高龄的老人直到退休前，依旧保持着每年约200台手术的惊人工作量。他说：我从医院的岗位上退休了，但在医生的岗位上永远不会退休。如果有一天，我倒在手术台上，那就是我最大的幸福。

当画面定格在一双略有焦黑、满是水泡的手，当屏幕上消防员迈着坚毅的步伐冲向火海，逆向而行的背影在浓烟中慢慢消失时，采访消防员的小组成员满怀深情地朗读了一封消防员的家信。朗读完毕，全体同学不约而同地起立敬礼表达此刻心中对这群可敬而伟大的劳动者——英雄的消防员最崇高的敬意。

在课堂的尾声，路老师动情地说："一餐一食，辛苦所得；一砖一瓦，劳动所获。这一双双普通而又平凡的劳动者的手，改变了生活，创造了财富，赢得了他人的尊重……还有的人，在自己的岗位上默默坚守，无私奉献，取得了令人瞩目的成就，他的人生因执着而精彩，劳动因卓越而崇高。"孩子们若有所思地点了点头，在心底铭记下"劳动最光荣，劳动最崇高，劳动最伟大，劳动最美丽"。

整个活动中，学生也在发生着变化：为了演好纤夫，陈嘉豪特意让妈妈录了一段纤夫的视频，每天边看边琢磨，怎么让自己的动作更标准。陆铮，一个超级腼腆的男孩，和人说话的声音就像蚊子叫，这次居然能在大礼堂振臂高呼。邓伊瑶，一个倔强的小公主，因为试教时紧张忘词而流泪，但回家后擦干眼泪对着镜子练了一遍又一遍。李悦凝，一说话就脸红的小姑娘，这次不仅承担了媒体制作的重任，而且勇敢地走到台前进行操作。站在电脑台前的她，脸上始终挂着自信的微笑。

积极、乐观、奋进，一双双手传递着一股股精神力量。"起初，孩子们觉得劳动就是扫地、洗衣服、擦桌子，但通过和身边普通劳动者的接触，孩子们发现了，劳动的内涵是积极上进，承担一份社会责任。"孩子们的改变，让路赟老师颇有感触，"他们自发学起了做家务，有的还去找了和劳动有关的古诗词，在语文课上和大家分享中华民族勤劳朴实的优良传统。"

最美的手（一图读懂）

* 道法:
用走访等方式对调查对象的基本情况进行梳理
依据调查内容，归纳人物特点
抓住关键事例，描述人物的闪光点

* 语文:
围绕中心，准确提炼主要信息进行缩写
借用动作表情，将故事讲生动
搜集信息，选择恰当的材料支持自己的观点
整合有效信息，列提纲并按一定顺序，有条理
讲述

* 信息:
运用 PPT 制作思维导图
* 工具运用:
创意写作：用创意描绘的写法进行描写、PPT 制作

* 总结评价:
创新表现　项目展示　探究过程　创造
习惯

* 阶段评价:
第一阶段：技能掌握——走访调查方法的
运用
第二阶段：写作与表达——新时代劳动者
劳动价值的讨论
第三阶段：分享与表达——"最美的手"
演讲

① 建立联系

② 观察发现

③ 创意评价

④ 成果呈现

⑤ 探究解决

⑥ 聚焦问题

* 情景引入:
我有一双勤劳的手，样样事情都
会做。同学们，你仔细观察过爸爸妈
妈的手吗？你会用哪个词语来形容爸
爸妈妈的手呢？
环卫工人的手是粗糙的，消防员
的手满是水泡，农民伯伯的手满是皱
纹，洗鞋工人的手是红肿的……你认
为这些手美吗？
怎样的手是最美的手呢？

* 探究性实践:
通过讨论分享
了解身边最美劳动者最美的瞬间
用创意描绘的写法进行最美的手定格
描写
准确提炼重要信息
用简洁生动的语言描述最美的手
选择合适的材料有条理地表达自己的
观点
结合美术信息学科协助语文学科完成
《最美的手》

* 社会性实践:
分组阅读走访
搜集资料
正确全面的劳动的内涵

* 个人成果:
《阅读护照》——赞美劳动者的
诗句摘录积累
创意写作《最美的劳动者》
文学创作《最美的手》

* 团队成果:
最美劳动者的摄影展
《最美的手》

* 最终成果:
TED 演讲、主题班会
《最美的手》

* 核心问题:
怎样的手是最美的手？

* 问题链:
哪些人可以被称为劳动者？
不同职业的劳动者劳动价值不同在哪里？
我们身边有哪些最美的劳动者？
不同劳动者的手美在哪里？
我们用什么方式来赞美最美劳动者？

二 新型组合分类垃圾桶的故事 [①]

做值日是学生每天接触到的一个劳动项目，而垃圾分类已成为和田路小学全员参与的一项研究项目。

在一次班务课讨论中，坐在教室后排的小韩同学指着班级卫生角苦恼地说："我坐在小组最后一排，离卫生角是最近。你们看，卫生角里的垃圾桶、塑料桶、簸箕、扫帚……实在太多了，摆放又不整齐，占了这么大的面积，我都快没有地方坐了。特别是到了下午，湿抹布会发出一股难闻的气味，熏得我头都晕了。大家能不能想想办法把卫生工具摆放整齐，让卫生角变得干净整洁一些呀！"大家一听，觉得很有道理，现在大家进行垃圾分类，干湿垃圾要分开放，回收垃圾、有毒垃圾也要各归其位，这样垃圾桶会更多，那不是更乱了吗？小韩同学的苦恼引起了大家的共鸣，就这样，"奇思妙想队"成立了，大家决定让小韩同学作为队长，带着大家从设计新型垃圾桶入手，让卫生角变得整洁、规范。

卫生角的设计有什么不合理的地方？教室卫生工具有哪些？该如何合理摆放呢？带着这些问题，队员们决定先到其他教室去探探经，取取宝，来一次卫生角实地大调查。在经过一番实地考察后，大家很快发现了自己教室卫生角存在的问题：工具太多，扫帚和簸箕摆放不合理、干湿抹布无处安放……如果有一个多功能垃圾箱的话，这些问题就能迎刃而解了。

垃圾桶如何进行组合才能节省空间？又如何解决干湿抹布和簸箕的摆放问题？带着问题，大家头脑风暴，集思广益，达成共识。

为了让组合垃圾桶达到最理想的效果，同学们反复讨论，不断完善设计方案，小黄同学提出：如果将桶身整体变为正方形，会不会比原来的圆形更为协调呢？小任同学觉得垃圾桶的投放口会造成倾倒、清洗不便，可以尝试设计成凹槽形式的。小陈同学说设计有两个凹槽把手更为合理，这样便于拿取搬运。小于同学提

---

① 本案例由上海市静安区和田路小学郑茳老师提供，由著作者进行了调整。

出：三个桶身的边角改成圆弧状，这样可以避免磕磕碰碰，外形也更加美观。最后，大家还决定将桶身设计成不同颜色，并贴上不同的标识，这样能更清晰地区分垃圾桶不同区域的不同功能。所有的建议都一一被队长记录下来，并运用到最终的设计方案里。

经过一周的紧张制作，新型组合垃圾桶终于完美诞生了：垃圾桶由三个不同颜色的叠放桶和一个活动横杠盖组成。最上层是有提手的塑料桶，桶口凹槽上搁置有活动横杠盖，既可悬挂晾干抹布，又可作为盖子，防止倾倒垃圾时垃圾掉出。中间层是干垃圾桶，最下层是纸质垃圾桶，桶壁均设计有凹槽式投放口，便于倾倒和清洗。底部设计有摆放簸箕的空间，簸箕可以像抽屉一样放入、取出，十分方便。新型组合分类垃圾桶利用了组合的形式，合理规划了卫生工具的摆放位置，节省空间，使教室的卫生角变得既整洁美观、整齐划一，还节省空间，又有利于推进垃圾分类的开展，真是一举多得啊！

从课题的设想到最后作品的呈现，队员们参与了整个研究过程，他们像科学家、工程师一样思考，一样实际操作，通过查阅资料、交流讨论，不断完善设计方案，并完成制作，各方面的能力都得以提升。而最后的 TED 展示也是一个信息发布的过程，队员们既可以将自己的作品介绍给大家，更可以把自己研究的过程呈现给其他的小伙伴们，让他们可以切实地感受到研究的过程，由此得到启发，创新思维也得以充分调动。

队员小刘发现小学生最主要的书写工具是铅笔，而削铅笔留下的细碎木屑和墨粉，以及使用橡皮擦之后留下的橡皮残迹，都会成为桌面上难以打扫的垃圾。如何收拾桌面垃圾？小刘受到组合分类垃圾箱项目的启发，设计了专用"易打扫桌边垃圾桶"。

经过调查、设计、改进，她将卷笔刀、小扫帚、垃圾桶、桌子完美地结合在了一起，达到了方便、易清洁的目的，使"易打扫桌边垃圾桶"成为小学生、设计师的最佳伴侣。

创新项目化学习，让劳动实践更加具有智慧和创意，让学生在活动中自主体验、自我教育，让劳动价值观在学生心中深深扎根。项目化学习的方式不仅帮助

新型组合分类垃圾桶（一图读懂）

* 科学：
    设计调查问题
    垃圾分类知识
    模型设计制作

* 工具运用：
    美工刀的使用

* 总结评价：
    创新表现　项目展示　探究过程　创造习惯

* 阶段评价：
    第一阶段：调查研究分析
    第二阶段：创意设计　模型制作
    第三阶段：研究报告　TED 演讲

建立
联系

创意
评价

观察
发现

1 2 3 4 + 6
    5

* 情景导入：
    今天又轮到你值日了，看着打扫干净的教室，你心里的成就感油然而生。现在，只要把劳动工具放回卫生角，今天的值日就大功告成啦！来到卫生角，塑料桶、簸箕、扫帚……它们杂乱地堆放在一起，体型"庞大"的垃圾桶挤占了大量空间，整个卫生角也显得杂乱不堪。
    在狭小的空间里，我们应该怎样有创意地收纳劳动工具，才能让卫生角更整洁、更规范呢？如何设计一个有收纳功能的分类垃圾桶呢？

探究
解决

成果
呈现

* 探究性实践：
    分组调查各个教室的卫生角情况
    如何摆放教室保洁工具

* 社会性实践：
    调查常用保洁工具的需求

* 技术性实践：
    模型制作图的绘制
    模型制作尺寸的测量
    美工刀的使用

* 个人成果：
    个人教室卫生角调查记录
    个人模型设计初稿
    个人模型作品初稿

* 团队成果：
    教室卫生角调查交流汇总记录
    组合分类垃圾桶设计稿
    空间合理利用论文报告
    分类垃圾桶模型作品
    TED 演讲
    照片记录

* 最终成果：
    个性化收纳功能垃圾桶成品展示与展示

聚焦
问题

* 核心问题：
    如何设计一个有收纳功能的分类垃圾桶呢？

* 问题链：
    教室保洁工具有哪些？如何摆放的？
    教室需要多少垃圾桶？
    卫生角的设计有什么不合理的地方？
    垃圾桶如何进行组合才能节省空间？
    如何解决抹布和簸箕的摆放问题？
    组合分类垃圾桶还有哪些可以改进的地方？

学生确立正确的劳动观点、积极的劳动态度，也让他们形成尊重、热爱劳动过程、劳动成果和劳动人民的价值态度，让队员们懂得了劳动创造价值，劳动创造幸福。

三 快递是如何到我们手中的 ①

"你知道'盒马鲜生'送货到家需要汇聚多少人的劳动吗？"这是和田路小学张校长在一节数学项目化学习研究课后询问孩子们的一个问题。"一石激起千层浪"，的确，我们每天都会看到路上的快递小哥们运送着大大小小的各种包裹，也会看到爸爸妈妈带回家的一件件快递。那么这些快递包裹到底是怎样一步步从商家出发，最后到达我们手里的呢？四（3）中队 LCW POST 小队开始了他们的研究。

"对于快递和物流，你想知道些什么呢？"队员们开始了头脑风暴，一连串的问题从大家的脑海中闪现："快递是怎样打包的？""驿站如何对快递进行分类处理？""快递员每天送货的路线是怎样设计的？""快递员是随机送货的还是有一定的区域划分？""投递的方法有哪些呢？"……根据这些问题，在导师劳老师的帮助下，大家做出了一个大胆的假设，快递配送是按照"发货方—中转站—收货方"的流程模式进行的，而快递员正是这流程中最为关键的传输纽带，中转站则是流程中的核心。

是不是这样呢？队员们决定利用双休日走访快递公司——学校附近的京东快递站实地考察，和快递小哥进行一次近距离的沟通。

周日一早，在队长吴玉盈的妈妈陪同下，7 名成员手持摄像机、笔记本、小话筒等前往洛川路上的京东快递中转站，开始了第一次的实地采访。虽然事先做足了功课，但当进入快递中转站的时候，大家还是着实被眼前的场景所震撼。队员们好奇地看着中转站内的工作场景：自动传送带上五花八门的货物井然有序地排列着，经过工作人员扫描，电脑录入信息，然后根据不同的收货地址各自被送

---

① 本案例由上海市静安区和田路小学劳雨伟老师提供，由著作者进行了调整。

入指定库存，再由电脑识别统一分配给区域负责人，最后交由快递小哥定点投递，其中任何一个环节都容不得有半点差错。每天数以万计的包裹都是经过这样的流程被准确送往城市里的各个角落。快递中转站远比想象的要大得多，来自五湖四海的包裹汇集到这里，却井然有序，杂而不乱。经过对物流分拣人员的访谈，队员们大致了解了中转站内的 4 个基本工作：扫描入库、流水线分装、区域分流和定点投递。一个多小时的参观和采访，时间不经意间就过去了，大家原本心中的疑惑都找到了答案。带着满满的收获离开时，望着流水线上那一个个忙碌的身影，我们深切地体会到物流工作的细致和艰辛。

除了近距离观察中转站的工作场景，同学们还亲自去家附近的丰巢取货。在深入研究调查后，大家产生了另一个问题：那些密密麻麻晦涩难懂的物流跟踪记录该怎么看呢？为了更清晰地了解快递运输路线，队员们还收集了购物 APP 上的物流跟踪记录及地图路线信息，和劳老师一起围绕快递的路线开展了有趣的数学课，学会了怎样看懂地图软件。通过学习和研究，我们不仅掌握了地图上方向辨识、位置确认、距离测算、路标识别、地点查询等方法，还学会了如何根据需要选择出最佳路线。原来这样一个小小的地图软件里，竟然藏了这么多神奇的秘密啊！原本那张看上去有些晦涩难懂的物流跟踪记录图，现在也是一目了然了。快递的实时位置会以一辆小货车的样子显示在地图上，随着下方的物流跟踪链更新位置。下方的物流跟踪链更是把快递的状况精确到每一秒。快递公司打包好之后，由运输车送往途中的一个个快递中转站，就像一辆跨省的地铁，一站接一站，慢慢接近它的终点。在到达家附近的最后一个中转站时，就会由区域负责的骑手专门派送，他的姓名和联系方式都会清晰地显示出来，保证整个运输过程的公开和精准，也便于顾客们随时查询。

终于到了最后一步，快递即将送货上门。可是如果遇到家里刚好没人的时候，这些快递又该怎么处理呢？小队的成员们再次利用周末齐聚一堂，前往柳营新村小区内的丰巢收纳柜和菜鸟驿站，亲身体验了一把取快递和寄快递的方法。打开手机，扫码、点击、确认，几个简单的操作就能轻松取出保存在快递柜里的快递，这是多么贴心的设计啊！以前无人接收的快递只能麻烦邻居或者小区门卫代收，

快递是如何到我们手中的（一图读懂）

* 数学：
   路线规划
   方向辨识
   位置确认

* 信息：
   地图查询
   扫码下单
   物流信息

* 工具使用：
   平板电脑　手机　无人机

* 总结评价：
   创新表现　项目展示　探究过程　创造习惯

* 阶段评价：
   第一阶段：问卷调查与信息收集
   第二阶段：研究小报与快递流程图的制作
   第三阶段：展板制作与情景剧展示

建立联系

创意评价

观察发现

成果呈现

* 情景导入：
   叮咚！门铃响了，打开门一看，原来是快递小哥把爸爸妈妈的快递送来了。看着小区里大大的包裹和快递小哥忙碌的身影，我不禁好奇，这些快递是怎么从世界各地出发，一步步精准到达千家万户手里的呢？在旅途上它们又会有哪些神奇的经历呢？
   快递究竟是怎样送到我们手中的呢？

探究解决

* 探究性实践：
   设计调查问卷，汇总同学们关注的快递问题
   提出配送情况的假设方案并制订研究计划
   探究 APP 上的物流跟踪记录及地图路线信息

* 社会性实践：
   调查快递中转站，采访工作人员
   实地考察丰巢收纳柜与菜鸟驿站

* 技术性实践：
   使用平板电脑或手机收发快递

* 个人成果：
   《快递是如何到我们手中的》研究小报
   创意快递流程图
   物流跟踪信息与配套地图分析报告
   路线规划学习单

* 团队成果：
   实地考察采访视频
   进程性记录照片
   研究成果展板

* 最终成果：
   情景剧《一骑红尘妃子笑》

聚焦问题

* 核心问题：
   快递是如何到我们手中的？

* 问题链：
   快递是怎样打包的？
   如何对快递进行分类处理？
   怎样合理规划路线？
   人员和区域怎样划分？
   投递的方法有哪些？

或者临时堆放在楼道里，还有的就是被无奈退回，这样不仅耽误了大量时间，还增加了包裹遗失、误领的风险。而现在，这些问题都被完美解决，物流行业的飞速发展大大促进了生活的便利，感慨之余，我们更是看到了劳动者的智慧结晶。

最激动人心的是到了项目展示阶段，我们将之前研究的点点滴滴绘之于纸，制作了"快递是如何到我们手中的"研究小报与快递流程图，并且将整个过程中的所见所闻编成了一场情景剧《一骑红尘妃子笑》，通过公开展演，让更多的人了解这一行业，了解劳动者工作的艰辛，以及一丝不苟的态度。

在智能家居普及的当下，扫地机的工作原理和操作，煤电水费的自动扣款缴纳、果汁机的远程预约操作……这些都需要有创造性的劳动、智慧的劳动。在整个活动过程中，学生们切身体验到自己的研究是有价值的，劳动是具有创造性的。同时他们发现了劳动在我们的生活中无处不在，劳动者是最美丽的人。

四　为什么不同职业的帽子都不一样 ①

周六，和田路小学三（4）班的汪皓彬刚做完作业，坐在沙发上，打开电视机，终于可以看电视休息一会儿啰！只听见电视里传来这样的台词：

"我们是勇敢的消防员，

这是我们的工作装备，

哪里要救火，

哪里就有我们。

我们是工程队的勤劳工人，

出入工地，

一定要记得戴好安全帽噢！"

……

咦，电视里在放什么呢？好有趣。小汪同学目不转睛地看着电视屏幕上演员

---

① 本案例由上海市静安区和田路小学徐舒沁老师提供，由著作者进行了调整。

的表演，脑海里蹦出了这样一个问题：在电视上和生活中看到有些叔叔阿姨在工作中都需要戴帽子，但他们的职业帽都不一样。这是为什么呢？

周日，小汪约了同学浩浩一起踢球，看到他戴着棒球帽，昨天的疑问又涌上心头。"浩浩，我昨天看到电视里在播放一个有趣的节目，是介绍不同职业的，最有意思的是这些职业都要戴相应的帽子哎，好神奇！""噢，这个节目我昨天也看了，还想跟你一起讨论呢！"浩浩说，"你说为什么有这么多职业要戴帽子呀？而且这些职业帽为什么都不一样呢？"两人讨论了半天，百思不得其解，决定明天去学校请教徐老师——项目化学习小组的导师。

第二天，小汪同学跑到他最喜欢的美术老师徐老师面前，兴奋地问道："徐老师，我和浩浩昨天想到一个非常有意思的问题——为什么不同职业的帽子都不一样？您能来我们一组当导师吗？"徐老师微笑着说："好啊，小汪同学真是个善于观察、勤于思考的好孩子，能从生活中挖掘不一样的研究主题和素材，这才是真正的和田路小学的小创！"于是，研究不同职业的帽子的项目组成立了。

要想做一个深入的项目化研究，就要先寻找问题的缘起和背景。在徐老师的指导下，队员们上网搜索了职业帽的共同特点，原来它们都是职业身份的象征啊！不同的职业帽功能不同、材质不同，外形特点也各不相同。

随之而来又有了以下几个有关联的问题：我们的父母是做什么工作的？——他们有职业帽吗？——哪些职业需要戴帽子工作？——各种职业的帽子材质、样式、作用、种类各有什么不同？……一个从生活中发现的小小问题，竟然可以引出一连串小问题，这个职业帽秘密的小项目，要想研究好、研究透，还真是不容易，但一定会很有意义。在导师徐老师的带领下，孩子们开启了关于职业帽的研究之路。

"为什么不同职业的帽子都不一样？"在查找资料和调查问卷的过程中，队员们发现，如教师、律师、银行职员、设计师等职业就没有代表性的职业装和职业帽，而"警察、护士、消防员、厨师、炼钢工人、宇航员"这些人的职业帽子非常具有标志性。"这些职业帽分别有什么用？不同职业的帽子有何不同？他们为什么要戴职业帽？"一连串问题让大家觉得项目化研究真是越来越有意思，越来越令

为什么不同职业的帽子都不一样（一图读懂）

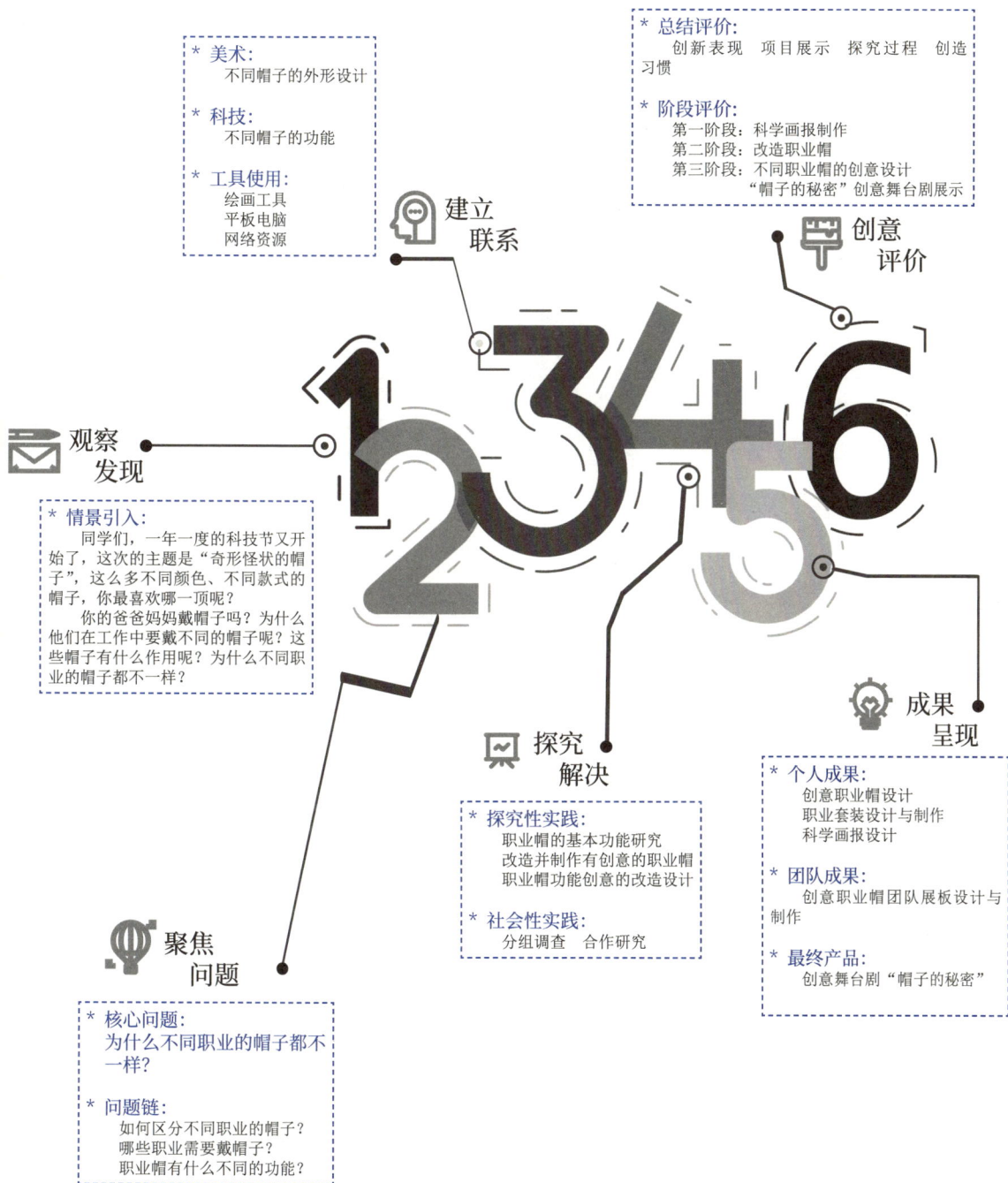

* **总结评价:**
    创新表现　项目展示　探究过程　创造习惯
* **阶段评价:**
    第一阶段: 科学画报制作
    第二阶段: 改造职业帽
    第三阶段: 不同职业帽的创意设计
    　　　　"帽子的秘密"创意舞台剧展示

* **美术:**
    不同帽子的外形设计
* **科技:**
    不同帽子的功能
* **工具使用:**
    绘画工具
    平板电脑
    网络资源

建立联系

创意评价

观察发现

* **情景引入:**
    同学们，一年一度的科技节又开始了，这次的主题是"奇形怪状的帽子"，这么多不同颜色、不同款式的帽子，你最喜欢哪一项呢？
    你的爸爸妈妈戴帽子吗？为什么他们在工作中要戴不同的帽子呢？这些帽子有什么作用呢？为什么不同职业的帽子都不一样？

探究解决

成果呈现

* **探究性实践:**
    职业帽的基本功能研究
    改造并制作有创意的职业帽
    职业帽功能创意的改造设计
* **社会性实践:**
    分组调查　合作研究

* **个人成果:**
    创意职业帽设计
    职业套装设计与制作
    科学画报设计
* **团队成果:**
    创意职业帽团队展板设计与制作
* **最终产品:**
    创意舞台剧"帽子的秘密"

聚焦问题

* **核心问题:**
    为什么不同职业的帽子都不一样？
* **问题链:**
    如何区分不同职业的帽子？
    哪些职业需要戴帽子？
    职业帽有什么不同的功能？

人着迷。

在研究过程中，同学们发现原来消防员、工人和宇航员的帽子是因其能极大程度上保护劳动者生命而设计出来的具有保护性功能的职业帽；而护士的帽子则是具有收纳头发、装饰美观的作用；有趣是厨师帽，厨师级别越高，帽子也就越高；警察的帽子则是一个国家的正义身份的象征。不同职业的帽子原来功能不同，标志性作用也不同，真是个大学问啊！

在接下来的一周时间内，团队成员制订了项目计划，分别去研究不同工种的职业帽，了解它的样式、功能，完成职业帽科学画报的制作。作为项目组的学生组长，小汪同学选择了勇敢的消防员职业帽作为科学画报制作的主题内容。根据研究内容制定科学画板的版面、设计画报中的关键内容。第一个完成了消防员职业帽的科学画报设计。

职业帽还能怎样改进？围绕这个问题，小组成员们又开始了新一轮的研究。

之前是善于观察、资料收集的活动，之后则是烧脑、动手的环节活动。难度一点点增加，但组员们的研究兴趣则逐步高涨，越发来劲了……就这样，短短一周的时间，小组六个小伙伴，都成功地改造设计出了个性化十足的职业帽。

同学们紧紧围绕"劳动·创造·幸福"的项目研究，通过与劳动有关的创意小课题，在实践探究和主题研究中共同解读了劳动的深刻涵义。在他们看来，劳动不只是一个简单的行为，更是一种态度，一种责任，一种精神。劳动可以创造生活、创造幸福、成就未来。

五　如何让旅行箱装入更多的物品 [①]

马上就要到五一了，黄莹的心里可激动了，妈妈早早答应他的厦门之旅就要来了。为了这次五天四夜的厦门之旅，黄莹可是费尽了心思准备。出发前的一个星期，他就在思考需要带什么去旅行。这不整理不知道，衣服、鞋子、玩具、毛

---

① 本案例由上海市静安区和田路小学程玉洁老师提供，由著作者进行了调整。

巾……根本塞不进他的行李。这可难坏了黄莹。第二天到学校，黄莹把他的苦恼告诉了好朋友宋小宝，宋小宝听后说："这有什么难的，我帮你！"放学后，宋小宝去了黄莹家，帮黄莹收拾了起来。宋小宝看着黄莹的行李，边整理边说："这个不要，那个也不要……你应该把衣服放在下面！"黄莹看着宋小宝帮自己收拾行李，不由竖起来大拇指："你可太厉害了，三下五除二就帮我整理好了。我第一次整理行李箱，都不知道从哪下手。"宋小宝看着黄莹说："我也是凭经验整理的，等你旅游回来，我们一起再研究一下，也许有什么更好的收纳方法。"

五一小长假很快就过去了，黄莹也从厦门旅游回来了。回学校的第一天就迫不及待地找宋小宝研究行李箱怎么收纳的问题。

旅行箱怎么收纳更多的物品呢？他们又找来了好朋友李浩和小刘，就这样行李箱研究小分队开始行动起来。黄莹说："我们得先问问大家，在收拾行李箱的时候有什么困难。比如我收拾起来不知道该带什么不用带什么，结果收拾来收拾去就拿了一堆用不上的东西。"听到黄莹的困惑，李浩接着说："我虽然带的东西不多，可是每次我出门旅游只要打开行李箱拿东西，里面就会被我翻得乱成一团，有时候还找不到放在哪儿了，因为这个我可没少被我妈说。"旁边的同学听他们说完，连连点头说道："是啊是啊，我也是！"就这样大家你一言我一语地说起来自己和行李箱的故事，看来大家收拾行李箱的问题还真不少呢！

如何让旅行箱装更多的物品呢？李浩想道：首先我们要知道行李箱有多大，以及行李箱里适合放多大的物品，才能更好地装行李。可是怎么测量呢？他们几个人下课以后走进了教师办公室，请教了数学杨老师。在杨老师的指导下，他们选了市面上常用的两种大小的旅行箱，测量了它们的长宽高，也算出了各个行李箱的体积。对于行李箱的实际大小有了初步的了解。

每次出门旅行需要带什么呢？为了解决这个问题，他们在班里做起了小调查：旅行前会考虑哪些因素？会准备哪些物品？同学们纷纷说出了自己的想法："我会查天气预报，看需要带什么衣服。""我会根据时间长短带衣服。""如果长时间坐车我会带一本书。""每次旅游我都会带上相机拍风景。""我会带一双轻便的运动鞋。""我妈妈每次都帮我带一些应急的药。"……在全班同学的集思广益下，他们研究出了一份"行李清单",里面都是大家觉得必须带的物品。他们还把常用的旅行物品种类和数量按照旅行时间的长短、温度差异做成了多样的思维导图,方便大家理解。这样不管是长途旅行还是周边游,不管是去温暖的南方还是寒冷的北方,同学们在旅行前都可以根据自己的需要快速准确地准备好自己的行李。

接下来的任务就是如何把这些物品合理地放进行李箱了。他们分头行动,有的人回家跟妈妈请教生活中收纳的好办法,有的人上网搜索收纳教学视频,学习各种物品的收纳方法。第二天来学校,大家就一起分享前一天学到的收纳妙招:"我看网上说衣服可以卷起来收纳,这样更省空间。""衣服重的放下面轻的放上面,其他物品放在衣服的上面。""放行李的时候大物体先放,要摆放整齐,同一类的物品放一起,方便翻找。""旅行的话,还要留一点空间放买的纪念品,箱子不能装得太满。""袜子、内衣、手套等小物件可以用袋子装好后放在空隙里,这样既省空间,又能保护物品。"……大家把自己学到的方法一一列举了出来。最后决定根据不同的旅行需求,每个人负责设计一种旅行箱的收纳方法,这样能给大家提供更加多样的参考。

趁着周末在家,黄莹在家拿出行李箱,翻找出"旅行清单"上的必备物品,开始忙活了起来。他负责设计一次三天两夜的短途旅行,所以他选择了 21 寸的小行李箱。他把这些东西折起来放进去,又拿出来重新排列再放进去,就这样反反复复,终于所有的物品都整齐地放进了行李箱。黄莹满意地看着自己整理好的行李箱,心想:下次旅行我就可以快速地整理好自己的行李箱了!就这样,黄莹把自己整理行李箱的方法用简单的图画表示了出来,告诉大家在准备三天两夜的短途旅行行李时,应该带些什么,应该怎么合理地放进行李箱。其他几位同学也一样,用一张张草图清楚地说明了行李箱里应该如何收纳才能装下更多的物品。

在一次次调查、设计、实验中,他们的方案越来越完整,团队分工合作也提高了他们解决问题的信心。快期末了,他们通过一次 TED 展示,把研究出来的成果展示给了大家,在展示的过程中得到了很多同学的共鸣与认可,解决了很多同学出门旅行时的一大烦恼。同时,也有其他同学表示他还有其他的收纳好办法愿意分享给大家。这次成功的展示,也增添了他们去探究生活难题的兴趣。

如何让旅行箱装入更多的物品（一图读懂）

* 数学：
　计算空间大小
　轴对称图形
　不规则图形
　立体几何图形的大小计算
　轴对称图形的形成方法

* 科学：
　物品的分类
　不同地点或地区的地理环境
　气候条件知识

* 道法：
　不同地点的风土人情

* 工具运用：
　思维导图

* 总结评价：
　创新表现　项目展示　探究过程　创造习惯

* 阶段评价：
　第一阶段：不同地区或地点的信息调查研究分析
　第二阶段：物品收纳创意设计
　第三阶段：物品创意收纳的空间利用率研究报告

建立联系

创意评价

观察发现

* 情景导入：
　在繁忙的学习生活中，能有几天的时间外出旅行，彻底放松自我，你一定非常期待！
　那还等什么呢？赶快打点行装，准备出发吧！
　外出旅行，你需要带哪些物品呢？哪些因素会影响你需要装箱的生活旅行物品的种类和数量呢？
　怎样才能让你的旅行箱装下更多的物品？

成果呈现

探究解决

聚焦问题

* 个人成果：
　思维导图——常用旅行物品的种类和数量
　物品的创意收纳草图
　轴对称图形的设计

* 团队成果：
　不同地点或地区的科学画报信息分析
　不同尺寸旅行空间的计算过程
　物品创意收纳展示
　旅行箱的创意收纳方法
　空间收纳方法研究报告
　TED展示
　多媒体制作

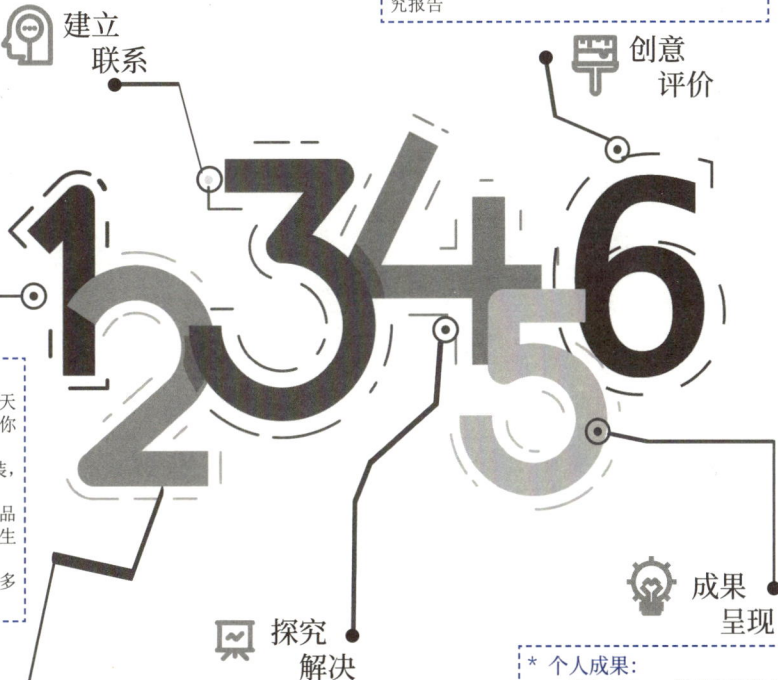

* 探究性实践：
　轴对称图形的原理和形成方法
　不同物品的收纳方法
　旅行箱如何摆放可以节省空间

* 社会性实践：
　调查不同地点或地区的风土人情
　不同旅行箱空间摆放物品的常用方法

* 技术性实践：
　物品收纳方法的草图绘制
　空间大小计算方法和测量方法
　旅行箱的合理摆放

* 核心问题：
　怎样合理、有创意地收纳旅行箱，才能让你的旅行箱装入更多的物品？

* 问题链：
　如何根据不同的特点对旅行箱进行分类？
　如何根据旅行目的地选择合适的旅行箱？
　我们怎样选择需要携带的物品前往目的地？
　这些物品如何收纳可以减少空间的占有率？

六　如何提高社区停车位的使用效率 ①

　　啦啦啦，放学啦，陈明同学背着小书包坐上妈妈的车回家啦！可是车刚开进小区，就仿佛驶进了车子的海洋，横放的，斜放的，竖放的……大门口的空地上停满了车子，就连小区内的小路两旁也无法幸免，原本还算宽敞的通道仿佛变成了窄窄的迷宫。陈明同学不得不把脑袋探出窗外，在一次次的转圈中寻找幸存的车位。"妈妈，这里有位置！"话音刚落，妈妈一踩油门就冲了过去，挂挡、转动方向盘、倒车，他还没反应过来，整个过程就已经结束了。哦，原来怕慢一点，车位被别人抢走了。

　　像这样现实版的 QQ "抢车位"每天都要上演。平时，陈明同学和妈妈回家一路上都担心着有没有车位，只要有一个车位，就会高兴得像捡到了宝贝似的。有时候回家稍微晚一点，妈妈就要在小区里绕上好几圈，实在没车位了，还得到小区外面去碰运气。哎，要是小区的停车区域再大一点，车位再多一点就好了。

　　无独有偶，当陈明同学来到学校和小伙伴们大吐苦水时，才发现有着"停车难"经历的不止一人。由此可见，社会现代化飞速发展的同时带来了很多问题。每每爸爸妈妈下班回来，小区车位真是一位难求，特别对于一些老旧小区，停车矛盾更是日益紧张。于是同病相怜的小朋友们组成了一个队伍，围绕着"怎样合理设计社区停车位，充分利用周边设施增加社区停车使用效率"这一主题开展了一次劳动项目的研究。

　　问："业主的车辆是否登记过？"

　　答："所有业主的车辆都登记过，并严禁外来车辆进入。"

　　问："我们小区共有多少个停车位？"

　　答："120 个。"

　　问："那小区共有多少家住户？"

---

① 本案例由上海市静安区和田路小学陈宗叶老师提供，由著作者进行了调整。

答："166 户。"

……

在组长的带领下，组员们把停车难定为这次采访调查的主题，在纸上罗列好调查采访的内容提纲，然后利用双休日带着提纲和相机来到小区大门值班室，采访了一位值班的保安叔叔。接着，他们穿梭在小区中，对着所停车辆认真地数起来，结果发现小区内一共停了 191 辆车，竟超出实有停车位 20 多辆。原来小区车位少、车辆多，规划的停车位远远不够是导致车位紧张的根本原因。

"不如我们来重新设计和规划小区的停车区域和车位划分吧！"陈明一拍桌子，壮志满满地说道。撸起袖子说干就干，组员们两两结对各自分工，开始执行自己的任务。陈明二人拿起卷尺对小区内停着的车辆的大小进行测量，并前往门卫室调取车辆进出时间的记录表，完善了社区车辆信息统计表；小王二人穿街走巷，排摸小区周边环境和公司单位的用车情况，制作了周边地区车辆信息统计表以及周边地区停车区域登记信息表；郑洁二人则来到物业处向经理讨要小区平面图，了解小区不同区域的分布情况，完成了社区车辆停车区域计算表。"不对，你这里写错了，应该是这样的……""你看我，这样量更快。""这里的数据好像有点不对，我们再去确认一下吧！"为了确保后面阶段的顺利开展，同学们精益求精，不厌其烦地一遍遍确认、修改、优化自己的数据统计表。

前期排摸调查工作结束后，小组成员们把各自的调查成果进行了汇总，展开了分享交流会。不同车型对停车设施有什么需求？社区配套设施怎样布局更加合理？是不是可以尝试运用错峰停车的方法提高停车位的使用效率？大家你一言我一语，分享着自己的见解，一个个问题在大家齐心协力的头脑风暴中一一解决。数学好的进行测算，美术拿手的来绘制社区停车区域分布图，文字功底不错的队员承担了撰写提高社区停车位使用效率的可行性研究报告。为了确保数据的精确度，组员们反复确认后才开始在动手能力很强的小李的带领下着手制作模型沙盘。经过一周的时间，在老师、家长的帮助下，陈明一组依据设计稿还原制作了社区停车位沙盘。看着眼前的成品，同学们的开心溢于言表，这不仅仅是解决了大家生活中的小困难，更是对自己为期三周的项目研究成果的肯定。

如何提高社区停车位的使用效率（一图读懂）

* **数学**:
计算面积大小
网格图记录车辆相关信息
时间的分配
平面图形的大小计算

* **科学**:
社区地理位置平面图

* **劳动技术**:
模型沙盘的制作技能

* **美术**:
社区配套设施分布设计
绘制社区地理位置平面图

* **工具运用**:
思维导图
模型沙盘制作工具

* **总结评价**:
创新表现　项目展示　探究过程　创造习惯

* **阶段评价**:
第一阶段：社区停车区域设计沙盘模型
第二阶段：社区停车区域的研究分析
第三阶段：社区停车位规划设计评估报告

建立联系

创意评价

观察发现

* **情景导入**:
社会现代化飞速发展的同时带来了很多问题。每每爸爸妈妈下班回来，小区车位真是一位难求，特别对于一些老旧小区，停车矛盾更是日益紧张。
如何提高社区停车位的使用效率？

成果呈现

探究解决

* **探究性实践**:
不同车型对停车设施的需求
社区配套设施的合理化布局
错峰停车对提高停车效率的作用

* **社会性实践**:
调查社区及周边地区的地理环境和人员分布
了解社区居民及周边上班族对停车问题的需求

* **技术性实践**:
最大限度开发社区停车区域
面积大小计算方法和测量方法
时间使用的排列组合
社区停车位与配套设计的合理化分布

* **个人成果**:
社区车辆信息统计表
社区车辆停车区域计算表
周边地区车辆信息统计表
周边地区停车区域登记信息表

* **团队成果**:
社区车辆信息调查报告
社区停车区域分布图
社区停车区域分布沙盘模型
提高社区停车位使用效率的研究可
行性报告

聚焦问题

* **核心问题**:
怎样合理设计社区停车位，充分利用周边设施增加社区停车使用效率？

* **问题链**:
小区有哪些公共区域？
具有哪些功能，它们如何分布？
车辆的外形特征或功能如何影响停车位的分布安排？
如何设计小区停车区域与道路设施的分布？
如何分析小区停车位与车辆之间的供需矛盾？
如何设计周边区域停车位的共享方式？

在最后的交流分享会上，同学们自豪地拿着自己的成品汇报着自己的研究成果，将自己的研究过程一一道来，逻辑清晰，语句流畅。在生活中发现问题，驱使学生主动自主地进行学习，不断寻求解决问题的方法，打通了学科之间的关节，在合作与竞争中成长，促使孩子实现创意、创新、创造。

七 如何为旅游团队担任导游服务 ①

天气渐渐炎热了起来，大家都脱去外套穿上了轻便的夏装，夏天到了，意味着暑假也马上就要到啦！这次暑假学校为同学们提供了好多实习活动，真真特别喜欢旅游，决定参加小导游的实习。

选定了心仪的公司后，真真犯了愁，如何制作一份导游简历？网上五花八门的信息看得真真晕头转向，经过筛选，真真了解到原来简历上需要教育背景、实践经历、技能能力和自我评价这几个部分。实践经历该怎么写呢？真真突然停下了笔，胡老师看着真真抓耳挠腮的样子笑着说："我们学校的小队活动不是经常去社区做志愿者吗？"真真脑中灵光一闪，立马说道："对！我还在博物馆里做过小小讲解员呢！"经过一下午的"挖掘"，真真发现自己身上的闪光点原来有这么多，平常不起眼的小爱好也可以作为自己的特长写进简历。制作精美的简历终于完成了，真真怀着忐忑不安的心情将这份沉甸甸的简历投给了自己心仪的公司。胡老师拍了拍真真的肩膀说道："接下来我们就静候佳音吧！"

第二天胡老师就把收到面试通知的消息告诉了真真，真真听后高兴得一蹦三尺高，胡老师一脸认真地说道："别高兴得太早，真正的考验现在才开始呢！"真真心想：是呀，面试不比简历，一切都要靠我自己来努力了！胡老师继续说道："面试的时候可千万不能怯场……"真真抢答道："我知道，要落落大方，把自己的优点都介绍出来。"

面试的时间到了，真真站在门外紧张得手心都出汗了，虽然自我介绍昨天晚

---

① 本案例由上海市静安区和田路小学庄天乐老师提供，由著作者进行了调整。

上爸爸妈妈已经帮自己过了好几遍了，可她仍旧一遍一遍地在脑海中演练着。很快轮到了真真，真真深吸一口气推开门，面带微笑地看着坐在前面的三位面试官，声音清脆地说道："各位面试官好，我是真真……"随着真真的自我介绍逐渐展开，台下的面试官不住地点着头，用赞赏的目光看着这位自信的女孩。最终一位面试官站起身来微笑着说道："真真同学，你顺利通过了我们的面试，欢迎你加入我们的公司。接下来我们将为你进行为期一个月的导游上岗培训，期待你的表现！"走出房间，真真的内心激动不已：我真的成为一名导游了！我真的梦想成真了！

虽然成功应聘上了导游这一岗位，但真真知道自己年纪太小，不懂的地方还很多，要想成为一名真正合格的导游，还得认真上完这为期一个月的导游上岗培训课。培训课教会了真真如何以一名导游的身份来向自己的游客介绍旅游景点，原来这可不只是简单地介绍景点而已，而是要了解游客的喜好后，选择最适合的景点，再安排最合理的路线。转眼间上岗培训课已经接近尾声，老师在最后一节课上宣布道："恭喜大家顺利通过上岗培训，接下来你们就要真正开始带领团队了！"真真的第一个旅游团是上海三日游，接到通知后她的心里既紧张又兴奋。

一回到家，真真就拿着自己的笔记本设计起了自己的上海三日游计划，她来到爸爸妈妈面前，想要寻求一些他们的意见。只见真真拿出一副小导游的样子说道："亲爱的游客你们好，我是真真导游，现在我们旅行团有一个'上海三日游'的计划，诚邀你们对我的这个项目提提建议。"爸爸妈妈被真真这副煞有介事的样子给逗得捧腹大笑，说道："你们旅行团的具体参观安排能给我们看一看吗？"真真立即回答道："我们是私人定制服务，按照游客的喜好进行定制，如果你们是游客，请问你们对旅游参观有什么要求呢？"爸爸妈妈想了想，妈妈率先说道："上海上海，肯定得看外滩啊！"真真随即在笔记本上记下了第一个要求……听了爸爸妈妈的要求，随之而来的是更多的问题：旅游路线应该如何设计？去上海旅游应该带点什么呢？大家不同的要求该如何协调呢？我该如何向游客介绍景点特色呢？怎样才能做好一个称职的导游得到大家的认可呢？虽然产生的问题越来越多，可是真真的兴趣也越来越浓厚，在解决问题的过程中收获也越来越多。

经过一系列的资料收集和整理，真真初步完成了自己的景点介绍。

转眼出发的日子到了，真真这么多天努力的成果是否能够合格过关，这点需要所有游客来评定。真真戴上了导游醒目的小红帽，拿着自己旅行社的旗帜，佩戴着小蜜蜂扩音器在机场与自己的第一批真正的游客初次见面。"亲爱的游客们，欢迎参加我们本次上海三日游旅行团，我是你们的导游真真……"随着在家准备过无数遍的开场白逐字逐句地说出，真真原本紧张的心情也渐渐放松下来。在热情似火的上海，真真带领着游客游览了一个又一个具有特色的景点。意外在第二天发生了，一位游客在南京路游览时中暑，晕倒在了马路上，真真立刻回忆起在家中学习的中暑急救措施，有条不紊地化解了这次危机，真真这一次的举动也赢得了旅行团游客们的一致好评。

快乐的日子一闪而过，三天的旅行即将结束，真真没有忘记自己最后一项任务：评价调查。这项评价的结果也决定了这次真真小导游的任务是否圆满完成。"感谢大家参与我们这次'上海三日游'旅行团，请大家为我这三天的工作给出你们最真实的评价！"真真惴惴不安地拿出客户调查反馈表。车厢顿时安静下来，真真的心中更是七上八下：是不是我哪里疏忽了，没做好？还是我的路线安排大家不满意？突然一句话打破了车厢的宁静："我觉得真真姐姐讲故事特别好听！"是同行的一位小男孩，在游外滩时，真真绘声绘色的传说故事让当时吵闹不止的小男孩瞬间停止了哭泣，和大家一起沉醉于迷人的景色中。一石激起千层浪，车厢好像炸开了锅似的，有的说真真导游带我去的地方都是我最喜欢的景点，有的说那天我中暑是真真导游帮了我，还有的说真真导游的介绍都这么详细让我认识了不一样的上海，这么多的话汇集在一起正是对真真这次带团工作最好的肯定，更是真真这两个月来所有努力的最好回报。

来一次岗位实习，体验一次真实的劳动项目，是学校每位学生最喜欢的劳动项目之一。让同学们真正成为学习的主人，探寻解决实际问题的方法，是学校开展创造性劳动项目教育的宗旨。

如何为旅游团队担任导游服务（一图读懂）

建立联系

* 数学：
  合理路线规划
  合理路线的计算

* 科学：
  物品的分类
  不同地点或地区的地理环境
  气候条件知识

* 道法：
  不同地点的风土人情

* 工具运用：
  思维导图

创意评价

* 总结评价：
  创新表现　项目展示　探究过程　创造习惯

* 阶段评价：
  第一阶段：景点文献资料设计撰写
  第二阶段：旅游线路的合理规划
  第三阶段：游客对完成职业导游的评价

观察发现

* 情境导入：
  一年一度的暑假马上来临了，每年的假期你是怎样度过的呢？有没有跟随父母、老师或同学前往不同的旅游胜地放松度假呢？在旅游途中热情的导游如何为你讲解景点的风土人情？如何带领你游山玩水？如何为你设计适合你的旅游路线？
  如果你是一名导游，你如何为旅行团队担任导游服务呢？

探究解决

* 探究性实践：
  规划旅游路线
  求职简历的设计制作
  导游的工作职责
  旅游景点的宣传资料
  求职简历

* 社会性实践：
  调查不同地点或地区的风土人情
  合理路线的规划
  与不同游客的协调沟通
  景点的介绍文献资料

成果呈现

* 个人成果：
  思维导图——旅游景点分布
  路线的设计规划图
  景点的介绍
  求职简历的制作

* 团队成果：
  旅游景点的路线规划图
  旅游景点的宣传资料

聚焦问题

* 核心问题：
  如何向游客介绍你旅游景点？

* 问题链：
  如何设计导游入职简历？
  导游的入职面试需要做好哪些准备？
  成为一名导游需要承担哪些工作任务？
  如何根据景点的特点或游客的信息选择设计合理的旅游路线？
  怎样运用有创意的方法介绍旅游景点？
  怎样与游客沟通，及时了解游客需求？
  如何合理地分析游客对你的导游服务做出的评价？

八　劳动规则书之劳动工具规整 ①

幸福在哪里？朋友啊告诉你，它不在柳荫下，也不在温室里。它在辛勤的工作中，它在艰苦的劳动里……"这优美的旋律此刻正从三（2）中队小韩同学的心头飞出。今天轮到小韩同学做值日，面对着扫得干干净净的地面，摆放得整整齐齐的劳动工具，小韩同学的心里真是乐开了花。要知道，原本的卫生角可不是这样的：长长短短的扫帚，矮矮胖胖的簸箕，大小不一的抹布挤在一块儿，显得杂乱无章。特别是经过午饭后的班级打扫，湿答答的抹布总是发出一股难闻的气味，时间长了熏得人头晕眼花，可是苦煞了坐在离卫生角最近的小韩同学。

记得在一次班会课上，大家听了坐在教室后排的小韩同学的烦恼后，决定一起动脑筋，帮助小韩同学解决烦恼。经过一番调查研究后，大家发现要解决这个问题的根本在于改善班级的卫生角。要改善卫生角，解决各种劳动工具的摆放是关键。各种各样的劳动工具到底具备哪些功能？一个教室到底需要哪些劳动工具？各种劳动工具怎样合理摆放才能让教室显得干净又整洁呢？……一连串的问题盘绕在大家的脑海中。

"奇思妙想队"的成员们通过实地观察、询问家长等各种途径了解各种劳动工具的功能，为班级设计了一个新型多功能的垃圾桶，这样既可以把那些卫生工具统统放进去，节省空间，又可以让教室变得整洁舒适，解决小韩同学的烦恼。

经过同学们反复讨论，不断完善设计方案，新型组合垃圾桶终于完美诞生了：垃圾桶由三个不同颜色的叠放桶和一个活动横杠盖组成。最上层是有提手的塑料桶，桶口凹槽上搁置有活动横杠盖，既可悬挂晾干抹布，又可作为盖子，防止倾倒垃圾时垃圾掉出。中间层是干垃圾桶，最下层是纸质垃圾桶，桶壁均设计有凹槽式投放口，便于倾倒和清洗。底部设计有摆放簸箕的空间，簸箕可以像抽屉一样放入、取出，十分方便。新型组合分类垃圾桶利用了组合的形式，合理规划了

---

① 本案例由上海市静安区和田路小学路赟老师提供，由著作者进行了调整。

卫生工具的摆放位置，节省空间，使教室的卫生角变得既整洁美观、整齐划一，还节省空间，又有利于推进垃圾分类的开展，真是一举多得啊！

有了这个新型的垃圾桶，劳动工具有了家，那么谁来管理呢？应该怎么管理呢？是不是应该有一些具体的条例来告诉大家劳动摆放的要求，以及大家必须遵守的规则呢？三（2）中队的第二次班会课又开始了，大家在班会课上畅所欲言，纷纷提出管理的好方法。有的说扫帚和簸箕应该有专门的摆放位置，拖把清洗后应该把水沥干后再放进卫生角。有的说班级劳动工具搭配应该合理，不要有重复的工具，免得时间长了，工具变多了，又无处安放了。还有的说可以画一张示意图，贴在墙角，提醒大家每天值日后劳动工具摆放的位置。这个主意真妙！那么，这么多长长短短、大小不一的劳动工具怎样摆放更为合理科学呢？平日里被大家称为"智多星"的小于同学一拍脑袋说："我们可以去请教数学老师，因为这么多的工具摆放不正好是一道组合图形的应用题吗？"于是，在数学老师陈老师的帮助下，班级里的数学学霸们根据工具不同形状的面积和体积计算方法以及各种图形的特点，设计出了劳动工具摆放的示意图，善于画画的小韩发挥自己的特长，回家后画好了一张示意图，第二天张贴在教室的墙壁上。

教室劳动工具摆放：自左而右拖把（排列上线、拖把头朝里、清洗干净），扫帚（竖放重叠摆放有序），簸箕，分类垃圾箱。

有了示意图，又有同学提出，班级还可以制定班级劳动规则，把劳动工具的摆放要求编成顺口溜，便于大家操作和记忆。经过大家的集思广益，具有创意的班级公约诞生了："班级卫生顶重要，每天值日要记牢。长的扫帚靠墙站，胖的簸箕紧挨着。湿答答的方抹布，晾干挂在吊钩上。拖把每天用完后，洗净放在规定处。干

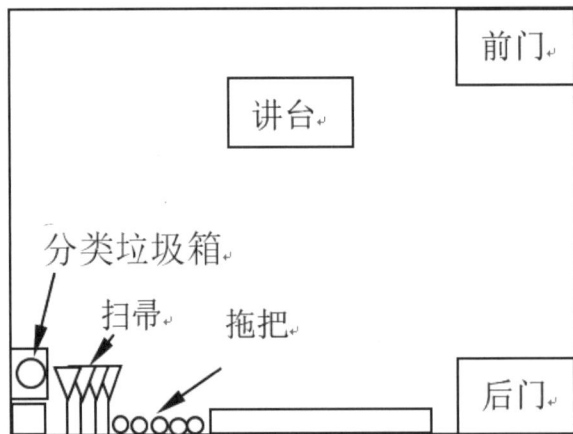

劳动规则书之劳动工具规整（一图读懂）

* 数学：
　　计算空间大小
　　计算不同工具的长短和体积
　　不规则图形的长短和体积
　　劳动工具的体积计算

* 科学：
　　常用劳动工具的分类

* 工具运用：
　　思维导图
　　空间大小测量方法

* 总结评价：
　　创新表现　项目展示　探究过程　创造习惯

* 阶段评价：
　　第一阶段：研究计划和研究时间周期表的合理制定
　　第二阶段：劳动工具创造性摆放
　　第三阶段：劳动工具空间利用率研究报告

建立
联系

创意
评价

观察
发现

* 情景导入：
　　今天又轮到你值日啦，完成一次值日，把教室打扫得干干净净，你是否很有成就感呢？别忘了，打扫完教室，还要把劳动工具规整好，这样的教室才是真正整洁的教室。看着一大堆扫帚、簸箕、抹布、清洁剂……究竟怎样才能把它们合理地摆放整齐呢？

探究
解决

成果
呈现

* 个人成果：
　　思维导图——常用劳动工具的种类和数量
　　物品的创意规整草图

* 团队成果：
　　研究计划表
　　研究学习时间安排周期表
　　劳动工具空间摆放设计草图
　　劳动工具空间摆放模型
　　劳动工具空间利用率研究报告
　　劳动工具合理规整的研究评价标准

聚焦
问题

* 核心问题：
　　如何规整班级包干区，做到劳动工具合理摆放？

* 问题链：
　　什么是班级包干区？
　　班级劳动如何选择合适的常用劳动工具？
　　这些劳动工具需要占用多大的摆放空间？
　　创造性利用空间的方法有哪些？
　　如何摆放劳动工具，可以最大限度地利用空间？

* 探究性实践：
　　不规则物品的测量方法
　　劳动工具如何摆放可以节省空间

* 社会性实践：
　　常用的保洁工具
　　与他人合作完成教室保洁
　　劳动工具合理规整的研究评价标准

* 技术性实践：
　　物品收纳方法的草图绘制
　　空间大小计算方法和测量方法

* 审美性实践：
　　劳动工具摆放空间的规整度

湿垃圾要分类，每天定时清理好。这些规则要记住，教室干净又整洁。"

　　劳动的美在于创造，劳动的美在于坚持！"劳动创造美好生活"，让学生在劳动中成长，树立正确的劳动观，劳动教育渗透在每一处的教育细节中。和田路小学各班学生在导师的带领下组成了创意劳动项目研究团队，践行项目化学习的理念，让"劳动学习"向着思维更丰富、更有创造的角度去探索。

九　怎样才能把玻璃擦得又快又干净 ①

　　这一天，是和田路小学每学期一次的大扫除时间，四（1）班的同学们正在认真地完成自己手中的清扫工作。"这块玻璃上的污渍怎么总是擦不掉？"不远处传来了小马同学疑惑的声音。"怎么了？""发生什么事了？"同学们纷纷赶来询问小马同学。"这块玻璃上有一小片污渍，我擦了好久也没有擦干净，都累死我了。"小马同学向同学们讲出了自己的困扰，"要是有办法能轻松地擦玻璃就好了。"

　　怎样才能把玻璃擦得又快又干净呢？

　　玻璃窗上的污渍是影响玻璃窗干净的主要因素之一，怎样去除玻璃上不同的污渍？"我们应该选择哪一种去污溶液呢？"小姚同学提出了这样一个问题。经过大家讨论，小马同学决定带领组员们一起对超市里一些去污溶液的效果进行实验。

　　同学们利用周末的时间，去超市买了不同品牌的固体肥皂和去污溶液来到学校，开始他们的"去污之旅"。小组成员一起合作，挑选了两块污渍大小差不多的玻璃，准备开始实验。小马同学先在左边的玻璃上涂上了固体肥皂，在右边的玻璃上涂上了去污溶液，用抹布擦了之后，同学们惊讶地发现，左边的玻璃还留着一些污渍，但右边的玻璃变得非常干净，原来的污渍都不见了。"看来去污溶液非常适合擦玻璃！"同学们都非常开心，"可是为什么去污溶液比肥皂更有用呢？"随之而来的是同学们的疑惑。同学们决定上网收集一些关于这款去污溶液的信息。经过仔细调查之后，小马同学发现，原来这款去污剂里加了氨水，让去污功能变

---

① 本案例由上海市静安区和田路小学杨洁菲老师提供，由著作者进行了调整。

得更强了。

　　"虽然这种去污溶液清洁性很好，但是擦窗还是很费力很花时间，怎么样可以让擦窗变得更快呢？"小姚同学又提出了问题，难倒了小组里的同学们。"如果可以在最短的时间里擦到所有的玻璃，那就可以很快地擦干净玻璃了！"小马同学灵光一闪，提出了这样一个想法。"你说得对！那我们去请教一下数学老师吧！"大家纷纷同意了小马同学的想法。在数学杨老师的帮助下，小组里的同学们决定自己去进行实验，设计不同的擦窗路线，看看哪一条路线可以擦得又快又好。"我认为可以从下往上擦！""我觉得可以从左到右擦！""我喜欢擦窗时候用曲线！"小组同学都提出了各自的想法。"那我们两人一组一起进行吧！"在小马同学的带领下，小组成员纷纷找到了自己的搭档，开始了路线设计。一部分同学们先在纸上画了自己设计的线路图，另一部分的同学则调试好了秒表，在做好准备工作之后，大家站在了玻璃窗前准备开始实验。按下秒表的那一刻，擦窗的同学沿着自己设计的擦窗路线开始了自己的工作，不一会儿就把窗户擦完了。"大家都花了多少时间？我们把时间统计一下吧！""我花了 2 分钟！""我花了 1 分 42 秒！"大家纷纷报上自己所花费的时间。经过比较，大家发现按从上到下，从左到右的顺序擦窗户可以在最短时间里把窗户擦干净，而不规则的弯曲路线，则花了特别多的时间。"以后我们就按这个顺序来擦窗户吧！"大家都为找到了正确的方法而兴奋。

　　"可是我的窗户角落并没有擦得很干净，还有地方特别难擦。"小马同学还没来得及高兴，就又发现了问题。"那里用抹布擦的确特别困难，而且窗户上面经常够不到，非常费力，有没有好的工具可以帮助我们啊？"小姚也同样提出了这个问题。"我们能不能制作一个可以轻松擦干净这个角落的擦窗工具呢？"有同学提出了自己的想法，这个想法也得到了小组成员的一致赞成。"我觉得可以用百洁布做擦拭的部分！""我认为可以做成可伸缩的！"大家又来了一次头脑风暴。

　　结合大家的建议，小姚同学开始着手绘画擦窗器的设计图，小马同学则带领着同学们去收集各种废旧材料。设计图完成后，大家再次聚到一起，着手制作擦窗器。"做好了！"经过大家的努力，初代的擦窗器完成了。"我们快去试试好不好用！"在小马同学的提议下，大家拿着亲手制作的擦窗器来到教室的玻璃窗前。小

怎样才能把玻璃擦得又快又干净呢？ （一图读懂）

* 数学：
合理路线的规划
计算路线的长短
线段长短计算方式

* 科学：
不同污渍的种类
对比实验：不同去污溶液
的去污效果
工程设计擦窗工具

* 工具运用：
网格图
对比实验分析方法

* 总结评价：
创新表现　项目展示　探究过程　创造习惯

* 阶段评价：
第一阶段：不同去污溶液对玻璃窗上污渍的
去除效果实验分析报告
第二阶段：不同擦窗路线的数据时间记录对
比实验单
第三阶段：擦窗工具的设计与制作
第四阶段：擦窗方法的展示

建立
联系

创意
评价

观察
发现

* 情景导入：
在日常校园劳动中，擦玻璃窗是
一件既挑战体力又挑战脑力的劳动，
窗明几净的教室给老师和同学们创造
了一个明亮整洁的学习环境，可是，
玻璃窗上的污渍不但种类繁多，而且
非常顽固，怎么擦都擦不干净，怎样
才能把玻璃擦得又快又干净呢？

成果
呈现

探究
解决

* 探究性实践：
不同去污溶液的去污效果
不同擦拭路线花费的时间与擦窗
效果实验对比
劳动成果——窗户给我们学习生活
带来的不同体验

* 技术性实践：
擦窗工具的设计
统一面积内路线的合理分布方法

* 个人成果：
不同污渍的收集与分析单
擦窗路线的设计与分析
擦窗方法与过程记录

* 团队成果：
污渍的去除效果实验分析
报告
擦窗工具的设计与制作
擦窗方法简要报告
擦窗方法介绍一图读懂
不同的擦窗工具与方法展示

聚焦
问题

* 核心问题：
怎样才能把玻璃擦得又快又干净呢？

* 问题链：
如何对教室玻璃上常见的污渍特点进行分类？
如何根据玻璃上常见的污渍选择合适的清洁用品？
为什么擦玻璃时会产生一些难以清洁的地方？
根据一些难以清洁的地方，怎样改进擦玻璃工具？
如何设计擦玻璃的路线，可以擦干净整块玻璃？

马同学给前端的百洁布喷上了去污溶液，从上到下、从左到右依次擦了一遍玻璃。"虽然上面的玻璃的确变得更好擦了，可是角落擦得还不是很干净。"不尽如人意的结果让同学们变得有点失望，"我们可以将前端的百洁布改成旋转的呀！"小姚同学突如其来的一句话，打破了低沉的气氛。"你说得对，我们可以改进这个擦窗器！"同学们也纷纷附议，"对！我们可以改进。"大家对着设计图又开始提出了新的建议。经过激烈的讨论之后，改进后的设计图再次完成了。"我们再去收集一点材料，完成新的擦窗器吧！"经过大家的努力，擦窗器二代也终于和同学们见面了。大家带着新的擦窗器再次来到教室的玻璃窗前。同样喷了去污溶液，按规定路线擦过的窗户，在经过改进的擦窗器的擦拭下，连角落都变得非常干净，明亮的窗户也让同学们笑容变得更加灿烂了。

劳动创造幸福，在经历过以劳动为主题的项目化学习之后，同学们不仅切身体会了劳动的不易，还收获了劳动的深刻含义。劳动是辛苦的，但也是有价值的，并且是富有创造性的。

十 "劳动创意 101"综合实践活动设计方案 ①

在 2018 年全国教育大会上，习总书记强调："培养德智体美劳全面发展的社会主义建设者和接班人。"和田路小学围绕"劳动创意 101"为主题开展校园综合实践活动，培养学生通过创造性劳动项目的实践研究和探索，成为更有创造力的普通劳动者。

一、活动口号

"劳动创造幸福"

二、活动构架

```
                              ┌─ 班级岗位人人有
              ┌─ 劳动研究 ────┼─ 服务中队轮流当
              │                └─ 班级活动展风采
              │
              │                ┌─ 材料与工具 ── 研究改进劳动所需要的物质和器具
              │                ├─ 工艺与设计 ── 用设计去实现劳动产品的方法和过程
  劳动创造 ───┼─ 劳动展示 ────┼─ 方法与创新 ── 创新劳动采取的手段和行为方式
    幸福       │                ├─ 安全与保护 ── 在劳动中获得人身安全的保障
              │                └─ 职业与精神 ── 从事劳动的精神、能力和自觉性
              │
              │                ┌─ 劳动态度 ── 爱劳动享过程
              │                ├─ 劳动习惯 ── 做中学乐参与
              └─ 劳动评价 ────┼─ 劳动意识 ── 善协作有责任
                               └─ 劳动成果 ── 有创新提效率
```

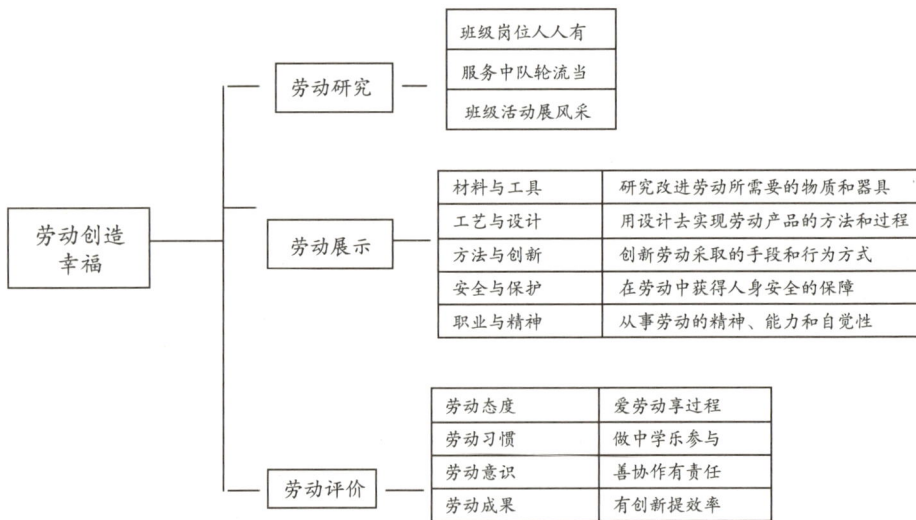

三、活动设计理念

"劳动教育"主要目的是以提升学生劳动素养的方式促进学生全面发展的教育活动。而当今这个时代，那种有意无意将劳动教育等同于 20 世纪五六十年代"学

---

① 本案例由上海市静安区和田路小学朱晓菁老师提供，由著作者进行了调整。

工、学农"等劳动教育旧形态的思维，已经无法适应 21 世纪中国全面改革开放的社会实际。项目化学习则是在进一步深化课程改革的今天，将"知识为本"转变为"核心素养为本"，改变了传统劳动教育的方式，符合现代德育活动的特点。运用项目化学习方式开展"劳动创意 101"，能充分激发学生的活力，让学生在活动开展过程中自主体验、自我教育。每个学生的研究内容，以问题为驱动，让学生将外面世界中的真实问题，带到我们的活动中、教育中来，使得学生在问题驱动下有探究欲望，在活动中自主发现、自主探究；而原本学校的学生劳动岗位教育和学生多元评价也与活动的整体构架不谋而合。

四、活动实施过程

整整一个学期，我们围绕"劳动研究""劳动展示"和"劳动评价"进行一系列的研究和实践。

第一阶段：确定主题，制定方案

（1）确定研究方向。在研究主题确定前，先要有导师的指引，寻找一个研究方向。当项目组的导师在课堂中第一次向孩子们提出"劳动"这个主题时，学生们还是比较陌生的，在懵懵懂懂中听取了导师的举例："为什么在打扫不同的地面的时候，要用不同的清洁工具？"……随后，孩子们带着对劳动的向往，回家和父母一起讨论，慢慢的，学生们有了自己的想法。

（2）产生探究欲望。第二次的课题讨论课堂，几乎每位学生都有了想要了解、研究的方面。孩子们总是有强烈的探究欲望，于是在大家七嘴八舌的问题中，导师们根据大家的研究方向，整理了一部分贯穿整个项目化学习的核心问题：如"谁知盘中餐，粒粒皆辛苦""为什么不同职业的帽子都不一样呢""如何设计一个有收纳功能的分类垃圾箱""怎样的人才能成为消防员""怎样又快又好地包装茶叶"……

（3）分组确定研究任务。孩子们表达自己所想要研究的内容，选择志同道合的同学组成小组，有时候导师们会提供参考意见，微调学生的分组。在分组过程中，第一考虑的是研究内容相同，第二是将学习品质有差异的学生平均分配、注意男女生的比例均衡。老师只是帮助队员分配人数，每组5—6人，全班分成5—6组。而之后，每个小组自己完成对组长的推选和对小组成员各自任务的分配及协调。

（4）组队项目组。每个项目组设定的主题，让学生自由发表意见，给予他们思考拓展的权利，充分调动每位学生的积极性，激发每位学生的活力。

（5）制定研究方案。在确定了项目核心问题后，由学校的老师与家长志愿者

"劳动创意101"项目化学习小课题（部分列举）

展示主题	核心问题	班级
劳动·精神·职业 （19个）	劳动乐趣在哪里？	五2（一组）
	不同的工种该唱怎样的劳动号子？	五2（二组）
	劳动态度决定劳动成果吗？	五4（一组）
	如何统筹劳动时间，提高劳动效率？	五1（一组）
	养蜂人的勤劳精神体现在哪里？	四3（二组）
	……	
劳动·方法·创新 （30个）	如何使有限空间的衣柜做到井井有条便于取放？	一1（一组）
	衣服上纽扣掉了怎么办？	二1（三组）
	为什么洗手要六步？	三4（四组）
	不同材质的皮鞋用什么方法清洁？	四4（四组）
	门窗漏风怎么办？	五3（二组）
	……	
劳动·工艺·设计 （11个）	如何让扫地变轻松？	一1（二组）
	传说中的的切菜神器是怎样的呢？	二1（二组）
	如何去除锅子上的锈迹？	三1（二组）
	家用垃圾如何有效分类？	四2（三组）
	谁知盘中餐，粒粒皆辛苦？	一2（二组）
	……	
劳动·材料·工具 （25个）	铅笔里有哪些学问呢？	一4（一组）
	如何擦干净不锈钢器皿？	二3（二组）
	教室里的劳动工具如何摆放更合理？	三3（二组）
	垃圾填埋的利与弊？	四2（二组）
	雨水回收有什么用途？	五4（三组）
	……	
劳动·安全·保护 （16个）	怎样让自己成为"晾衣高手"？	二2（二组）
	如何使剪刀更安全？	四1（二组）
	劳动中怎么保护自己呢？	一3（二组）
	为什么不同职业的帽子都不一样呢？	二4
	地铁工作人员如何确保地铁安全运营？	三3
	……	

共同组成的项目导师团队迅速跟进，围绕项目核心问题制定研究方案。

第二阶段：信息收集，探究项目

选定项目，确立核心问题后，为了实施过程的顺利开展，根据学生年龄的特点，我们设计了2个版本的方案框架——低年级版与中高年级版。

活动方案（低年级版）

每个小组要在导师的带领下，完成一份研究报告的制作，为了符合学生情况，实施过程中，老师们给予每个小组充分的时间进行行动探究。小组内的孩子们在共同任务的驱动下合作探究，收集信息，围绕任务充分实践。研究过程分为2个阶段——信息收集、解决问题。

（1）在信息收集阶段，针对核心问题，项目组里的导师帮助学生找寻到合适的获取信息方法，例如：小调查、小访谈、小考察、小搜索等，让学生不盲目、有方向地进行信息收集。例如："地铁工作人员如何确保地铁安全运营"这一小组制定了调查问卷，在班级、小区、地铁口进行一对一问卷；而有的课题小组则为

活动方案（高年版）

"劳动就是创造"项目化活动方案

项目名称　　　　　　　　导师

团队名称

团队成员

项目简述

我的研究

第一阶段：信息收集

活动形式　　　　　　　所需资源

我们的档案袋

第二阶段：解决问题

我们的分工　　　　　　解决的方法/表现的方法

我的草图/我们的故事　　设计制作/排演过程

我们的成品

第三阶段：成果展示与评价

我们的成果　　　　　　展示的方式

我们的收获

了更全面更有效地收集信息，采用了现代的新媒体技术——网络问卷。小组成员利用网络资料检索、专项人员访谈，在这其中导师给予学生适当的帮助，例如：联系相应的被访谈人员、帮助学生筛选有用信息，使得学生能够充分明确自己的研究内容，初步发现整理研究中可能产生的问题链。例如："快递是如何到我们手中的"这个项目，在信息搜集后，导师帮助学生产生了一系列的问题链："什么是流水线分装？如何合理规划路线？人员和区域如何划分？定点投递的方法有哪些？"

（2）在解决问题阶段，有了明确的问题后，寻求合适的方法解决问题，利用小研究、小制作、小发明等方式，将问题解决过程或问题解决后产生的变化用可视化的成果进行呈现。例如："怎样让自己成为'晾衣高手'"这一项目组，学生在前期过程中，发现了衣服在晾晒的过程中，因阳光照射角度的变化导致晾晒不充分，因此在原有晾衣架的基础上，提出为了晾衣的方便，加入了自己科创元素，制作一个可旋转的晾衣架，保证衣服的晾晒充分。

第三阶段：成果展示，持续研究

最后的展示环节，101个课题数量众多，根据课题的研究方向不同，分成了5个大类：劳动·精神·职业；劳动·方法·创新；劳动·工艺·设计；劳动·材料·工具；劳动·安全·保护。本次项目化学习最后的成果、产物，是根据课题所属类别，以学生为主导，每个课题组先进行全班的成果展示，进而推选班级优秀、年级优秀，最终胜出团队进行校级现场展示。

根据研究方向，学生们分为多个研究项目组。活动过程中，在老师、家长们的帮助下，每个项目组选择了自己喜欢的研究课题，确定了每个组着重的研究手段，也确定了每个项目组的展示形式。

项目编号		2201	2202	2203	2204	2205
核心问题		怎样让家园"一尘不染"呢？	怎样让自己成为"晾衣高手"？	你是用什么方法记录文字的？	你知道应急灯的秘密吗？	怎样安全使用灭火器？
导师		学生家长	张老师	学生家长	学生家长	杨老师
静态展示	小发明	实地采访照片；实地采访视频；产品宣传单。	小发明：旋转晾衣架；设计草图；设计作品照片；小观察照片；TED演讲稿。	思维导图：活字印刷的演变；设计图：印章图案。	小调查照片；学习单；科幻画。	小参观照片；PPT：灭火器的种类；使用方法。
	小制作					
	科幻画					
	剪贴画					
	小研究					
	小故事					
	其他					
动态展示	节目表演	产品介绍：宣传市场上最好用的除尘鸡毛掸子。	情景演示：如何使用这个小发明？	体验互动：橡皮印章。	学生TED：对研究的过程、结果进行TED演讲。	现场演示灭火器使用方法。
	学生TED					
	其他					

以二（2）班为例，整个班级分为5个项目小组：

为了用最简单的方式介绍自己团队的研究路径，我们设计了手绘版的研究流程图，比如：

每位学生根据自己的项目方案制定自己的展示形式：小TED、小表演、小演示、小设计、小制作等。101个劳动小课题组用各种最生动的方式展示他们的研究

成果，既体现了学生们在自主劳动教育过程中的一个成果，也个性化地显现了项目化学习的过程。

围绕"劳动"，团队成员共同讨论产生学习研究的一个小课题，从核心问题入手，分头进行信息搜集，找出问题链，通过调查问卷、实验对比、创新改造等方式完成团队的课题研究。通过过程性资料的积累形成研究性小报告，通过团队 TED 演讲和其他组的伙伴们分享研究成果。运用项目化学习的理念让学生们的学习能够向着思维更丰富、更有创造的角度去转变。这就是"劳动创意 101"。

第四阶段：生动评价，促进成长

为了使学生形成稳定的劳动习惯，老师们坚持进行过程性评价、多元化评价。评价有重点、讲过程、看落实、重提升。在平时的活动中，注意采取学生自我发现、自我评估等方法，进行自我教育，发挥学生的主体作用。通过线下自评，线上互评，每月班主任小结，期末总结表彰，达到及时反思、不断强化的目的，促进良好劳动习惯的形成。

为了让学生们感受到"劳动教育"给他们带来的更深层次的快乐与成长，每个学生的资料袋中，除了过程性的研究成果以及项目最终成果，还有一份评价表。通过一颗星、两颗星、三颗星的评价模式，由家长、老师、小伙伴组成的评审团，共同打分，完成评价。根据每组的个性展示，给予每个学生肯定与赞赏。

例如有个小组设计制作了"有储藏收纳功能的分类垃圾桶"，评价不只关心成品，还关注每一个成员在研究中的付出：垃圾分类的研究，从垃圾分类的知识、现状情况、怎么做垃圾分类，到孩子们向同学、家人、社会宣传垃圾分类的行动，用垃圾分类的科幻宣传画展示自己的想法……我们给予了不同形式的评价，从劳动习惯、劳动态度、劳动意识、劳动成果多角度进行了肯定。学生们体验到自己的劳动是有价值的，这本身也是一项创造性的劳动。

我们的项目	团队名称			
	团队成员			
	评价内容		等　第	总分（小创积分）
	研究过程	有核心问题	☆☆☆☆☆	
		有完整的研究过程	☆☆☆☆☆	
	我们的资料	一图读懂	☆☆☆☆☆	
		调查采访记录（照片或文字）	☆☆☆☆☆	
		解决问题方法有创意	☆☆☆☆☆	
		创造性的研究成果	☆☆☆☆☆	
	我们的展示	能与观众互动	☆☆☆☆☆	
		TED 演讲有吸引力	☆☆☆☆☆	
		多种多样的表达形式	☆☆☆☆☆	
		团队成员积极参与	☆☆☆☆☆	
		有吸引人的视觉资料或媒体	☆☆☆☆☆	

五、活动实施效果

通过实践，学校对劳动教育进行一体化整体设计，探索形成系统完善、资源丰富、机制健全的劳动教育体系，做到项目研究实践化、岗位服务常态化、社会实践多样化，成效初现。

1. 人人参与的行动研究

通过丰富多彩的劳动实践主题活动，围绕劳动教育开展的领域，老师们共同研究专题劳动教育课怎么上，怎么倾听孩子们的想法，产生研究的小项目，怎样将问题转化成研究项目，开展每个人都参与的"在劳动中成长"的教育行动。

孩子们的智慧被激发，他们想做的研究"五花八门"：有的与劳动方法创新有关，如怎么解决桌面杂乱的问题；有的与劳动安全有关，如劳动中噪音大了怎么办？有的与劳动精神职业有关，如辨析一下"叫外卖算劳动吗"；有的与劳动规则制定有关，班级里应该设定哪些劳动小岗位，这些小岗位的工作规则是什么？……比如二年级的班主任小陈老师带班级小朋友进行的研究小项目"帽子的秘密"，从问题"为什么不同的职业会有不同的帽子"入手，六位成员在一起进行了一系列的研究，在研究的过程中，他们对各种职业帽子的材质、样式、作用、种类进行了比较，找到职业帽子中的联系点，并得出结论：职业帽子与职业的安全和责任有关系，帽子的设计也与职业的行为和要求有关；而后他们还发挥自己的想象力，对一些职业帽子进行了创意设计。

2. 感化心灵的教育活动

教育，最迷人在于真诚；劳动教育更是如此。五年级班主任路老师执教了一节感化心灵的劳动教育课。屏幕上出现了一双双或粗糙、或黝黑、或苍老的手，最后画面定格在一双龟裂焦黑的手上，那是一双来自消防员的手。这些画面，全部来自学校五（2）班"向日葵"课题小组的五位同学完成的小项目研究——"寻找最美劳动者的手"，他们把视线聚焦在身边的普通劳动者手上，拍下了他们心目中最美的手。学生们体会到正是一双双普通而又平凡的劳动者的手，改变了生活，创造了财富，人生因执着而精彩，劳动因卓越而崇高！这样的劳动教育虽然不长，却刻骨铭心！孩子们在心底铭记下"劳动最光荣，劳动最崇高，劳动最伟大，劳动最美丽"。我们的课堂充满润物细无声的魅力。

3. 植入生命的劳动精神

劳动的价值不仅仅局限于劳动本身，它还能让我们"以劳树德，以劳增智，以劳强体，以劳育美"！培养全面发展的人，在学校教育领域贯彻并加强劳动教育，一定不是一个新的教育拼盘，而应是融合现在的教育形态，通过发展性的目标和适合且有效的教育方式推进的。我们的目标是培养有创造力的现代普通劳动者。通过活动，和田的师生、家长紧紧围绕"在劳动中创造"的教育实践，共同解读"劳动"的深刻涵义，感受"劳动"带来的价值与创意！

"劳动创意101"综合实践活动，更多的是在劳动价值观方面对学生进行培养，其一，帮助学生确立正确的劳动观点、积极的劳动态度；其二，形成尊重、热爱劳动过程、劳动成果和劳动主体——劳动人民的价值态度，使学生懂得劳动创造价值，劳动创造幸福。

《劳动·创造·幸福》规划工具

创造性劳动设计与实施指导手册

——教师用——

项目主题 _____

教师名字 _____

填表日期 _____

创造性劳动项目设计与实施指导

项目名称:		所需课时:
教师:		特长:
学生:		班级:

项目简介

劳动知识目标

	1. 劳动观	
劳动素养目标	2. 劳动技能	
	3. 劳动习惯	
	4. 劳动创新	
	5. 工匠精神	
驱动问题和问题链		

项目过程设计	核心知识	探究过程	所需资源	阶段成果
项目最终成果及表达形式				
项目评价设计				

教师用

（一）创造性劳动项目设计指导

评估表

评估内容		评估标准	等第评估 (A、B、C)
项目设计	项目方案	有详尽周到的项目计划，环节设计清晰	
		项目时间安排有序，组织管理合理	
		劳动技能和习惯的培养与现实生活结合	
	目标实现	重视培养学生中树立正确的劳动观	
		引导进行劳动创新	
		劳动实践中体现工匠精神	
	过程设计	从真实的生活劳动情景中产生驱动问题	
		驱动问题的设计循序渐进	
		问题解决过程逻辑清晰	

（二）创造性劳动项目实施指导

评估表

评估内容		评估标准	等第评估（A、B、C）
项目实施	学生培养	学生参与率高	
		能引导学生深度学习	
		培养学生创造性思维和问题解决	
		重视学生视角进行项目活动	
	过程指导	探寻想法，鼓励学生创新	
		引导学生用多种方法解决问题	
		调动多种资源推动学生项目研究	
	项目成果	项目成果内容，形式有创新	
		项目成果能优化改进劳动成果，体现社会价值	
		锲而不舍，充分体现团队合作	
综合等第			

项目综合评价：

评估小组成员签名：

年　　月　　日

备注：
● 评估小组由专家或导师组成，以 3 人为宜。
● 此评估表用于教师进行学生的创造性劳动项目的学习指导。

创造性劳动项目学习手册

——学生用——

项目主题 _____

团队成员 _____

填表日期 _____

设计驱动问题

1、寻找一个劳动项目中需要解决/值得研究的驱动问题。	
2、想一想，设计这个驱动问题的原因是什么?	
3、与伙伴/导师讨论一下,看看有哪些需要改进的地方。	
4、最终确定本项目的驱动问题。	
5、根据驱动问题为我们的项目确定名称。	

项目设计

制定初期方案

能用简单的语句介绍我们的劳动项目吗?	项目需要研究多少时间呢?
项目需要哪些资源?	项目需要哪些支持? 相关社区/学校/与劳动者访谈调查等

项目研究的成果有哪些?

组建项目团队

为我们的团队取一个响亮的称号：

团队成员：

姓 名	性 别	兴趣爱好	任务承担	其 他

任务承担：
- 队长/队员
- 任务承担是指方案策划、美术编辑、科学研究、数据测算、工程设计、模型制作等

项目设计

项目日程安排

项目进行时间	年 月 日 —— 年 月 日		
第一周	第二周	第三周	第四周
第五周	第六周	第七周	第八周
备 注			

项目研究计划制定提示
- 设计驱动问题（发现问题、确定研究目标、筛选问题链等）
- 组建研究团队（寻找成员、合理分工等）
- 制订研究计划（初期制定、中期调整、后期小结等）
- 设计研究方案（研究过程、出项评价等）
- 标注研究方法（查找文献、实地调研、实验论证、数据分析、实验论证等）
- 准备成果出项（展示方法、呈现内容等）

实施阶段（一）信息收集

根据驱动问题，头脑风暴，想想我们要研究哪些与劳动相关的问题？

筛选，并形成问题链

查找相关文献或资料，整理出解决劳动问题的相关信息：

实地调查、参观或采访，筛选信息，使问题更明确：

项目实施

实施阶段（二）解决问题

合作讨论，拟定解决问题的过程：

尝试运用不同的方法解决在劳动中产生问题：

实验论证　　情景演绎
数据收集　　调查信息
科学计算　　模型分析

其他研究方法：

根据研究过程和结果改进研究方法：

得出研究的结论：

项目实施

实施阶段（三）成果展示与评价

个人成果：

团队成果：

成果展示的形式和内容：

你想用怎样的方式来展示你的成果？驱动性问题解决了吗？我们想用的形式展示项目成果？

我们对劳动的创新改进体现在哪些地方？

劳动工具的创新
劳动方法的创新
劳动材料的创新
劳动保护的创新

我们团队的收获：

项目展示

项目改进优化

成果展示后，又产生了哪些新的问题？	实验数据异常 初期方案不完善 他人意见或建议
分析问题产生的原因	与团队成员或导师讨论
设想进一步改进措施	
检验成果	试着用改进的方法再进行一次该项目的研究，检验你的成果
根据反馈情况完善你的结论	

项目设计的评价表

项目名称:

项目组成员:

评估内容	评估标准	满分分值	得分
项目产生	在真实的劳动情景中产生值得研究的项目	50	
	驱动问题能激发团队成员的研究兴趣		
	驱动问题对研究过程具有挑战性		
	驱动问题能引起头脑风暴		
方案设计	研究方案清晰完整	50	
	组成所向披靡的团队		
	日程安排井然有序		
	始终关注问题解决,对研究过程有想法		
总分			

评语:

评估小组成员签名:

年　　月　　日

项目评价

项目实施的评估标准

项目名称：

个人或组内成员：

评估内容	评估标准	满分分值	得分
信息收集	运用不同的方法收集信息	50	
	能根据研究的内容对不同的信息进行筛选，整理出有用的信息		
	能和劳动者进行沟通交谈		
	采用调查、采访等方式扩大信息收集范围		
	能运用不同的方式采集数据，并进行分析		
解决问题	设计解决问题的方法	50	
	选择不同的方法解决劳动项目中产生的问题		
	对研究方法不断改进		
	创造性地解决劳动过程中存在的实际问题		
总分			

评语：

项目研究成员签名：　　　　　　评估小组成员签名：

年　　月　　日

项目展示的评估标准

项目名称：

个人或组内成员：

评估内容	评估标准	满分分值	得分
项目的完整性/深度	根据研究计划完成整个项目的研究	50	
	能引用一些文献资料帮助开展项目研究		
	运用多种方法收集、筛选信息		
	在劳动项目中学习学科知识		
与观众的互动	实际情景中与观众互动	15	
	创造性地展示你们的团队成果		
小组参与	展示团队合作完成劳动项目的证据	15	
	每个团队成员在项目里的参与程度		
展示状态	演讲具有专业水准	20	
	创造性的设计、进行成果展示		
	展示的成果或形式与与众不同		
	展示中呈现研究过程性资料		
	有吸引人的文案、宣传内容或 PPT		
总分			

评语：

项目研究成员签名：　　　　　　　　评估小组成员签名：

年　　月　　日

图书在版编目（CIP）数据

劳动·创造·幸福：创造性劳动项目设计与实践指南
/ 张军瑾 著 . — 上海：文汇出版社 ,2020.10

ISBN 978-7-5496-3351-7

Ⅰ.①劳… Ⅱ.①张… Ⅲ.①劳动教育－教学研
究－小学 Ⅳ.① G623.92

中国版本图书馆 CIP 数据核字 (2020) 第 194286 号

劳动·创造·幸福：创造性劳动项目设计与实践指南

著　　者 / 张军瑾

责任编辑 / 徐曙蕾

封面装帧 / 王　川

出版发行 / 文匯出版社

　　　　　上海市威海路 755 号

　　　　　（邮政编码 200041）

经　　销 / 全国新华书店

印刷装订 / 上海普顺印刷包装有限公司

版　　次 / 2020 年 10 月第 1 版

印　　次 / 2020 年 10 月第 1 次印刷

开　　本 / 787×1092　1/16

字　　数 / 265 千字

印　　张 / 18

ISBN 978-7-5496-3351-7

定　　价 / 58.00 元